国家社科基金
GUOJIA SHEKE JIJIN HOUQI ZIZHU XIANGMU
后期资助项目

齐物·齐论·齐语言

庄子逍遥游思想三层面研究

王永豪 著

中华书局

图书在版编目（CIP）数据

齐物·齐论·齐语言：庄子逍遥游思想三层面研究/王永豪
著. —北京：中华书局，2024.10. —ISBN 978-7-101-16757-3

Ⅰ.B223.05

中国国家版本馆 CIP 数据核字第 2024DB0052 号

书　　名	齐物·齐论·齐语言：庄子逍遥游思想三层面研究
著　　者	王永豪
丛 书 名	国家社科基金后期资助项目
责任编辑	高　天
封面设计	毛　淳
责任印制	韩馨雨
出版发行	中华书局
	（北京市丰台区太平桥西里 38 号　100073）
	http://www.zhbc.com.cn
	E-mail：zhbc@zhbc.com.cn
印　　刷	天津善印科技有限公司
版　　次	2024 年 10 月第 1 版
	2024 年 10 月第 1 次印刷
规　　格	开本/710×1000 毫米　1/16
	印张 17¼　插页 2　字数 275 千字
国际书号	ISBN 978-7-101-16757-3
定　　价	88.00 元

国家社科基金后期资助项目出版说明

后期资助项目是国家社科基金设立的一类重要项目，旨在鼓励广大社科研究者潜心治学，支持基础研究多出优秀成果。它是经过严格评审，从接近完成的科研成果中遴选立项的。为扩大后期资助项目的影响，更好地推动学术发展，促进成果转化，全国哲学社会科学工作办公室按照"统一设计、统一标识、统一版式、形成系列"的总体要求，组织出版国家社科基金后期资助项目成果。

全国哲学社会科学工作办公室

目　录

绪　论

　　《庄子》是一本不易读懂的大书。读《庄》的忌讳之一是仅仅从庄子思想的一个角度入手，不能用全局的观点把握，成绩虽然斐然，但得到的也仅仅是庄子思想的一个火花，而很难见到庄子思想的熊熊火焰，故而虽然深刻，但难逃片面之嫌。解庄的另一个难题在于多有庄学研究者采用"六经注我"的研究方法。虽然"我注六经"抑或"六经注我"都是做学问的方法，但仅仅"六经注我"实难通古人之心。

　　我们读《庄》、解庄皆尝试从《庄子》文本本身出发，并还原庄子时代背景，入乎其内以诠释庄子思想的深刻性，出乎其外以把握庄子思想的系统性。在把"外部研究"与"内部研究"相结合的基础上，会通精神分析理论及语言哲学理论，这样既能看到庄子嬉笑怒骂的性情，又深谙庄子悲天悯人的深情；既能探源庄子思想轨物范世的本真意义，又能发掘庄子思想与时偕行、薪火永续的现代意义。

一

　　现在，我们身处其中的这个时代，科学技术迅猛发展，生活资料空前丰富，极大地解放了我们的身体，充分满足了我们的所谓"需要"，可人却又堕入"现代化的陷阱"。老子曰："我有三宝，持而保之：一曰慈，二曰俭，三曰不敢为天下先。"[1]（《老子道德经·六十七章》）老子"三宝"是人与世界的和谐之道，遗憾的是，科学技术往往反其道而行。

　　无一例外，我们每个人都被挟裹在这股科学技术洪流里，呼啸而来，呼啸而去，奔向不可预知的未来。这无疑对人们的思维模式、生活方式都产生极大的冲击：美好回忆中那个温情脉脉、田园牧歌式的生活方式一去不

---

① （周）李耳撰，（魏）王弼注，（唐）陆德明音义：《老子道德经·六十七章》，《二十二子》，上海：上海古籍出版社缩印浙江书局光绪初年汇刻本，1986年，第8页。（按：后引用《二十二子》皆此版本，不再注明版本信息。）

复返，但新的生活方式尚没有完全确立，无法融入城市，难以回归乡村，生活节奏越来越快，资讯海量增加，生态环境持续恶化……科学技术在解放人类肉体的同时也对心灵造成挤压之势。

科学技术创造出丰富的物质财富，人却迷失在物质的海洋中，成为物质的奴隶，但人与社会、人与物相疏离又是以极其隐秘的方式出现。对此马尔库塞(Herbert Marcuse)尖锐指出："我们又一次面对发达工业文明的一个最令人烦恼的方面，即它的不合理中的合理性。它的生产率和效能，它的增长和扩大舒适生活品的潜力，它的把浪费变为需要、把破坏变为建设的能力，这都表明现代文明使客观世界转变为人的精神和肉体达到了什么样的程度。异化概念本身因而成了问题。人们似乎是为商品而生活。小轿车、高清晰度的传真装置、错层式家庭住宅以及厨房设备成了人们生活的灵魂。"①现代社会中，以隐性或显性的方式，科学技术愈来愈成为压迫人的异己力量，成为人性异化的源头。

为了重筑人类精神家园，救赎现代人失落的心灵，高蹈清逸、逍遥自在的庄子思想无疑是一剂良好的精神清新剂。

二

对《庄子》一书作者及内、外、杂篇关系以及归属问题的争鸣非常多，我们重在讨论以庄子思想为主的庄学哲学思想，而避开陷入版本考证的泥淖。对于《庄子》各篇目的主次归属问题，我们依循王叔岷的观点。在《庄子校释》自序中，王氏强调对《庄子》内、外、杂各篇都要加以重视，不可因为前人好恶而有所偏失：

> 《汉志》及《吕氏春秋・必己》篇高诱注并称《庄子》五十二篇。今所存者，仅三十三篇，内篇七，外篇十五，杂篇十一，乃郭象删定之本。郭本内、外、杂篇之区画盖随意升降，如内篇《齐物论第二》"夫道未始有封"下，释文引崔譔云："《齐物》七章，此连上章，而班固说在外篇。"

① (美)赫伯特・马尔库塞：《单向度的人——发达工业社会意识形态研究》，刘继译，上海：上海译文出版社，1989年，第9—10页。

可知班固所见五十二篇本"夫道未始有封"章,原在外篇也。又如隋释吉藏《百论疏》卷上之上云:"《庄子》外篇'庖丁十二年不见全牛'",今本此文在内篇《养生主第三》。唐释湛然《辅行记》卷四十云:"《庄子》内篇,自然为本,如云:雨为云乎,云为雨乎,孰降施是,皆其自然。"今本"雨为云乎,云为雨乎,孰降施是"在外篇《天运第十四》。可知所据本,皆与郭本异也。即内篇先后次第,郭本亦有所颠倒。如《大宗师篇第六》"此古之所谓县解也"下,释文引向秀注云:"县解无所系也",而《养生主篇第三》"古者谓是帝之县解"下,向氏反无注,可知向氏所见《大宗师篇》,当在《养生主篇》之前也。至于外、杂篇,昔贤多疑为伪作,然今本内、外、杂篇之名,实定于郭氏,则内篇未必尽可信,外、杂篇未必尽可疑。如《荀子·正论》篇云:"语曰,坎井之龟,不可与语东海之乐",此即引《庄子》外篇《秋水》之文也。荀子去庄子未远,则《秋水》虽在今本外篇,而为庄子所作,自可无疑。又如《韩非子·难三》篇云:"故宋人语曰,一雀过羿,羿必得之,则羿诬矣,以天下为之罗,则雀不失矣。"此即引《庄子》杂篇《庚桑楚》之文也(庄子即宋人)。韩非子去庄子亦未远,则《庚桑楚》虽在今本杂篇,而为庄子所作,亦可无疑。其他类此之例尚多,故《庄子》外、杂篇之真伪,诚有待于商榷,决不可囿于郭氏之区画,而轻于致疑也。[①]

因此,对于内、外、杂篇的归属及作者真伪的考证我们暂且搁置不论,因为无论归属、考证的真实结果是什么,均不影响我们把这些篇章看作是庄学思想的一部分。

在本研究中,我们先用全局视野把握《逍遥游》,从整体上考量庄子思想"逍遥游"内涵,再对《逍遥游》进行细读,从而将庄子的逍遥思想梳理为三个层面,即:"无己"逍遥、"无功"逍遥与"无名"逍遥。他山之石,可以攻玉。我们用精神分析思想和语言哲学会通庄子思想,这一方面能够帮助我们深入探讨庄子思想的文化内涵,另一方面也能帮助我们深切了解精神分析理论及语言哲学的有效性和有限性。

---

① 王叔岷:《庄子校释》自序,上海:商务印书馆,1947年,第1—2页。

三

古典文本的现代研究之意义在于深切把握原典本意，并能结合现代语境给予现代阐释，在承接前人思想精华基础上解决当下存在的问题，从而做到扬榷古今，监世盈虚。王天泰在为王夫之《庄子解》作序时提出今人读古人之书的方法当是"心心相印"，这样才可以准确把握作者的思想：

> 今夫古人之书，古人之心也。然其中往往有托物寓意，为洸洋怪诞之词，而后之读之者，多苦于不能解；即能以解解之，亦病于拘文牵义而非有当于古人之心。使有能读古人之书，任其辞之洸洋怪诞，而于其所托物寓意，无不可以解解之，不致拘文牵义而未当古人之心，岂非解之者所甚快，而为古人所深望也欤？顾古之去今至远，以百世以下之人，而解百世以上之人之书，欲其毫发无所差谬，则又甚难。而不知非难也：古今之世殊，古今人之心不殊也。故居今之世，读古之书，以今人之心，上通古人之心，则心心相印，何虑书之不可以解解乎？①

王天泰"心心相印"读书法，深得孟子"以意逆志"之妙，让人信服。

鉴于此，我们在还原庄子时代背景的前提下，结合思想家生平，从《庄子》文本本身出发，将外部研究与内部研究相结合，真正与作者"心心相印"，以期在把握庄子思想系统性的同时揭示其思想的深刻内涵。

四

居住在钢筋水泥中的现代都市人，享受着发达的现代物质文明。社会的进步、生产力的提高使得社会服务系统日益精细化、严密化。社会服务的日益完善化给人造成一种假象，让人产生无所不能的错觉。殊不知，这种幻觉是由于人深陷社会这台精密的庞大机器，错把整体当个人，从而迷失本心与自然疏离造成的。

---

① （清）王夫之：《庄子解》序，王孝鱼点校，北京：中华书局，1964年，第1页。

　　弗洛姆(Erich Fromm)认为现代社会远不是一种"健全的社会",它在不同程度上压抑着人性,以致"人"至今仍未成为"真正的人"。其不健全,从人性的角度来说,表现就在于人与自然、人与人以及人与他自己创造出来的世界的异化。弗洛姆强调:"所谓'异化'就是一种认识的模式,在这种模式中人把自己看做一个陌生人。可以说,他疏远了与自己的关系。他并不感到他是自身世界的中心,是其行为的发出者——而是他的行为及其结果已经成为他的主人,必须俯首听命,甚至顶礼膜拜。"①人从自然中分离出来,不断地索取自然,建立了高度发达的物质文明,同时人类遭受到来自大自然一次比一次更为严重的惩罚。

　　人永远不可能做到无所不能,人永远不可能成为自然界的支配者和主宰者,那只是人类自大狂妄的一厢情愿。殷鉴不远,新冠疫情尚未远离,哪怕渺小到肉眼不可及的病毒,亦可使超级大国"闭关锁国"。英国现代哲学家伯特兰·罗素说:"我所知道对付人类那种常常流露出来的自高自大、自以为是心理的唯一方式就是提醒我们自己:地球这颗小小的行星在宇宙中仅是沧海之一粟;而在这颗小行星的生命过程中,人类只不过是一个转瞬即逝的过客。还要提醒我们自己:在宇宙的其他角落也许还存在着比我们优越得多的某种生物,他们优越于我们可能像我们优越于水母一样。"②这也正如庄子对人与自然关系的思考:

　　　　吾在天地之间,犹小石小木之在大山也。方存乎见少,又奚以自多!计四海之在天地之间也,不似礨空之在大泽乎?计中国之在海内,不似稊米之在大仓乎?号物之数谓之万,人处一焉;人卒九州,谷食之所生,舟车之所通,人处一焉;此其比万物也,不似豪末之在于马体乎?③(《庄子·秋水》)

　　现代文明看似提升了人的生存环境,创造了大量的物质财富,可是却

① (美)埃里希·费罗姆:《健全的社会》,蒋重跃等译,北京:国际文化出版公司,2003年,第104页。
② Bertrand Russell, "How to Avoid Foolish Opinions," *Unpopular Essays*, London: G. Allen and Unwin, 1950, p.184.
③ (清)郭庆藩:《庄子集释》,王孝鱼点校,北京:中华书局,1961年,第563—564页。(按:本书中所引《庄子》原文皆以郭庆藩《庄子集释》为准,此后引文不再单独作注。)

对人心造成戕害，庄子早在两千多年前就认识到了这个问题。《庄子·天地》载：

> 子贡南游于楚，反于晋，过汉阴，见一丈人方将为圃畦，凿隧而入井，抱瓮而出灌，搰搰然用力甚多而见功寡。子贡曰："有械于此，一日浸百畦，用力甚寡而见功多，夫子不欲乎？"为圃者卬而视之曰："奈何？"曰："凿木为机，后重前轻，挈水若抽。数如泆汤，其名为槔。"为圃者忿然作色而笑曰："吾闻之吾师，有机械者必有机事，有机事者必有机心。机心存于胸中，则纯白不备；纯白不备，则神生不定；神生不定者，道之所不载也。吾非不知，羞而不为也。"（《庄子·天地》）

与外物相疏离的现代人，生活在自己幻想的镜像里，把对物的占有误认为是与物的相融相谐；沉浸在各种各样的物欲中，把物欲的满足当成自由人性的实现。这样必然会淡化对人生的终极关怀，忽略自己人性的自由，不再关注自然，其结果是对自然以及作为自然一部分的人的伤害。人只有清醒认识到人与外物的关系，关爱自然，尊重人性，才可以使人性充分展开，实现真正的自由。

第一章　无待逍遥游^①

《庄子》开篇之作《逍遥游》在整个庄学思想中至关重要。对于《逍遥游》篇在《庄子》文本中的重要性，研究者代不乏人。成玄英在为《庄子》作序时，诠释《庄子》内七篇各篇主旨并明确了以《逍遥游》为首的各篇之间顺序次第的合理性：

> 所以《逍遥》建初者，言达道之士，智德明敏，所造皆适，遇物逍遥，故以逍遥命物。夫无待圣人，照机若镜，既明权实之二智，故能大齐于万境，故以《齐物》次之。既指马〔蹄〕天地，混同庶物，心灵凝澹，可以摄卫养生，故以《养生主》次之。既善恶两忘，境智俱妙，随变任化，可以处涉人间，故以《人间世》次之。内德圆满，故能支离其德，外以接物，既而随物升降，内外冥契，故以《德充符》次之。止水流鉴，接物无心，忘德忘形，契外会内之极，可以匠成庶品，故以《大宗师》次之。古之真圣，知天知人，与造化同功，即寂即应，既而驱驭群品，故以《应帝王》次之。^②

---

① 按：庄子文本并没有明确提出"无待"的概念，只是在谈及"有待"的问题时，涉及了与此相对应的"无待"思想。晋郭象注解《庄子》"犹有所待"和"恶乎待哉"两句时，在注文中多次运用了"有待"和"无待"两个对应概念，例如："非风则不得行，斯必有待也，唯无所不乘者无待耳。""故有待无待，吾所不能齐也；至于各安其性，天机自张，受而不知，则吾所不能殊也。夫无待犹不足以殊有待，况有待者之巨细乎！"见（清）郭庆藩：《庄子集释》，王孝鱼点校，北京：中华书局，1961年，第20页。"言天机自尔，坐起无待。无待而独得者，孰知其故，而责其所以哉？""卒至于无待，而独化之理明矣。"见（清）郭庆藩：《庄子集释》，王孝鱼点校，北京：中华书局，1961年，第111页。"推而极之，则今之有待者卒于无待，而独化之理彰矣。"见（清）郭庆藩：《庄子集释》，王孝鱼点校，北京：中华书局，1961年，第961页。从郭象开始，用"无待"释"逍遥"已成为庄学研究的基本理路。"有待"就是有所凭借，有所依赖，有一定的条件因素限制，表达的是事物之间相互关联、相互制约的关系。与此相反，"无待"就应该是无所凭借，无所依赖，不受具体条件的限制和制约，表达的是人生自由的境界。

② （唐）成玄英：《庄子序》，见（清）郭庆藩：《庄子集释》，王孝鱼点校，北京：中华书局，1961年，第7页。

王夫之在其《庄子解》中论述内篇系统性时也把《庄子》内七篇全放在"逍遥游"的统摄之下：

> 逍者，向于消也，过而忘也；遥者，引而远也，不局于心知之灵也；故物论可齐，生主可养，形可忘而德充，世可入而害远，帝王可应而天下治，皆吻合于大宗以忘生死，无不可游也，无非游也。①

清孙嘉淦从《庄子》写作原因入手，由内七篇的整体性角度论述《逍遥游》篇是《庄子》担纲之作，其《南华通》解《逍遥游》主题曰：

> 逍遥游者，庄子之志也。其求道也高，其阅世也熟，阅世熟则思远害，求道高则入虚无。以为天地并生，万物为一。而徒以有我之故，遂有功名，是生利害，故必无己，然后心大而能自得矣。《齐物论》之丧我，《养生主》之缘督，《人间世》之无用，《德充符》之忘形，《大宗师》之人与天一，《应帝王》之游于无有，皆本诸此，实全书之纲领，故首发之，所谓部如一篇，颠之倒之而不可者也。②

钱穆《庄子纂笺》引方潜评价《逍遥游》曰："状大体大用也。无己故无体，无功无名故无用；是为大体大用。后六篇皆阐此旨。"③

罗宗强在为涂光社的《庄子范畴心解》作序时，也从文本系统性角度把《庄子》一书评价为"一部不易解读的书"，而"《逍遥游》是《庄子》的开篇，注家普遍认为这是全书中最重要的一篇，有的甚至认为是全书的纲"④。张涅梳理了《庄子》内篇与其他篇目的关系，指出《逍遥游》在整篇《庄子》文本中占重要地位，是理解《庄子》的关键："从结构关系看，'内篇'的其他六篇是对《逍遥游》的思想展开，'外杂篇'又是对'内篇'的解说、补充、发展和变异，由此构成了一个开放的、扩展的、建构和解构相统一的思想系统。"⑤

---

① （清）王夫之：《庄子解》，王孝鱼点校，北京：中华书局，1964年，第1页。
② （清）孙嘉淦：《南华通》卷一，北京：国家图书馆藏线装刻本，第1页。
③ 钱穆：《庄子纂笺》，上海：上海三联书店，2021年，第1页。
④ 涂光社：《庄子范畴心解》序，北京：中国社会科学出版社，2003年，第3页。
⑤ 张涅：《庄子解读——流变开放的思想形式》，济南：齐鲁书社，2003年，第44页。

　　和前述庄学研究者注重从文本结构出发研究《庄子》体系不同，徐复观在其《中国人性论史（先秦篇）》中探讨春秋时期人性在不同学派中的表现特点，厘清中国文化史中各家各派对人性的基本看法，指出庄子所追求的人性特点是对精神自由的祈向："庄子对精神自由的祈向，首表现于《逍遥游》，《逍遥游》可以说是《庄》书的总论。"①因此，《逍遥游》是《庄子》的扛鼎之作，庄子哲学思想的微言大义以总括的形式体现在《逍遥游》中毋庸置疑。

　　每一个伟大的哲学家都有其自己的独有视角，我们一旦掌握这个视角，他的整个哲学体系也就好理解了。故准确地理解《逍遥游》是把握庄子哲学思想的一个必经之路。在本章，我们试图先用全局视野把握《逍遥游》，从整体上考量庄子思想中"逍遥游"之内涵，再对《逍遥游》进行细读，从而将庄子的逍遥思想梳理为三个层面，即："无己"逍遥、"无功"逍遥与"无名"逍遥。庄子也正是在这三个层面上建构其哲学思想大厦的。

一、"逍遥游"内涵

　　欲把握《逍遥游》的哲学思想，首要任务就是厘清"逍遥游"内涵。历代庄学研究者对"逍遥"和"游"都有自己的理解，由于时代更易，环境变迁，这种理解也往往会有所变动，下文是我们对前人理解的梳理。

（一）"逍遥"义辨

　　"逍遥游"不仅是《逍遥游》的主题词，在整个庄子思想体系中也至关重要，是庄子思想的核心，是理解庄子哲学的关键，应该给予这一概念格外的关注。

　　原始要终，我们从源头开始，厘清"逍遥游"之内涵。在先秦，"逍遥"和"游"是两个独立的词汇，庄子第一次将它们并举造出复合词"逍遥游"。因此，分别考察"逍遥"和"游"的内涵是理解"逍遥游"的前提。

　　庄子以"逍遥"一词命题，但"逍遥"一词非庄子首创。先秦时期，"逍遥"是一个较为常见的习用语。如《诗经·郑风·清人》有"河上乎翱翔"与

"河上乎逍遥"①之说,此系复沓章法,是"逍遥"与"翱翔"义近之证。

程俊英引王念孙《广雅疏证》析"翱翔"曰：

> 翱翔,《广雅》："翱翔,浮游也。"王念孙《疏证》："翔,古读若羊,翱翔,双声字也。"这里形容兵士们驾着战车游逛。②

"逍遥"一词,亦多见于《楚辞》,如：《离骚》有"聊逍遥以相羊"③,《九歌·湘君》《九歌·湘夫人》皆有"聊逍遥兮容与"④,《远游》有"聊仿佯而逍遥兮"⑤,以及《九辩》有"去乡离家兮徕远客,超逍遥兮今焉薄"⑥等。王逸在《楚辞章句》中注"聊逍遥以相羊"曰："逍遥、相羊,皆游也。"⑦又注"聊逍遥兮容与"曰："聊且游戏,以尽年寿。"⑧洪兴祖在《楚辞补注》中注曰："逍遥,犹翱翔也。"⑨可见"逍遥"具有行动自由、无所拘束、自由自在的涵义。

《庄子》中"逍遥"与《诗经》《楚辞》中"逍遥"词义并无根本不同,词根皆为"自由自在"之意。历代庄学研究者都对庄子之"逍遥游"做过考证注释,解释颇多。成玄英在其《庄子序》中"范举纮纲,略为三释"：

> 第一,顾桐柏云："逍者,销也;遥者,远也。销尽有为累,远见无为理。以斯而游,故曰逍遥。"
>
> 第二,支道林云："物物而不物于物,故逍然不我待;玄感不疾而速,故遥然靡所不为。以斯而遊天下,故曰逍遥遊。"
>
> 第三,穆夜云："逍遥者,盖是放狂自得之名也。至德内充,无时不

---

① (汉)毛亨传,(汉)郑玄笺,(唐)孔颖达等正义：《毛诗正义·郑风·清人》,(清)阮元校刻：《十三经注疏》,北京：中华书局影印世界书局缩印本,1980年,第338页。(按：后引用《十三经注疏》皆此版本,不再注明版本信息。)
② 程俊英、蒋见元：《诗经注析》,北京：中华书局,1991年,第231页。
③ (宋)洪兴祖：《楚辞补注》,白化文等点校,北京：中华书局,1983年,第28页。
④ (宋)洪兴祖：《楚辞补注》,白化文等点校,北京：中华书局,1983年,第68页。
⑤ (宋)洪兴祖：《楚辞补注》,白化文等点校,北京：中华书局,1983年,第165页。
⑥ (宋)洪兴祖：《楚辞补注》,白化文等点校,北京：中华书局,1983年,第184页。
⑦ (宋)洪兴祖：《楚辞补注》,白化文等点校,北京：中华书局,1983年,第28页。
⑧ (宋)洪兴祖：《楚辞补注》,白化文等点校,北京：中华书局,1983年,第28页。
⑨ (宋)洪兴祖：《楚辞补注》,白化文等点校,北京：中华书局,1983年,第68页。

适；忘怀应物，何往不通！以斯而遊天下，故曰逍遥遊。"①

郭庆藩在其《庄子集释》中梳理前人理解：

（郭象注）："夫小大虽殊，而放于自得之场，则物任其性，事称其能，各当其分，逍遥一也，岂容胜负于其间哉！"

……　……

刘孝标注云：向子期、郭子玄《逍遥义》曰："夫大鹏之上九万，尺鷃之起榆枋，小大虽差，各任其性，苟当其分，逍遥一也。然物之芸芸，同资有待，得其所待，然后逍遥耳。唯圣人与物冥而循大变，为能无待而常通。岂独自通而已！又从有待者不失其所待，不失则同于大通矣。"

支氏《逍遥论》曰："夫逍遥者，明至人之心也。庄生建言大道，而寄指鹏鷃。鹏以营生之路旷，故失适于体外；鷃以在近而笑远，有矜伐于心内。至人乘天正而高兴，遊无穷于放浪。物物而不物于物，则遥然不我得；玄感不为，不疾而速，则逍然靡不适。此所以为逍遥也。若夫有欲当其所足，足于所足，快然有似天真，犹饥者一饱，渴者一盈，岂忘烝尝于糗粮，绝觞爵于醪醴哉！苟非至足，岂所以逍遥乎！"

……　……

唐释湛然《止观辅行传弘决》引王嗣夜云："消摇者，调畅逸豫之意。夫至理内足，无时不适；止怀应物，何往不通。以斯而遊天下，故曰逍遥。"又曰："理无幽隐，消然而当，形无巨细，摇然而通，故曰消摇。解消摇义，视诸儒为长。'遊'如字。亦作游。《逍遥游》者，篇名，义取闲放不拘，怡适自得。"②

以上诸家解"逍遥游"主从形体生理角度着眼，指人行动的自由无碍。陈深、罗勉道、陆西星、徐复观、吴汝钧、陈鼓应及崔大华等则从心理学角度解"逍遥游"，指精神上的一种无拘无束状态。

宋罗勉道在其《南华真经循本》中开篇点题，把"逍遥游"解释为："神游

① （唐）成玄英：《庄子序》，见（清）郭庆藩：《庄子集释》，王孝鱼点校，北京：中华书局，1961年，第6—7页。
② （清）郭庆藩：《庄子集释》，王孝鱼点校，北京：中华书局，1961年，第1—2页。

寥廓无所拘碍，是谓逍遥游。"①

明陈深在其《诸子品节·庄子·逍遥游第一》开宗明义，指明"逍遥游"为心理上的自由：

> 游，谓心与天游也。逍遥者，汗漫自适之义。夫人之心体，本自广大，但以意见自小，横生障碍。此篇极意形容，令人拓展胸次，空诸所有，一切不为世故所累，然后可进于道。儒者鸢飞戾天，鱼跃于渊，与此意义无异。然鸢鱼实，鲲鹏虚。事理所不载者，圣人不道也。②

明陆西星《南华真经副墨》注解《逍遥游》篇，开宗明义："夫人必大其心而后可以入道，故内篇首之以《逍遥游》。游，谓心与天游也。逍遥者，汗漫自适之义。"③陈深、罗勉道皆将"逍遥游"理解为"汗漫自适""心与天游"，虽显重复，却也能看出学者之统识。

徐复观于其《中国人性论史（先秦篇）》中，从精神自由的角度看视"逍遥"内涵："消者消释而无执滞，乃对理而言。摇者随顺而无抵触，乃对人而言。游者，象征无所拘碍之自得自由的状态。总括言之，即形容精神由解放而得到自由活动的情形。"④

吴汝钧在其论文《庄子的终极关怀》中，指出庄子的终极关怀是"体道"，庄子之"道"既有浓厚的主体精神境界的意味，也有客观实体的意味，"逍遥是闲适自得的意思，……有形体方面之意，但主要是心境上的闲适自得"；"把逍遥关连到精神状态方面，以之指由无执滞无抵触而达到的精神上的自由解放的状态"⑤。

陈鼓应的《庄子今注今译》集诸注家之长，得出自己的结论："《逍遥游篇》，主旨是说一个人当透破功、名、利、禄、权、势、尊、位的束缚，而使精神活动臻于优游自在、无挂无碍的境地。"⑥

---

① （宋）罗勉道：《南华真经循本》卷一，《正统道藏》，上海：商务印书馆影印上海涵芬楼本，1924年，第11页。
② （明）陈深：《诸子品节·庄子》，北京：国家图书馆藏明万历间刻本，第1页。
③ （明）陆西星：《南华真经副墨》卷一，北京：国家图书馆藏明万历六年刻本，第1页。
④ 徐复观：《中国人性论史（先秦篇）》，上海：上海三联书店，2001年，第350页。
⑤ 吴汝钧：《庄子的终极关怀》，（台北）《哲学杂志》1996年第17期，第172—197页。
⑥ 陈鼓应注译：《庄子今注今译》，北京：中华书局，1983年，第1页。

崔大华等的《道家与中国文化精神》把道家文化放进中国文化史的大背景中探讨庄子逍遥思想,指出:"庄子的'逍遥'就是要从困扰人生的生死之限、世俗之礼、哀乐之情三种情态的束缚中摆脱出来,这是一种无任何精神负累的安宁、恬静的心理状态,一种超脱的精神境界。"①

陆钦在其文章《〈逍遥游〉新探》中归纳历代庄学研究著作,把众学者对《逍遥游》主题思想的不同理解分作以下八类:一曰:任性逍遥说;二曰:无待说;三曰:至人无己说;四曰:宣扬阿Q式的绝对自由论;五曰:鼓吹虚无主义绝对自由主义;六曰:讲人生修养;七曰:谈处世哲学;八曰:针对惠施而作。陆氏总结以上八种分类从不同侧面触及了《逍遥游》的主题,但是还有进一步探讨的余地,《逍遥游》是庄子与儒家、墨家及名家在一系列问题上进行论争的产物。它宣扬放任自由、摆脱外物、超脱人世的人生哲学,做到"无名""无己""无功"。

> 《逍遥游》以放任自由来对抗儒家的"克己复礼",以摆脱周围的羁绊来对抗墨家有为观——"利"的观点,以超脱人世来对抗名家追求名位的世俗观;以"无名"对抗儒家的"正名",以"无己"对抗名家的有己——"自以为最贤",以"无功"对抗墨家的"志功"。②

陆钦对《逍遥游》解释的分类和上面所引虽有重复之处,但更有利于从"类"的角度来对其意义进行整体的把握,同时也有利于认识庄学研究发展的历史轨迹。

钟泰《庄子发微》从《庄子》全文出发,通过不同篇章相互佐证来疏解"逍遥游"的涵义:

> "消"者,消释义。《田子方篇》云:"物无道,正容以悟之,使人之意也消。"杂篇《则阳》云:"非相助以德,相助消也。"是也。"摇"者,动荡义。外篇《天地》云:"大圣之治天下也,摇荡民心,使之成教易俗。"《则阳》篇云:"复命摇作,而以天为师。"是也。盖消者,消其习心,摇者,动

---

① 崔大华等:《道家与中国文化精神》,郑州:河南人民出版社,2003年,第62—63页。
② 陆钦:《〈逍遥游〉新探》,见陆钦:《庄子通义》,长春:吉林人民出版社,1994年,第24页。

其真机，习心消而真机动，是之谓消摇。惟消摇而后能游，故曰"消摇游"也。……"游"者，出入自在而无所沾滞义。一字曰游，双言之则曰浮游。外篇《山木》云："乘道德而浮游。"又云："浮游乎万物之祖。"是也。言游又言浮者，浮者，不沉溺也。惟能浮而后能游。此其理，善泅者无不知之。故外篇《达生》言丈夫之游于吕梁也，曰："与齐俱入，与汩偕出，从水之道，而不为私焉。""与齐俱入"者，游也。"与汩偕出"者，浮也。游之义盖取诸此。孟子谓宋句践曰："子好游乎？吾语子游：'人知之，亦嚣嚣；人不知，亦嚣嚣。'"（见《尽心篇》）赵岐注曰："嚣嚣，自得无欲之貌。"就己言则曰"自得无欲"，对物言则曰"不为私"。庄子之言游，与孟子之言游，意略同矣。窃谓《庄子》一书，一"游"字足以尽之。故今三十三篇，内篇以《消摇游》始，外篇以《知北游》终，其余各篇，语不及游者殆鲜。而《天下篇》自道其学，则曰："彼其充实不可以已，上与造物者游，而下与外死生、无终始者为友。"旨趣所寄，不尤为可见乎？①

　　以上各家解释各有千秋，虽有小异，但基本大同，都认为"逍遥"含有自由自在的意思，是对人生理上行动无碍和心理上自由从容的肯定，是对人性的一种高举，基本上符合《庄子》文本意思，可相互进行补充。

　　无论是从物质角度抑或精神角度解读"逍遥游"，其内涵都和"自由"关系密切。关于庄子《逍遥游》的自由思想，王富仁先生如是说：首先，王富仁先生将老子之"道"和庄子之"道"对比研究，指出老子之"道"，是"道"之"体"，是世界的本体。世界和人类的一切玄机奥妙都从这个既可视为"无"也可视为"有"，徘徊在有无之间的恍兮惚兮的"道体"中产生出来。而庄子之"道"则是一个本真的世界，一个"有"的世界。不仅"有"，而且丰富多彩，充满生机。这是一个"物"的世界，一个万"物"并呈的世界，而不是一个混沌的整体。因此，王富仁强调：

　　　　庄子之"道"不同于老子之"道"，庄子之"道"是在老子所说的"一生二，二生三，三生万物"之后，由宇宙万物所构成的一个具体生动的

_____

① 钟泰：《庄子发微》，上海：上海古籍出版社，2002年，第3—4页。

自然世界，一个存在着诸多"物个体"（以个体形式存在的物）的世界，所以，在庄子哲学里才有一个"自由"的问题。"自由"，永远是个体的"自由"，而不是宇宙整体的"自由"。宇宙整体只有一个"存在"的问题，一个"无"和"有"的问题，而没有"自由"的问题。[①]

"自由"永远是个体的"自由"，我们深以为然。相对于老子那"独立而不改，周行而不殆"的道仅仅是"存在"，而庄子《逍遥游》里鲲、鹏、蜩、学鸠等等才存在"自由"与否的问题。王富仁进一步强调，对于"物个体"，宇宙整体只是一个空间，而在其过程中则是一个时空结构。"物个体"只有在宇宙空间或时空结构中才有自己的存在和自己的"自由"，这就出现了一个有没有自己存在的空间以及空间大小的问题，即"自由"的大小问题。因为鲲、鹏、蜩、学鸠的运动受时空限制不同，所以它们的自由也就不同，自由也就有了大小之分[②]。

和蜩、学鸠相比，虽然鲲、鹏的自由更大，境界更高，但是这种自由仍然是"有待"的自由，须借助外在力量才能实现，不是庄子所说的终极自由。

王富仁最后宣称庄子的终极自由是精神自由，是心灵的自由，在《逍遥游》中，真正逍遥的不是任何一个物质的实体，而是庄子的"精神"、庄子的"心灵"、庄子的"神"。

　　在庄子进行"神游"之时，作为读者的我们实际上也在进行着同样的"神游"。在平时，我们生活在一个比蜩、学鸠、斥鴳还要狭小的空间之内。我们的肉体太沉重，连"飞"的能力也没有，但在阅读庄子《逍遥游》的时候，我们的"神"却离开了我们的肉体，已经感觉不到肉体的沉重，从而获得了比之大鹏更大的自由。时间和空间被我们超越了，一切的界限都被我们超越了，我们的心灵成了一个无限的宇宙，我们也在自己心灵中的这个无限的宇宙中自由地翱翔。……我们体验到了"逍遥"，体验到了无待的、绝对的自由——我们精神的自由、心灵的

---

① 王富仁：《论庄子的自由观——庄子〈逍遥游〉的哲学阐释》，《河北学刊》，2009 年第 6 期，第 40 页。
② 王富仁：《论庄子的自由观——庄子〈逍遥游〉的哲学阐释》，《河北学刊》，2009 年第 6 期，第 39—46 页。

自由。①

王富仁先生在分析鲲、鹏、蜩、学鸠的运动受时空限制后，得出它们的自由并不相同，自由有小大之分。而那种超越了小大之分的无待的、绝对的自由则是我们精神的自由、心灵的自由。那么我们或许疑惑，精神自由、心灵自由为什么不能有小大之分呢？上智与下愚的精神自由、心灵自由是否也应该有高下之判呢？事实上，王富仁例证中说我们读《逍遥游》时，那个超越肉体、超越时空以及一切界限的"神游"自由是一种审美快感，是读者在阅读过程中对作品的再创作，是读者在阅读过程中的灵感创造出的审美意境。

朱光潜指出："诗的境界是情趣与意象的融合。情趣是感受来的，起于自我的，可经历而不可描绘的；意象是观照得来的，起于外物的，有形象可描绘的。情趣是基层的生活经验，意象则是起于对基层经验的反省。"②由此可知，阅读者感受到的作品境界，也即"神游"的自由程度受其生活经验、文化程度、情商高低等多种思想的制约。故而，也不能说"神游"的自由是一种无待自由。

朱光潜在其《西方美学史》中引用休谟《论人的知解力》的观点，论述人的想象力的特点：

> 人的想象是再自由不过的。它虽不能超出内在的和外在的感官所提供的那些观念的原始储备，却有不受局限的能力把那些观念加以掺拌、混合和分解，成为一切样式的虚构和意境。③

可见，无论作者还是读者，其观古今于须臾、抚四海于一瞬、可上九天揽月、可下五洋捉鳖的丰富想象力都不是无待自由的，都离不开其生活观念的"原始储备"。那么读者在阅读过程中感受到的审美体验，也即精神自由，和自身的想象力关系密切，而想象力又与自身生活阅历相关。我们可以说，精神自由并不是无区别、无高下的绝对自由。

---

① 王富仁：《论庄子的自由观——庄子〈逍遥游〉的哲学阐释》，《河北学刊》，2009 年第 6 期，第 42 页。
② 朱光潜：《诗论》，桂林：广西师范大学出版社，2004 年，第 44 页。
③ 朱光潜：《西方美学史》上卷，北京：商务印书馆，2011 年，第 251—252 页。

　　无论如何,王富仁强调自由是"物个体"的自由,从精神自由、心灵自由的角度解读"逍遥游"的内涵,这是非常值得学习的地方。

　　崔大华在其《道家与中国文化精神》中从中国文化精神角度对庄子自由思想评论曰:"庄子的自由的理想,应该被视为是中国文化中的进步现象,庄子对情态自由的描述应该是人类自由思想史的开篇。"①毋庸置疑,庄子的自由思想是对人性自由的一次倡导和推进,这一自由思想是庄子建构其哲学思想的基础和目的。庄子之所以"著书十余万言""以抵訾孔子之徒"②,以破除儒墨所立的"人间行为之规矩准绳"③,就是渴望与"道"为一,达到这种情态自由的境界。

(二)"游"义辨

　　前面梳理了"逍遥"之义,我们继续探讨"游"的内涵。

　　许慎《说文解字》曰:"游,旌旗之旒也。"④此处,"游"作名词使用,与"旒"义同,指旗子下边悬垂的饰物。如《周礼·春官·巾车》曰:"建大常,十有二斿。"⑤大常,旗帜的一种,上绘太阳、月亮图案。"斿"同"旒",旗帜上的飘带状装饰物。"游"(或"旒")也指古代皇帝礼帽前后的玉串。如《礼记·玉藻》曰:"天子玉藻,十有二旒。"⑥旌旗所垂之旒,随风飘荡而无所系缚,故引申为"游戏"之"游"。"游"也可作动词使用。《广雅·释诂》释义曰:"游,戏也。"⑦如《庄子·大宗师》:"汝将何以游夫遥荡恣睢转徙之涂乎?"《诗经·齐风·载驱》载:"鲁道有荡,齐子游敖。"⑧《诗经·唐风·有杕之杜》载:"彼君子兮,噬肯来游。"⑨还有《尚书·夏书·五子之歌》载:

① 崔大华等:《道家与中国文化精神》,郑州:河南人民出版社,2003年,第67页。

② (汉)司马迁:《史记·老子韩非列传》,北京:中华书局,1959年,第2143—2144页。

③ 王国维:《王国维文集》第三卷,北京:中国文史出版社,1997年,第108页。

④ (清)桂馥:《说文解字义证》,北京:中华书局影印湖北崇文书局刻本,1987年,第589页。

⑤ (汉)郑玄注,(唐)贾公彦疏:《周礼注疏·春官宗伯第三·巾车》,(清)阮元校刻:《十三经注疏》,第822页。

⑥ (汉)郑玄注,(唐)孔颖达等正义:《礼记正义·玉藻第十三》,(清)阮元校刻:《十三经注疏》,第1473页。

⑦ (清)王念孙:《广雅疏证》,张靖伟等点校,上海古籍出版社,2016年,399页。

⑧ (汉)毛亨传,(汉)郑玄笺,(唐)孔颖达等正义:《毛诗正义·齐风·载驱》,(清)阮元校刻:《十三经注疏》,第354页。

⑨ (汉)毛亨传,(汉)郑玄笺,(唐)孔颖达等正义:《毛诗正义·唐风·有杕之杜》,(清)阮元校刻:《十三经注疏》,第366页。

"乃盘游无度。"①等等。在这里，"游"均表达不囿于一个具体位置，是对人们扩展自己生活空间和心理空间需求的肯定。因此，和"逍遥"一样，"游"亦有精神快适、行动自由之意。

对于后来发展成为范畴的"游"而言，上面的诠释都属本义，是引申义的出发点。游还有"闲放""游乐""浮动"的意义。《论语·述而》曰："志于道，据于德，依于仁，游于艺。"②朱熹《论语集注》云："游者，玩物适情之谓。"③这两句表述在使用"游"这个词语时，都是在这个层面意义上完成的。另外，先秦已有游戏的概念，如《韩非子·难三》载："管仲之所谓言室满室、言堂满堂者，非特谓游戏饮食之言也，必谓大物也。"④

徐复观《中国艺术精神》从庄子的艺术精神，即使人的精神得到自由解放的层面看待"游"："庄子虽有取于'游'，所指的并非是具体地游戏，而是有取于具体游戏中所呈现出的自由活动，因而把它升华上去，以作为精神状态得到自由解放的象征。其起步的地方，也正和具体地游戏一样，是从现实的实用观念中得到解脱"⑤，"庄子思想的出发点及其归宿点，是由老子想求得精神的安定，发展而为要求得到精神的自由解放，以建立精神自由的王国"⑥。

方东美将人和动物相比，指出在身体百官上，人甚至不如动物。人不像老鹰长有翅膀，不能搏击长空，也没有狮子、老虎那样的精力，无法纵横驰骋于深山大泽。但是方氏强调，人类除了有身体百官，还有"心官"，正如《孟子·告子上》所言："心之官则思，思则得之。"⑦这个"思"超越常情，可以转化为具有创造力的幻想。所以，

在这个情形之下，人类把他身体上的一切限制，物质上的一切限

---

① （汉）孔安国传，（唐）孔颖达等正义：《尚书正义·夏书·五子之歌》，（清）阮元校刻：《十三经注疏》，第 156 页。

② （魏）何晏等注，（宋）邢昺疏：《论语注疏·述而第七》，（清）阮元校刻：《十三经注疏》，第 2481 页。

③ （宋）朱熹：《四书章句集注》，北京：中华书局，1983 年，第 94 页。

④ （周）韩非撰，（清）顾广圻识误：《韩非子·难三》，《二十二子》，第 1174 页。

⑤ 徐复观：《中国艺术精神》，沈阳：春风文艺出版社，1987 年，第 55—56 页。（按：着重号为原文所有。）

⑥ 徐复观：《中国艺术精神》，沈阳：春风文艺出版社，1987 年，第 53 页。（按：着重号为原文所有。）

⑦ （汉）赵岐注，（宋）孙奭疏：《孟子注疏·告子章句上》，（清）阮元校刻：《十三经注疏》，第 2753 页。

制,通通都当作藩篱,然后再把这些藩篱打破了,能够提神于"太虚",而达到所谓"寥天一处"的最高境界。然后在那个最高境界再来俯视,透视世界上面各种层次、各种境界。同时,又能够居于精神主宰的地位,拿庄子的名词来说,即表示他能够"物物而不物于物"。①

方东美称庄子的这种逍遥是"精神彻底的解放","完全是精神的自由,不做一切外在世界的奴隶"。

> 他自己完全是精神的自由,不做一切外在世界的奴隶。在这个观点下,我们就可以了解《逍遥游》里面所要表达的就是——精神彻底的解放。解放到一个最高的境界,然后是毫无拘束,他的精神无所不住,"无所不可以住"。他把这个宇宙的一切境界阅历之后,再达到一切可能境界里面的边际——用庄子的名词就叫做"无何有之乡,广漠之野"。总之,整个世界,没有那一种角落对于他的精神能够成为一种障碍。②

从强调身体百官层面上的自由,到精神思维层面上的自由,这是学者们研究庄子逍遥思想的递进路径。现代学者更多的是取义于精神层面的自由,喻指一种无羁无绊、无牵无挂的精神活动,是精神在思维空间的自由延展、物我的自由往复、意象的自由组合,从而自如地实现对已有范围、观念、关系、秩序和规则的超越,这种超越正是庄子自由精神的体现,是《逍遥游》的题旨,是庄子解构思想的核心。

总之,无论"逍遥"还是"游"体现的都是庄子的自由精神,是庄子自由思想的旨归。庄子正是在对这种自由的向往中建立自己哲学思想体系的。

(三)逍遥游与游戏说

热爱游戏是人的天性,"游戏说"一直是古今中外学者关注的问题。近代西方艺术思潮中"游戏说"的直接源头就是康德(Immanuel Kant)的游

---

① 方东美:《原始儒家道家哲学》,北京:中华书局,2012年,第229页。
② 方东美:《原始儒家道家哲学》,北京:中华书局,2012年,第229页。

戏说艺术思想。康德和席勒(Johann Christoph Friedrich Von Schiller)是西方思想史上,以理论家身份思考游戏问题并从游戏说角度考察艺术现象的先驱,正如凌继尧采访著名美学家斯托洛维奇(Л. Н. Столович)时,斯氏指出:"对游戏活动,特别对艺术和游戏问题进行哲学和理论的思考,源自康德和席勒。"①

康德在分析游戏活动的特征时,以艺术活动和手艺(一般性劳动)为例,通过比较二者区别来看游戏的特征,康德强调:"艺术甚至也和手艺不同;前者叫做自由的艺术,后者也可以叫做雇佣的艺术。我们把前者看作好像它只能作为游戏、即一种本身就使人快适的事情而得出合乎目的的结果(做成功);而后者却是这样,即它能够作为劳动、即一种本身并不快适(很辛苦)而只是通过它的结果(如报酬)吸引人的事情、因而强制性地加之于人。"②席勒在康德的基础上更进一步,将游戏分为"自然的游戏"和"审美的游戏"。席勒强调"审美的游戏"是摆脱了主体生存的动物性,超越了物质束缚,实现了人的主体性的自由。因为在审美游戏中,审美的创造冲动是一种心理无枷锁的完全自由。审美的游戏"既不受物质的也不受道德的强制",从内心来看,这种创作体验是"自由心境"的自由感悟③。

弗洛伊德(Sigmund Freud)从精神分析的角度考察游戏,他强调,人有一种追求快乐与满足的生物遗传本能,它是先天的、内在的,也是非理性的。而在现实中,这种本能又不可能达到完全的满足,于是就会与社会现实产生冲突,受到压抑。人们为了摆脱这种压抑的痛苦,便开始转向对科学、艺术的追求,通过这些创造将本能的力量升华为智力和文化艺术。弗洛伊德在他的论文《诗人同白昼梦的关系》中指出,儿童游戏的特点是:"儿童独自游戏,或是同其他儿童一道,为了做游戏这个目的,在脑子里形成一个与世隔绝的天地。"④从形成一个独立的、与世隔绝的天地这一角度来看,游戏中的儿童的想象力与作家的想象力具有相似之处,弗洛伊德论述

---

① 凌继尧:《西方美学艺术学撷英》,上海:上海人民出版社,1998年,第211页。
② (德)康德:《判断力批判》,邓晓芒译,北京:人民出版社,2002年,第147页。(按:着重号为原文所有。)
③ (德)弗里德里希·席勒:《审美教育书简》,冯至、范大灿译,上海:上海人民出版社,2003年,第162页。
④ (奥)弗洛伊德:《诗人同白昼梦的关系》,《论创造力与无意识》,孙恺祥译,北京:中国展望出版社,1986年,第43页。

儿童的游戏行为与作家的写作时说:"每个做游戏的儿童的行为,同一个富于想象的作家在这一点上一样:他创造了一个自己的世界,或者更确切地说,他按照使他中意的新方式,重新安排他的天地里的一切。"①所以,弗洛伊德断言:"作家正像做游戏的儿童一样,他创造出一个幻想的世界,并认真对待之。"②游戏的基础是想象,正如前文所言,"人的想象是再自由不过的"③。因此,对于"逍遥游"和"游戏说",从"精神自由"这一维度来说,二者并无二致。

　　游戏现象并不仅仅存在于儿童生活中,也普遍存在于成人的生活中。关于成人游戏,弗洛伊德研究指出:

> 当人长大后,他便停止了游戏。表面看来,他已经丢弃了来自游戏的乐趣。不过,任何知道一点人的精神生活的人都会意识到,要丢弃曾尝试到的乐趣,是再难不过的了。的确,我们丢不掉一切;我们只是以一件事来代替另一件事。有时,我们表面上丢弃了某件事,而我们实际上做的,只是找一个替代。因此,当人长大并停止游戏时,他所做的,只不过是丢掉了游戏同实际物体的联系,而开始用幻想来取代游戏而已。他建造海市蜃楼,创造出那种称之为白昼梦的东西。我相信,多数人一直到死都不时幻想。这是人们长期忽略的一个事实。④

弗洛伊德在这里所想要表明的是,成人并没有停止游戏,只是"丢掉了游戏同实际物体的联系",使游戏以一种更隐蔽的方式进行,这种隐性的游戏就是文学创作,作家的一个文本就是一个游戏世界。

　　在庄子的"游戏"世界中,这个"与世隔绝的天地"就是他建构的"至德之世"。"至德之世"具有如下特点:

---

① (奥)弗洛伊德:《诗人同白昼梦的关系》,《论创造力与无意识》,孙恺祥译,北京:中国展望出版社,1986年,第42页。
② (奥)弗洛伊德:《诗人同白昼梦的关系》,《论创造力与无意识》,孙恺祥译,北京:中国展望出版社,1986年,第42页。
③ 朱光潜:《西方美学史》上卷,北京:商务印书馆,2011年,第251页。
④ (奥)弗洛伊德:《诗人同白昼梦的关系》,《论创造力与无意识》,孙恺祥译,北京:中国展望出版社,1986年,第43页。

故至德之世，其行填填，其视颠颠。当是时也，山无蹊隧，泽无舟梁；万物群生，连属其乡；禽兽成群，草木遂长。是故禽兽可系羁而游，鸟鹊之巢可攀援而窥。（《庄子·马蹄》）

夫至德之世，同与禽兽居，族与万物并，恶乎知君子小人哉！同乎无知，其德不离；同乎无欲，是谓素朴；素朴而民性得矣。（《庄子·马蹄》）

予独不知至德之世乎？昔者容成氏、大庭氏、伯皇氏、中央氏、栗陆氏、骊畜氏、轩辕氏、赫胥氏、尊卢氏、祝融氏、伏牺氏、神农氏，当是时也，民结绳而用之，甘其食，美其服，乐其俗，安其居，邻国相望，鸡狗之音相闻，民至老死而不相往来。若此之时，则至治已。（《庄子·胠箧》）

庄子文本中，游戏的主人公有着和世人不同的能力和行为方式。其典型形象是至人、神人和圣人。

藐姑射之山，有神人居焉，肌肤若冰雪，淖约若处子。不食五谷，吸风饮露。乘云气，御飞龙，而游乎四海之外。其神凝，使物不疵疠而年谷熟。（《庄子·逍遥游》）

之人也，之德也，将旁礴万物以为一，世蕲乎乱，孰弊弊焉以天下为事！之人也，物莫之伤，大浸稽天而不溺，大旱金石流土山焦而不热。是其尘垢秕糠，将犹陶铸尧舜者也，孰肯以物为事！（《庄子·逍遥游》）

至人神矣！大泽焚而不能热，河汉沍而不能寒，疾雷破山〔飘〕风振海而不能惊。若然者，乘云气，骑日月，而游乎四海之外。死生无变于己，而况利害之端乎！（《庄子·齐物论》）

考察儿童和成人游戏的动机可以一窥庄子"逍遥游"的深层心理原因。对于儿童游戏来说，游戏快感是其主要动机，但对于成人游戏（即幻想）来说则要复杂得多。弗洛伊德在《诗人同白昼梦的关系》中指出："幸福的人从不幻想，只有感到不满意的人才幻想。未能满足的愿望，是幻想产生的动力;每个幻想包含着一个愿望的实现,并且使令人不满意的现实好转。"①对于庄子来说,这种愿望来自当时动乱的社会,是对儒墨诸家"仁义道德""规矩准绳"反拨的愿望。这也是弗洛伊德所论述的:"游戏的对立面不是真正的工作,而是——现实。"②弗洛伊德意在申明,现实是游戏的源泉,游戏跟现实活动一样是一种有目的的活动,都是为了满足人的一种需要或欲望。游戏与现实活动之间的差异在于二者实现手段的不同。游戏中的人通过虚拟活动来虚拟性地满足自身的愿望,而现实生活中的人则通过现实活动来现实地满足自身的愿望。庄子所在的时代,灾难过于沉重,现实活动难以使自己哪怕最微小的愿望满足。如庄子借楚狂接舆之口所言:

> 方今之时,仅免刑焉。福轻乎羽,莫之知载;祸重乎地,莫之知避。已乎已乎,临人以德! 殆乎殆乎,画地而趋! 迷阳迷阳,无伤吾行! 吾行郤曲,无伤吾足!(《庄子·人间世》)

现实社会灾难深重,庄子只有在幻想中用游戏的方法虚拟性地满足自身的愿望,以保存自身,并为世人指点一条求生的出路。从这一角度看视,庄子自由逍遥的游戏世界具有幻想性,是一个建构在文本中的乌托邦。

二、逍遥游的三个层面

从上文我们可以看出,"逍遥""游""逍遥游"三者含义相同,都是庄子所渴望与追求的一种精神自由境界。但这种境界不是一种无差别的混沌状态,而是一个有层次分别的系统结构。

(一)小大之辩:达到逍遥游境界的前提

如前文所述,郭象对"逍遥游"的解释为:"夫小大虽殊,而放于自得之

---

① (奥)弗洛伊德:《诗人同白昼梦的关系》,《论创造力与无意识》,孙恺祥译,北京:中国展望出版社,1986年,第44页。
② (奥)弗洛伊德:《诗人同白昼梦的关系》,《论创造力与无意识》,孙恺祥译,北京:中国展望出版社,1986年,第42页。

场，则物任其性，事称其能，各当其分，逍遥一也，岂容胜负于其间哉！"①在这里，郭象所言物之"小大"就是物的"情"，即物的自身特点，也就是说郭象首先承认主体差异性（也即刘孝标申明的"物之芸芸"的观点，见下文）。对于主体的差异性，儒家思想家孟子说得更为明白。《孟子·滕文公上》曰："夫物之不齐，物之情也。"②由于物的"情"不同，即物的"小大"有殊，所以适合其生存的"场"就有别。但郭象认为，只要把物"放于自得之场"就可以达到逍遥的境界，而且这种逍遥是没有"胜负于其间"的无差别逍遥。

方东美用"后设哲学"（meta-philosophy）的方法探究庄子哲学思想的创造性，以求使自己的思想达到和庄子的逍遥自由精神相应。方东美承认万物在适合自己的"场"和"情"的层面上，能够得其所得，适其所适，获得一种存在的满足、一种价值的享受。但是，方东美强调，庄子的"逍遥游"思想并不仅仅是郭象所注解的那种无区别的逍遥，而应是一种彻底的精神解放。方氏首先批判向秀、郭象二人囿于已见，"各当其分"的观点是"小市民的心声"：

> 我们若要了解《逍遥游》，千万不能只透过向秀、郭象的注来了解。因为若是透过向秀、郭象的注，那么在《逍遥游》一开头，郭象就说得清清楚楚的，"小大虽殊，而放于自得之场，则物任其性，事称其能，各当其分，逍遥一也！"这种看法只是近代"小市民的心声"，这个心声是每个人都有的微末的观点；在这个观点里，人们只求他自己生活范围内一切欲望的满足，各当其分。③

其实，方东美所言"小市民的心声"，明朝陆西星在其《南华真经副墨》中，即表达了类似的意思，提醒人们要扩充胸襟识见，破除以往经验的拘限，不要囿于己见而裹足不前：

> 朝菌，粪芝也，朝荣而夕瘁，故不知有晦朔；蟪蛄，寒蝉也，夏生而秋死，故不知有春秋：以年小故知小也。若夫楚南之冥灵以千岁为春

---

① （清）郭庆藩：《庄子集释》，王孝鱼点校，北京：中华书局，1961年，第1页。
② （汉）赵岐注，（宋）孙奭疏：《孟子注疏·滕文公章句上》，（清）阮元校刻：《十三经注疏》，第2706页。
③ 方东美：《原始儒家道家哲学》，北京：中华书局，2012年，第227页。

秋，上古之大椿以一万六千岁为春秋，二木之取于造物者如此之多，其中岂无灵异？谓之大年大知，理固宜然。而世传彭祖寿年八百，以久特闻，此尚不及冥灵，何望大椿？乃众人慕而匹之，不亦悲乎？何见之鄙也！教人把胸襟识见扩充一步，不得以所知所历者而自足也。①

　　和普通"小市民"的认知不同，庄子的逍遥游思想是把精神解放到一个无拘无束的最高境界，这种精神无所不在，无所不可以往，可以逍遥于"无何有之乡，广莫之野"（《庄子·逍遥游》）！而达到这种自由境界的方法就是抛弃"小市民的心声"。这种小市民的逍遥就是："井蛙有井蛙存在的时空焦点，海若、河伯均各有其生命存在的焦点。在那个焦点上，各以生命体会其生命情操，享受其内在价值。"②他们在各自的时空焦点自适逍遥，但这种逍遥并不是郭象所说没有"胜负之分"的逍遥。在诸家庄学研究者中，较早认识到逍遥具有不同层次的是东晋的支道林与南朝的刘孝标。

　　魏晋玄学时期的向秀、郭象对《庄子》的注释取得了较高的成就，对后世影响很大。刘义庆《世说新语·文学》论及《逍遥游》："庄子《逍遥游》，旧是难处，诸名贤所可钻味，而不能拔理于郭、向之外。"③唐代陆德明在《经典释文·序录》中谈到《庄子》时也极为看重郭象对《庄子》的注解，肯定其对当时社会的影响："《汉书·艺文志》：'《庄子》五十二篇。'即司马彪、孟氏所注是也。言多诡诞，或似《山海经》，或类占梦书，故注者以意去取。其内篇众家并同，自余或有外而无杂。惟子玄所注，特会庄生之旨，故为世所贵。"④

　　郭注虽然优秀，但后学对郭象"逍遥一也"的理解却有不同看法。东晋支道林对庄子"逍遥"的解释在向秀、郭象的基础上前进一步，成为当时解庄的标准。刘义庆《世说新语·文学》评价支道林对"逍遥游"的理解超越向秀、郭象二家："支道林在白马寺中，将冯太常共语，因及逍遥，支卓然标

---

① （明）陆西星：《南华真经副墨》卷一，北京：国家图书馆藏明万历六年刻本，第5页。
② 方东美：《原始儒家道家哲学》，北京：中华书局，2012年，第235页。
③ （南朝）刘义庆：《世说新语》，上海：上海古籍出版社影印光绪十七年思贤讲舍刻本，1982年，第128页。
④ （唐）陆德明：《经典释文·序录》，上海：上海古籍出版社影印北京图书馆藏宋刻本，1985年，第66页。

新理于二家之表，立异义于众贤之外，皆是诸名贤寻味之所不得，后遂用支理。"①

刘孝标注曰：

> 向子期、郭子玄《逍遥义》曰："夫大鹏之上九万，尺鷃之起榆枋，小大虽差，各任其性，苟当其分，逍遥一也。然物之芸芸，同资有待，得其所待，然后逍遥耳。唯圣人与物冥而循大变，为能无待而常通。……"②

在这里，刘孝标认为，事物的性情不同（"物之芸芸"），它们虽然都可以得到属于自己的逍遥，但达到逍遥的方法不同：普通之物"同资有待"，所以达到"逍遥"的途径是"得其所待"，故其得到的"逍遥"是有待逍遥；而"圣人"由于"与物冥而循大变"，所以"能无待而常通"，故其得到的"逍遥"是无待逍遥。很明显，刘孝标把"逍遥"分为有待逍遥和无待逍遥，二者有层次上的高低差别。在这里，刘孝标是对郭象的发展，是在否定郭象"逍遥一也"的基础上再前进一步③。不同的事物有着不同的逍遥，这种不同就是我们要讨论的"小大之辩"。

事实上，《逍遥游》开篇不久，庄子就直接明确提出"小大之辩"这一观点。对于"小大之辩"庄子这样论述：

> 穷发之北有冥海者，天池也。有鱼焉，其广数千里，未有知其修者，其名曰鲲。有鸟焉，其名为鹏，背若太山，翼若垂天之云，抟扶摇羊角而上者九万里，绝云气，负青天，然后图南，且适南冥也。斥鷃笑之曰："彼且奚适也？我腾跃而上，不过数仞而下，翱翔蓬蒿之间，此亦飞之至也。而彼且奚适也？"此小大之辩也。（《庄子·逍遥游》）

郭象注曰："各以得性为至，自尽为极也。向言二虫殊翼，故所至不同，或翱

---

① （南朝）刘义庆：《世说新语》，上海：上海古籍出版社影印光绪十七年思贤讲舍刻本，1982年，第128—129页。

② （南朝）刘义庆：《世说新语》，上海：上海古籍出版社影印光绪十七年思贤讲舍刻本，1982年，第129页。

③ 按：对于郭象的"小大虽殊，逍遥一也"的观点，郭庆藩也认为是"似失《庄子》之旨"。见（清）郭庆藩：《庄子集释》，王孝鱼点校，北京：中华书局，1961年，第1页。

翔天池，或毕志榆枋，直各称体而足，不知所以然也。今言小大之辩，各有
自然之素，既非跂慕之所及，亦各安其天性，不悲所以异，故再出之。"①如
前文所述，郭象只认识到逍遥主体的不同而没有认识到主体逍遥的不同。
学者朱桂曜在其《庄子内篇证补》中不同意郭象这种混同逍遥层次的看法，
宣言曰：

> 徐干《中论》云："辩者别也"；大与小有别，蜩鷃之不知大鹏，正如
> 《秋水》篇"坎井之鼃"不知"东海之鳖"，皆以喻"小知不及大知"；如下
> 文肩吾讥接舆之言"大而无当"，惠施讽庄子之言，"大而无用"，皆所谓
> "下士闻道大笑之"也。宋玉《答楚襄王问》亦以鲲鷃不知鹍凤，喻世俗
> 之民不知臣之所为。……而郭象以为无小无大，各安其天性，正与庄
> 意相反。主旨既缪，徒逞游说，使《庄子》之书愈解而愈晦者，郭象清淡
> 之过也。②

学者王仲镛先生持同样的看法，认为蜩与学鸠和大鹏的对比就是"小
大之辩"，在其论文《庄子〈逍遥游〉新探》中阐明：

> 大鹏的形象高大雄伟，翱翔天海；蜩与学鸠、斥鷃的形象微末委
> 琐，上下蓬蒿，这本是以鲜明的"小大之辩"（同辨，区别）来说明"小知
> （智）不及大知（智）"。可是，向秀、郭象却从这里歪曲了庄子的原意，
> 附会"齐大小""均异趣"的道理。③

罗勉道《南华真经循本》把蜩、鸠、斥鷃和鹏相比，揭示鹏之高举可以给
人精神自由的启迪："此一节说蜩、鸠、斥鷃变化之小，而反笑鹏之九万
里……太虚寥廓，神游无碍；以破世俗浅陋之见，而豁其逍遥之胸次。"④
庄子《逍遥游》在提出"小大之辩"之前，用多重意象反复对比来表达小

①　（清）郭庆藩：《庄子集释》，王孝鱼点校，北京：中华书局，1961年，第16页。
②　朱桂曜：《庄子内篇证补》，上海：商务印书馆，1935年，第14页。
③　王仲镛：《庄子〈逍遥游〉新探》，《中国哲学》第四辑，1980年，第152—153页。
④　（宋）罗勉道：《南华真经循本》卷一，《正统道藏》，上海：商务印书馆影印上海涵芬楼本，1924年，
　　第11页。

不如大的观点,为自己的"小大之辩"做铺垫:

> 蜩与学鸠笑之曰:"我决起而飞,抢榆枋,时则不至而控于地而已矣,奚以之九万里而南为?"适莽苍者,三餐而反,腹犹果然;适百里者,宿舂粮;适千里者,三月聚粮。之二虫又何知!小知不及大知,小年不及大年。奚以知其然也?朝菌不知晦朔,蟪蛄不知春秋,此小年也。楚之南有冥灵者,以五百岁为春,五百岁为秋;上古有大椿者,以八千岁为春,八千岁为秋。而彭祖乃今以久特闻,众人匹之,不亦悲乎!(《庄子·逍遥游》)

孙嘉淦注解"蜩与学鸠笑之曰:'我决起而飞,抢榆枋,时则不至,而控于地而已矣;奚以之九万里而南为'"曰:

> "决起"言竭尽心力,不复留余也;"时则"言屡屡如此,不止一遍也。"而已矣"言一跌不振,更无别法也。见小者不能逍遥之意。①

　　从逍遥游的主体自身来看,庄子文本中的主体都是充满着张力的有差别主体,如鲲鹏与蜩鸠斥鴳、朝菌蟪蛄与大椿彭祖、宋荣子列子与游无矛者。浦江青认为,庄子选用不同事物做逍遥游的主体自有其用心,在个别篇中或许有齐大小的思想,但在此篇没有,不但没有,而且说小不如大,所以庄子的原意,与郭象的解说正相反。浦江青确信,庄子"逍遥游"的正解为:"以大为通,以小为陋,此类思想,即《逍遥游》之正解。"②虽然斥鴳"翱翔蓬蒿之间"也可以适性逍遥,但是和"抟扶摇羊角而上者九万里,绝云气,负青天,然后图南"的大鹏比来是一种"小"。显然,对于庄子这样的思想家来说,"小"不是他的追求,他所追求的是"大",是那种至高境界的"无待逍遥"。也就是说,自身条件各不相同的物种,虽然根据自身条件的不同都可以达到自己满意的逍遥,但在庄子眼中,逍遥是有不同层面的,人应该追求那种最高境界的逍遥。

---

① (清)孙嘉淦:《南华通》卷一,北京:国家图书馆藏线装刻本,第4页。
② 浦江青:《逍遥游之话》,《浦江青文录》,北京:人民文学出版社,1989年,第210页。

　　清人王夫之坚持认为蜩与学鸠的笑是对"大"的不知,是"小"境界与"大"境界区分的标志:"蜩与学鸠之笑,知之不及也。"①

　　王仲镛在其《庄子〈逍遥游〉新探》中指出,"道"是一种至高的精神境界,也是一个常人所不能企及的境界:"逍遥游,是指的明道者——从必然王国进入自由王国(借用此语的表面意义)以后所具有的最高精神境界。大鹏就是这种人的形象。蜩与学鸠、斥鷃,指的世俗的人。在庄子看来,一般世俗的人,由于视野狭窄,知识有限,是不可能了解明道者的精神境界的。"②

　　日本学者福永光司(Fukunage Mitsuji)在其《庄子:古代中国的存在主义》中把蜩与学鸠与大鹏相比,意在说明前者被囚困在灌木柴草间,不以自己被囚系的渺小为耻,反而嘲笑翱翔于天的大鹏,这就是认识上"小"的表现:"蜩与学鸠,总是嘲笑一切伟大者,它们到底只是些'侏儒之群'而已。"③

　　明代陈深在其《诸子品节·庄子》中言明:

　　　　自"二虫何知"上生下"小知""大知";又自"小知""大知"上生下"小年""大年"。二句意亦相承,教人把胸襟识见,扩充一步,不得以所知所历者而自足也。④

　　清俞樾《诸子平议·庄子》在平议"之二虫又何知"的基础上指出"小不足以知大":

　　　　郭象注曰:"二虫谓鹏蜩也。"此恐失之。二虫当为蜩与学鸠。下文曰:"奚以知其然也? 朝菌不知晦朔,蟪蛄不知春秋。"是所谓不知者,谓小不足以知大也。然则此云:"之二虫又何知!"其谓蜩、鸠二虫明矣。⑤

---

① (清)王夫之:《庄子解》,王孝鱼点校,北京:中华书局,1964 年,第 3 页。
② 王仲镛:《庄子〈逍遥游〉新探》,《中国哲学》第四辑,1980 年,第 152 页。
③ (日)福永光司:《庄子:古代中国的存在主义》,陈冠学译,台北:三民书局,1985 年,第 167 页。
④ (明)陈深:《诸子品节·庄子》,北京:国家图书馆藏明万历间刻本,第 3 页。
⑤ (清)俞樾:《诸子平议·庄子》,北京:国家图书馆藏双流李氏念劬堂刻本,1922 年,第 2 页。

钟泰将蜩与学鸠的"决起而飞,抢榆枋,时则不至而控于地而已矣"与大鹏的"水击三千里,抟扶摇而上者九万里,去以六月息者也"相比较,指明本段文字是"赞大而斥小"①,同时解释"蜩与学鸠笑之"曰:"'笑之'者,老子所谓'下士闻道则大笑之,不笑不足以为道也'。"②

因此,"小大之辩"不仅是对逍遥主体的"小大之辩",也是对主体逍遥程度的"小大之辩"。逍遥的境界并不是一团混沌,而是有着轻重难易的差别。张京华在其《庄子哲学辨析》中认为"小大之辩"是一种取舍,是对自由的渴望和要求,"小大之辩"是进入"逍遥游"境界的一个门径:

> 小大有别,小不及大,这就叫做"小大之辩"。小大之辩的出发点虽只是量的比较,但它的目的则是针对着世界万物存在的根据和意义。……建立"小大之辩"是为了对事物有所区别,有所取舍。"逍遥"是对根据、意义和自由的渴望和要求,它是一个理想,也是一个哲学概念。从"小大之辩"的概念导出"逍遥"的概念,从物理特征的多样性导出"自由"的思想,这就是《庄子》开宗明义第一篇的主题。③

因此,我们可以说,对"逍遥游"的理解经历了对逍遥主体的"小大之辩"到主体逍遥的"小人之辩"的转换,从"小大之辩"概念到"逍遥"概念的过渡是庄子追求逍遥游境界的前提。

仅仅形体的"大"并不是达到逍遥的充分条件,只有心境的开阔、心灵的自由(精神上的"大")才是逍遥的真正前提,正如王雱在其《南华真经新传》中所言:

> 鹏之飞也,必待于野马、尘埃之相吹也。无野马、尘埃则大翼不能举,此所以明物虽大,必有待而后行,非自然而然也,虽大不能免于累。④

---

① 钟泰:《庄子发微》,上海:上海古籍出版社,2002年,第10页。
② 钟泰:《庄子发微》,上海:上海古籍出版社,2002年,第9页。
③ 张京华:《庄子哲学辨析》,沈阳:辽宁教育出版社,1999年,第4页。
④ (宋)王雱:《南华真经新传》卷一,上海:商务印书馆影印上海涵芬楼本,1924年,第2页。

纵然是高举远飞的鹏，最终还是要有所待而行，所以精神境界的"大"才是真正的"大"。

明朝陆西星强调人的身体可以很广大，但是主体思维更为重要，是"入道"的关键。胸次开阔者方可入道，而执于我见则是入道的障碍：

> 夫人之心体，本自广大，但以意见自小，横生障碍。此篇极意形容出个致广大的道理，令人展拓胸次，空诸所有，不为一切世故所累，然后可进入道。昔人有云：振衣千仞岗，濯足万里流。士君子不可无此气节；海阔从鱼跃，天空任鸟飞，大丈夫不可无此度量。[①]

清孙嘉淦以鲲鹏、蜩鸠喻人，指出只有"心大"才可以跳出生理限制，达到逍遥：

> 人生世间，大都因己生功，因功生名，眼界既小，心胸自隘，种种纠缠，困苦不息，故欲逍遥，必须心大。试观鲲鹏，以背翼既大之故，遂至九万高翔，无所夭阏，何等旷荡；蜩鸠以形躯既小之故，遂至飞抢榆枋，犹时控地，何等局踏，其小大相悬之数。……小者困苦，大者逍遥，小大之辩，昭昭然矣，物既有之，人亦如是。一切砥节砺行，得君行道，名一时而传后世者，皆是以己图功，以功得名，局于小而不见其大。如斥鴳之翔于蓬蒿，遂自诩为飞跃之至也。宋荣忘名而犹有功，列子忘功而犹有己，是必形骸尽化，与天同体，御六气而游无穷，如鹏之飞九万而无夭阏，乃为大之至而逍遥之至焉。[②]

吴怡于其《中国哲学发展史》中从辨"小""大"入手，指出庄子的"大"并非在形体上、财物上以及势位上比别人多的"大"。庄子的"大"，就在于他的精神境界。关于"小"之形成，括而言之在于两端：一端是受拘于经验，另一端是执着于偏见。

对于前者，庄子《秋水》篇曰："井蛙不可以语于海者，拘于虚也；夏虫不

---

① （明）陆西星：《南华真经副墨》卷一，北京：国家图书馆藏明万历六年刻本，第1页。
② （清）孙嘉淦：《南华通》卷一，北京：国家图书馆藏线装刻本，第14—15页。

可以语于冰者，笃于时也；曲士不可以语于道者，束于教也。"（《庄子·秋水》）吴怡断言井蛙和夏虫之譬喻，"重点不在时空，而在曲士之束于教。也就是受制于固陋的经验，而不能加以拓广"①。目光短浅，心胸狭窄，自然便局限于"小"了，这种"小"就是受拘于经验造成的"小"。

对于后者，《庄子·齐物论》曰："道恶乎隐而有真伪？言恶乎隐而有是非？道恶乎往而不存？言恶乎存而不可？道隐于小成，言隐于荣华。故有儒墨之是非，以是其所非而非其所是。"吴怡申明："小成，就是小有成就。小有成就如果不能打破，便自以为是，变成了偏见。执着偏见，就使自己永远拘限于小。"②这种小是执着于偏见所造成的"小"。

事物之所以局限于"小"就在于陷入了相对性——局限于浅陋的经验，或者执着于一己的偏见。因此要由小返大，便必须跳脱这种相对性的羁绊。路子有二：其一为打破相对，再者就是还归自我。从打破相对这一角度来说，吴怡强调："'打破相对'就是从认知上，了解'相对'只是站在某一个立场的一种偏执。"③庄子在《齐物论》中指出像生死、是非、成毁等都是一种偏执，跳脱相对的唯一办法就是打破诸种偏执。"予恶乎知说生之非惑邪？予恶乎知恶死之非弱丧而不知归者邪！"（《庄子·齐物论》）这是打破生死偏执；"物无非彼，物无非是。自彼则不见，自知则知之。故曰彼出于是，是亦因彼。彼是方生之说也。"（《庄子·齐物论》）这是打破是非偏执。"其分也，成也；其成也，毁也。"（《庄子·齐物论》）这是打破成毁偏执。

打破相对是由小返大的第一步，最终是为了还归万事万物自体。从还归自体来说，吴怡论述："打破了相对之后，并非使自己独树一帜，这样又产生了另一种相对。真正的绝对存之于相对中；真正的打破相对，乃是还他一个相对。……透过了智慧的鉴照，识破了相对的执着之后，又进一步能还万物一个本来的面目。"④用还归自我的方法避免相对性就是要我们做到"以物观物"。这也就是老子说的"以天下观天下"⑤和庄子说的"藏天下于天下"（《庄子·大宗师》），他们都是要回到"未割"的"全"。其门径则是

① 吴怡：《中国哲学发展史》，台北：三民书局，2009年，第139页。
② 吴怡：《中国哲学发展史》，台北：三民书局，2009年，第139页。
③ 吴怡：《中国哲学发展史》，台北：三民书局，2009年，第139页。
④ 吴怡：《中国哲学发展史》，台北：三民书局，2009年，第140页。
⑤ （周）李耳撰，（魏）王弼注，（唐）陆德明音义：《老子道德经·五十四章》，《二十二子》，第6页。

辨别"小""大",由"小"入"大"。这也是达到逍遥之境的必由之路。

(二)庄子之"大"与朗吉努斯"崇高"之会通

庄子追求由"小"入"大"的逍遥之境,中国先秦典籍中,"大"这一范畴经常出现。在《左传·襄公二十九年》关于季札观乐的记载中,"大"就已经作为一个价值评判范畴出现。季札评《秦》乐曰:"此之谓夏声。夫能夏则大,大之至也,其周之旧乎?"①季札又评《韶箾》舞曰:"德至矣哉! 大矣,如天之无不帱也,如地之无不载也,虽甚盛德,其蔑以加于此矣。观止矣! 若有他乐,吾不敢请已。"②在这里,"大"以天地作喻,主要是功利层面的隐喻意义,是一种道德上的完美。

孔子也使用"大"这个范畴。《论语·泰伯》曰:

> 子曰:"大哉,尧之为君也! 巍巍乎! 唯天为大,唯尧则之。荡荡乎! 民无能名焉。巍巍乎! 其有成功也。焕乎! 其有文章。"③

在这段话中,"大"这一概念仍然和"天"关联,用体量的巨大来借喻和赞美作为君的尧的美德。孔子从四个方面来说明尧的"大",即作为君王,尧有效法于天的崇高、百姓无法言表的施德教化的力量、治理天下的伟大功绩和充满光辉并有化育之力的典章制度。在这里,"大"作为对尧的赞扬仍然是一种道德评价,属于道德范畴。

《孟子·尽心下》中论及人性时也提到"大",他说:"……充实之谓美,充实而有光辉之谓大,大而化之之谓圣,圣而不可知之之谓神。"④孟子这里所说的"大"是指人的道德人格充满感召力量并光辉四射。这与孔子的"大"一样,都是指道德上的崇高。

与儒家把"大"视作道德人格的完美不同,道家的庄子把"大"看作是无关道德的纯审美范畴。《庄子·天道》曰:

---

① (晋)杜预注,(唐)孔颖达等正义:《春秋左传正义·襄公二十九年》,(清)阮元校刻:《十三经注疏》,第 2007 页。
② (晋)杜预注,(唐)孔颖达等正义:《春秋左传正义·襄公二十九年》,(清)阮元校刻:《十三经注疏》,第 2008 页。
③ (魏)何晏等注,(宋)邢昺疏:《论语注疏·泰伯第八》,(清)阮元校刻:《十三经注疏》,第 2487 页。
④ (汉)赵岐注,(宋)孙奭疏:《孟子注疏·尽心章句下》,(清)阮元校刻:《十三经注疏》,第 2775 页。

> 昔者舜问于尧曰:"天王之用心何如?"尧曰:"吾不敖无告,不废穷民,苦死者,嘉孺子而哀妇人。此吾所以用心已。"舜曰:"美则美矣,而未大也。"尧曰:"然则何如?"舜曰:"天德而出宁,日月照而四时行,若昼夜之有经,云行而雨施矣。"尧曰:"胶胶扰扰乎! 子,天之合也;我,人之合也。"夫天地者,古之所大也,而黄帝尧舜之所共美也。故古之王天下者,奚为哉? 天地而已矣。(《庄子·天道》)

在这里,庄子把"美"和"大"明确分开,"大"高于"美"。这里的"美"是儒家意义层面上的对道德的颂扬,即尧所说的"吾不敖无告,不废穷民,苦死者,嘉孺子而哀妇人。此吾所以用心已"。成疏曰:"用心为治,美则美矣,其道狭劣,未足称大。"[①]"美"是实用的,是济世救民,是"用心为治"。但是以道观之,这是很狭隘的一种做法。真正的帝王之道,即"天德",不应该是"美"的,而应该是"大"的。

这里所说的"大"为天地之"大",这种"大"是四时错行,日月代明;是日月叠璧,山川焕绮;是涛走云飞,云行雨施……所以,这一超出实用功利之"美"的"大",是充满美学崇高感的"大"。即天地总的规律——"道"。

这种不带功利道德色彩的"大"的范畴从老子那里就开始使用了。如《老子道德经·二十五章》曰:"有物混成,先天地生。寂兮寥兮,独立不改,周行而不殆,可以为天下母。吾不知其名,字之曰道,强为之名曰大。大曰逝,逝曰远,远曰反。"[②]

先秦道家思想中"大"这一范畴,与西方美学史上罗马时期崇高概念有相通之处。作为美学的一个范畴,在西方美学思想史上,"崇高"这一概念首次由罗马时代的朗吉努斯(Longinus)在其作品《论崇高》中提出。《论崇高》讨论的是艺术作品的崇高,朗吉努斯从创作主体和艺术客体两个方面界定崇高的内涵。

从创作主体来看,艺术作品的崇高来源是庄严伟大的思想和强烈而激动的情感。朗吉努斯强调,一个崇高的思想,如果在恰到好处的场合提出,就会以闪电般的光彩照彻整个问题,而在刹那之间显出雄辩家的全部威

---

① (清)郭庆藩:《庄子集释》,王孝鱼点校,北京:中华书局,1961 年,第 475 页。
② (周)李耳撰,(魏)王弼注,(唐)陆德明音义:《老子道德经·二十五章》,《二十二子》,第 3 页。

力。这种崇高的思想不一定要具有极为雄伟的外观,简单素朴的思想也会因了它崇高的力量而令人叹服。朗吉努斯指出:"一个毫无装饰、简单朴素的崇高思想,即使没有明说出来,也每每会单凭它那崇高的力量而使人叹服。"①庄子哲学思想弃"小"从"大",这种"大"可以指外观的巨大,如大鹏、海若等等。但是庄子探讨精神上的"大"时更注重简单朴素的特点,认为这种简单朴素的境界更能体现"道"的力量。《庄子·马蹄》曰:"夫至德之世,同与禽兽居,族与万物并,恶乎知君子小人哉,同乎无知,其德不离;同乎无欲,是谓素朴。"《庄子·天道》曰:"静而圣,动而王,无为也而尊,朴素而天下莫能与之争美。"很显然,庄子的这一思想来自老子"朴"的观念。《老子道德经·三十二章》曰:"道常无名,朴。虽小,天下莫能臣也。侯王若能守之,万物将自宾。"②崇高的力量可以是一种"无言"的力量,即使没有明说出来,也会使人叹服,这也是庄子提倡"尸居而龙见,渊默而雷声"(《庄子·在宥》)的原因。由于创作主体需要保持素朴的力量,所以必须远离各种欲望和诱惑。

朗吉努斯宣称:

> 惟利是图,是一种痼疾,使人卑鄙,而但求享乐,更是一种使人极端无耻、不可救药的毛病。……人们一崇拜了自己内心速朽的、不合理的东西,而不去珍惜那不朽的东西,上述的情况,就必然会发生。他们再也不会向上看了;他们完全丧失了对于名誉的爱惜,他们生活败坏,每况愈下,直至土崩瓦解,不可收拾。他们灵魂中一切崇高的东西渐渐褪色、枯萎,以至于不值一顾。③

庄子同样认为"己""功""名"是侵害"伟大庄严思想"的原因。在《庄子·庚桑楚》中认为有二十四种因素扰乱了人的心灵世界:

> 贵富显严名利六者,勃志也。容动色理气意六者,谬心也。恶欲喜怒哀乐六者,累德也。去就取与知能六者,塞道也。(《庄子·庚桑

---

① 伍蠡甫等编:《西方文论选》上卷,上海:上海译文出版社,1988年,第120页。
② (周)李耳撰,(魏)王弼注,(唐)陆德明音义:《老子道德经·三十二章》,《二十二子》,第4页。
③ 伍蠡甫等编:《西方文论选》(上卷),上海:上海译文出版社,1988年,第125页。

楚》)

以外物作为追求的对象，就必然受外部对象的制约和左右，这是"有待"的。人若有了物欲，就不可能自由，"其耆欲深者，其天机浅"(《庄子·大宗师》)。追求物欲必然要掩盖天机，扰乱"伟大庄严的思想"，唯一可行的办法就是"无己""无功""无名"。

庄严而伟大的思想之外，朗吉努斯把强烈而激动的情感看作是崇高的第二个来源："我要满怀信心地宣称，没有任何东西像真情的流露得当那样能够导致崇高；这种真情如醉如狂，涌现出来，听来犹如神的声音。"①这种强烈而激动的情感是为正义、真理献身的情感。和庄子一样，朗吉努斯也处于一个社会动荡的年代，当是时也，政治腐败，道德堕落，统治者挥霍残暴，民生困苦，因此要求改变现状的朗吉努斯作品中充满抗争精神。而庄子则不然，虽然对现实不满，他的主导思想却是逃避现实，不与社会抗争，想要从精神胜利中觅得一席存身之地。《庄子·养生主》曰："适来，夫子时也；适去，夫子顺也。安时而处顺，哀乐不能入也，古者谓是帝之县解。"因此，他反对过于强烈的情感流露，认为那些感情"不益生"。《庄子·德充符》曰：

> 惠子谓庄子曰："人故无情乎？"庄子曰："然。"惠子曰："人而无情，何以谓之人？"庄子曰："道与之貌，天与之形，恶得不谓之人？"惠子曰："既谓之人，恶得无情？"庄子曰："是非吾所谓情也。吾所谓无情者，言人之不以好恶内伤其身，常因自然而不益生也。"惠子曰："不益生，何以有其身？"庄子曰："道与之貌，天与之形，无以好恶内伤其身。今子外乎子之神，劳乎子之精，倚树而吟，据槁梧而瞑。天选子之形，子以坚白鸣！"(《庄子·德充符》)

从这一点也可以看出，朗吉努斯的崇高虽然是艺术崇高，但更多带有与社会抗争的影子，而庄子的崇高却是一种精神自适。

从创作客体来看，朗吉努斯强调崇高的来源有运用藻饰的技术、高雅

---

① 伍蠡甫等编：《西方文论选》(上卷)，上海：上海译文出版社，1988年，第120页。

的措辞和结构的堂皇卓越。这三个方面主要讲述怎么用创作的技巧使作品最大程度地感染读者。这些创作技巧包括情节、场景的安排,隐喻、夸张等修辞手法的运用,以及连词、语法的处理等等。庄子同样很是注重语言技巧的使用。《庄子·天下》评价庄子道术时这样说:

> 以谬悠之说,荒唐之言,无端崖之辞,时恣纵而不傥,不以觭见之也。以天下为沈浊,不可与庄语,以卮言为曼衍,以重言为真,以寓言为广。独与天地精神往来而不敖倪于万物,不谴是非,以与世俗处。(《庄子·天下》)

《庄子·寓言》还说:

> 寓言十九,重言十七,卮言日出,和以天倪。寓言十九,藉外论之。亲父不为其子媒。亲父誉之,不若非其父者也;非吾罪也,人之罪也。与己同则应,不与己同则反;同于己为是之,异于己为非之。重言十七,所以已言也,是为耆艾。年先矣,而无经纬本末以期年者者,是非先也。……卮言日出,和以天倪,因以曼衍,所以穷年。(《庄子·寓言》)

对寓言、重言和卮言的不同侧重,正是庄子高超语言技巧的表现,正是因为庄子对语言操持的娴熟,《庄子》才会有这么强的时间穿透力。金岳霖这样评价庄子的写作特点:"也许应该把庄子看成大诗人甚于大哲学家。他的哲学用诗意盎然的散文写出,充满赏心悦目的寓言,颂扬一种崇高的人生理想,与任何西方哲学不相上下。其异想天开烘托出豪放,一语道破却不是武断,生机勃勃而又顺理成章,使人读起来既要用感情,又要用理智。"[①]由此也可以看出庄子高超的语言形式的运用对其崇高思想的重要意义。

　　虽然重视创作技巧,但朗吉努斯反对对语言的刻意雕琢,主张自然浑成,不露人工痕迹,他认为不以修辞方式形式出现的修辞方式才最见功效。

---

① 金岳霖:《中国现代学术经典·金岳霖卷》下卷,石家庄:河北教育出版社,1996 年,第 1225—1226 页。

朗氏把那种对语言刻意雕琢的行为叫作"幼稚":

> 幼稚是虚弱而又狭窄的心灵的通病——实在是文辞弊病中最为卑陋的一种。所谓幼稚是指一种掉书袋习惯,努力于无谓的雕琢而结果搞得冷冰冰的,索然无味。人们犯这种错误,起初是追求新奇纤巧,尤其是俏皮,而终于陷入琐屑无聊和愚蠢的做作。①

朗氏追求堂皇的语言,但也明确表示堂皇的语言并不是所有场合都适用的。"一个琐屑的问题用富丽堂皇的言语打扮起来,会产生把一个悲剧英雄的巨大面具戴在小孩头上那样的效果。"②这也正是庄子对使用语言的要求,对于庄子来说,语言仅是得鱼兔之筌蹄。《庄子·外物》曰:

> 荃者所以在鱼,得鱼而忘荃;蹄者所以在兔,得兔而忘蹄;言者所以在意,得意而忘言。吾安得夫忘言之人而与之言哉!(《庄子·外物》)

因此,无论朗吉努斯还是庄子都非常注重语言的运用,以成功塑造自己的崇高意象。对于朗吉努斯来说,这一意象是伟大的、能与大自然竞赛的形象;对于庄子来说则是弃"小"入"大"的至人、神人和圣人的形象以及其逍遥乌托邦社会——"至德之世"。

处于人类文明早期的朗吉努斯和庄子在各自文化的源头确立了思想自由,即崇高在社会及艺术创作中的地位,是对人的自由精神的一次提升,是对人超越现实要求的肯定。

(三)至人无己:逍遥游的第一个层面

既然庄子追求的是有别于"小"的"大"逍遥,逍遥有"小大之辩"。那么这种"大"的逍遥有什么特点呢?怎么才能达到这种理想的"大"逍遥呢?我们再回到《庄子》文本本身,通过对《逍遥游》的认真考察可以一窥庄子

---

① 伍蠡甫等编:《西方文论选》(上卷),上海:上海译文出版社,1988年,第118页。
② 伍蠡甫等编:《西方文论选》(上卷),上海:上海译文出版社,1988年,第123页。

"逍遥游"特征。

　　王夫之在其《庄子解》中把"逍遥游"看作是一种不局限于个人心灵认知偏见的感物方式,并把达到"逍遥游"的方式归结为"无待":"无待者,不待物以立己,不待事以立功,不待实以立名。"①也就是说,欲达到"逍遥游"的境界,必须消弭"物"和"己"、"事"和"功"及"实"和"名"之间的对待关系,即"无待"。这种"不待物以立己,不待事以立功,不待实以立名"就是庄子的"至人无己,神人无功,圣人无名"(《庄子·逍遥游》)。

　　徐复观在其《中国人性论史(先秦篇)》中高度评价庄子的"三无"思想:"'至人无己'三句话,乃庄子的全目的、全功夫之所在。《庄子》全书,可以说都是这几句话多方面的发挥。"②学者陈启天声言《逍遥游》篇为一种精神自由论,精神自由的理想境界便是"无己""无功""无名":

　　　　逍遥游者,逍遥之游也。逍遥,谓自由自在。游,谓精神活动。精神活动欲求自由自在,须先以达观之大智,解除小智之拘束。小智之拘束为何? 谓从个己观察一切,而纯为己见及功名之见所拘束也。达观之大智为何? 谓从大道观察一切,而不为己见及功名之见所拘束也。"小智不及大智",故本篇以"无己、无功、无名",为精神自由之理想境界,此其大旨也。③

因此,"三无"思想是理解庄子哲学思想的一把钥匙,以"至人无己""神人无功""圣人无名"为线索细读《庄子》,可以揭开庄子哲学思想的内涵。

　　关锋《庄子内篇译解和批判》强调"无己""无功""无名"三者内涵相同,"无功"和"无名"都是"无己"的派生物,达到了"无己",连形骸都是虚幻的,世界本无物,本无我,自然就"无功""无名"了,关锋强调曰:"庄子所说的'圣人''神人''至人',大致是同义语。"④

　　学者陈启天亦主张视圣人、神人及圣人同义:

①（清）王夫之：《庄子解》，王孝鱼点校，北京：中华书局，1964年，第1页。
② 徐复观：《中国人性论史（先秦篇）》，上海：上海三联书店，2001年，第351页。
③ 陈启天：《庄子浅说》，台北：台湾中华书局，1978年，第1页。
④ 关锋：《庄子内篇译解和批判》，北京：中华书局，1961年，第88页。

有所待，即有所拘束。人生之最大拘束，为有己见与功名之见。如不解除己见与功名之见，则精神不得安宁，何从自由自在？故庄子以无己、无功与无名，为精神自由之理想境界。此之谓至人无己，神人无功，圣人无名。至人、神人与圣人同义。①

束景南在其《论庄子哲学体系的骨架》中不同意把"无己""无功""无名"看作无区别的一回事，言称"无己"主要反映了庄子去知去欲的认识观；"无功"主要反映了庄子"无为"的政治观；"无名"主要反映了庄子独善其身的人生观：

"无己""无功""无名"三者并列，道出了"无待"的三个不同方面。庄子自己在《应帝王》中就对三者有一段解说："无为名尸（"无名"），无为谋府，无为事任（"无功"），无为知主，体尽无穷，而游无朕，尽其所受于天，而无见得，亦虚而已（"无己"）。"可见庄子自己也是区别这三者，没有把它们割裂，用一个代替其他两个。②

成玄英把至人、神人和圣人看作是庄子所言的"乘天地之正、御六气之辩"之人：

一人之上，其有此三，欲显功用名殊，故有三人之别。此三人者，则是前文乘天地之正、御六气之辩人也。欲结此人无待之德，彰其体用，乃言故曰耳。③

在成玄英看来，为了显示"乘天地之正、御六气之辩"之人的"功用名殊"，把这种人又分为三类，即至人、神人和圣人。

罗勉道申论至人、神人和圣人有层次浅深的区别：

大而化之谓圣，圣而不可测之谓神，至者神之极，三等亦自有浅

---

① 陈启天：《庄子浅说》，台北：台湾中华书局，1978年，第7页。
② 束景南：《论庄子哲学体系的骨架》，桂林：广西师范大学出版社，2003年，第114页。
③ （清）郭庆藩：《庄子集释》，王孝鱼点校，北京：中华书局，1961年，第22页。

深,无功则事业且无,何有名声;无己则并己身亦无,何有事业。①

钟泰在其《庄子发微》中评判"至人无己"三句为《逍遥游》一篇之要旨,而"无己"尤为要中之要,是高于"无功""无名"的一种逍遥:

> 盖非至"无己"不足以言"游",更不足以言"逍遥"也。"圣人""神人""至人",虽有三名,至者圣之至,神者圣而不可知之称。其实皆圣人也。而"无己"必自"无名""无功"始,故先之以"无名",次之以"无功"。"无名"者,不自有其名。"无功"者,不自有其功。不自有者,"无己"之渐也。故终归于"无己"而止焉。②

我们认为,"至人无己""神人无功""圣人无名"三者之间有内涵上的差异,至于差别如何,下面我们从最基础的文本注疏开始,探讨至人、神人和圣人的特点③。

郭象认为至人、神人和圣人(即"乘天地之正、御六气之辩"之人)具有如下特点:

> 乘天地之正者,即是顺万物之性也;御六气之辩者,即是游变化之途也;如斯以往,则何往而有穷哉! 所遇斯乘,又将恶乎待哉! 此乃至德之人玄同彼我之逍遥也。④

"玄同彼我"就是处理好主体自我与外界万事万物的关系,也即是正确对待物我关系,做到物我齐一。物我齐一就是"顺万物之性""游变化之途"。事物的变化规律是"道",顺应了事物的变化规律就可以达到逍遥之境。因此,"玄同彼我"既是达到逍遥的一种方法,又是逍遥的一种状态。

"玄同彼我"必须取消物我界限,王雱在其《南华真经新传》中把外物形

---

① (宋)罗勉道:《南华真经循本》卷一,《正统道藏》,上海:商务印书馆影印上海涵芬楼本,1924 年,第 30 页。

② 钟泰:《庄子发微》,上海:上海古籍出版社,2002 年,第 14—15 页。

③ 按:此处旨在阐明"逍遥游"有"无己""无功""无名"逍遥之分,对此三层面先后高下的分别此处暂不考虑。对三层次的主次辨析见后文《齐物、齐论和齐语言的先后之辨》。

④ (清)郭庆藩:《庄子集释》,王孝鱼点校,北京:中华书局,1961 年,第 20 页。

器看作是逍遥的障碍：

> 夫道，无方也，无物也，寂然冥运而无形器之累。惟至人体之而无
> 我，无我则无心，无心则不物于物，而放于自得之场，而游乎混茫之庭，
> 其所以为逍遥也。至于鲲鹏，潜则在于北，飞则徙于南，上以九万，息
> 以六月。蜩莺则飞不过榆枋，而不至则控于地，此皆有方有物也。有
> 方有物则造化之所制，阴阳之所拘，不免形器之累，岂得谓之逍遥乎？
> 郭象谓"物任其性，事称其能，各当其任，逍遥一也"，是知物之外守而
> 未为知庄子言逍遥之趣也。[①]

人只有"无己"才可以"物物而不物于物"，才可以逍遥，但世人大多拘泥于
形器，无法"知庄子言逍遥之趣也"。

徐复观在其《中国人性论史（先秦篇）》中从物我关系角度探讨"乘天地
之正、御六气之辩"之人的特点，强调取消自我是物我齐一的关键：

> 乘天地之正，郭象以为"即是顺万物之性"，……人所以不能顺万
> 物之性，主要是来自物我之对立；在物我对立中，人情总是以自己作衡
> 量万物的标准，因而发生是非好恶之情，给万物以有形无形的干扰。
> 自己也会同时感到处处受到外物的牵挂、滞碍。有自我的封界，才会
> 形成我与物的对立；自我的封界取消了（无己），则我与物冥，自然取消
> 了以我为主的衡量标准，而觉得我以外之物的活动，都是顺其性之自
> 然，都是天地之正，而无庸我有是非好恶于其间，这便能乘天地之
> 正了。[②]

正确处理物我关系就是要使主体不为外物所羁绊，取消物我对立，使万物
处于一种自由兴发的自然状态。这种"玄同彼我"的状态就是"无己"状态。

郭象云：

---

① （宋）王雱：《南华真经新传》卷一，上海：商务印书馆影印上海涵芬楼本，1924 年，第 1 页。
② 徐复观：《中国人性论史（先秦篇）》，上海：上海三联书店，2001 年，第 351 页。

无己,故顺物,顺物而至矣。①

"顺物"就是取消物我对立的紧张关系。王雱在其《南华真经新传》中也把那种不受限于物欲之人称为"至人":

至人知道,内冥诸心,泛然自得而不累于物,故曰无己。②

所以,"至人无己"就是主体自我与自然万物处于一种和谐自然、物我交融的境界,是一种不为物欲所限制的状态。

如前文所言,"小大之辩"是达到逍遥境界的前提,庄子对"至人无己"思想的展开是从鲲鹏和蜩鸠的对比入手的。《逍遥游》开篇即说:

北冥有鱼,其名为鲲。鲲之大,不知其几千里也。化而为鸟,其名为鹏。鹏之背,不知其几千里也;怒而飞,其翼若垂天之云。是鸟也,海运则将徙于南冥。南冥者,天池也。《齐谐》者,志怪者也。《谐》之言曰:"鹏之徙于南冥也,水击三千里,抟扶摇而上者九万里,去以六月息者也。"(《庄子·逍遥游》)

这一段说的是逍遥的壮观景象。鲲鹏的体积极其广大,"不知其几千里也";逍遥游时极其壮观,"水击三千里,抟扶摇而上者九万里"。这种宏大的场景注定实现起来是很困难的,要随海运,要上到九万里高空,一去就要六个月之久。但是飞行于榆枋的蜩和鸠也可达到自己的逍遥,而且实现条件更为简易,"适莽苍者,三餐而反,腹犹果然;适百里者,宿舂粮;适千里者,三月聚粮"。但要承认,虽然不同的生物都可以达到适性逍遥的状态,但是和那些飞行于榆枋间的蜩与学鸠比较起来,很明显在庄子眼中,鲲鹏式逍遥是一种更高层次的逍遥。"之二虫又何知?"(《庄子·逍遥游》)"小知不及大知,小年不及大年。奚以知其然也?"(《庄子·逍遥游》)"众人匹之,不亦悲乎?"(《庄子·逍遥游》)这一连串的反问表达了庄子的价值取

---

① (清)郭庆藩:《庄子集释》,王孝鱼点校,北京:中华书局,1961年,第21页。
② (宋)王雱:《南华真经新传》卷一,上海:商务印书馆影印上海涵芬楼本,1924年,第6页。

向:逍遥是有层次的,他所向往的是那种最高层面的逍遥! 因为蜩与学鸠和鲲鹏比起来虽然也能逍遥,但是不如鲲鹏更逍遥,但鲲鹏和御风而行的列子比起来还是逊色,列子和"乘天地之正,而御六气之辩,以游无穷者"比起来又是差了一筹。这也就是上文分析的"小大之辩"。

由此我们得出,限制逍遥程度的一个原因就是生物自身的"小大",这种"小大"不仅仅是逍遥主体自身体积的小大,对于不同主体来说囿于己见才是造成自身"小"的重要原因。

如前文所言,吴怡于其《中国哲学发展史》中从辨"小""大"入手,指出庄子的"大",并非在形体上、财物上以及势位上比别人多的"大"。庄子的"大",就在于他的精神境界。关于小之形成,括而言之在于两端:一端是受拘于经验,另一端是执着于偏见。这也就是明代陆西星所言:

> 夫人必大其心,而后可以入道。故内篇首之以《逍遥游》。游,谓心与天游也。逍遥者,汗漫自适之义。夫人之心体,本自广大,但以意见自少,横生障碍。①

因此,要想进入"大"的境界,只有解构自我,不让经验和偏见影响自己对世界的看法,也就是庄了所说的"圣人无己"。对于"至人无己",郭象注曰:"无己,故顺物,顺物而至矣。"②顺物就是"无待",也就是庄子所说的"乘天地之正,而御六气之辩,以游无穷,彼且恶乎待哉!"(《庄子·逍遥游》)郭象注曰:

> 故乘天地之正者,即是顺万物之性也;御六气之辩者,即是游变化之途也;如斯以往,则何往而有穷哉! 所遇斯乘,又将恶乎待哉! 此乃至德之人玄同彼我者之逍遥也。③

"无己"层面的逍遥主要指主体与主体之外世界的关系。当至人处理好与世界的关系,即达到"玄同彼我"的境界时,这时主体便达到了"逍遥"的第

---

① (明)陆西星:《南华真经副墨》卷一,北京:国家图书馆藏明万历六年刻本,第1页。
② (清)郭庆藩:《庄子集释》,王孝鱼点校,北京:中华书局,1961年,第21页。
③ (清)郭庆藩:《庄子集释》,王孝鱼点校,北京:中华书局,1961年,第20页。

一个层面："玄同彼我之逍遥也!""玄同彼我"就是不把自我凌驾于万物之上,即"无己"。

成玄英疏曰:

> 言无待圣人,虚怀体道,故能乘两仪之正理,顺万物之自然,御六气以逍遥,混群灵以变化。苟无物而不顺,亦何往而不通哉! 明彻于无穷,将于何而有待者也![1]

成玄英和郭象的观点一致,都把主体与外物的关系看作是能否达到"无己"逍遥的标志。这种"顺万物之自然""混群灵以变化""苟无物而不顺"的"通"就是打通物我界限,进入"无己"逍遥。

所以,达到"无己"逍遥的至人的特点主要表现在自身与外物的关系上,无论外界环境如何变化,至人都可以做到顺物而全生保性,使自己不受伤害:

> 至人神矣。大泽焚而不能热,河汉沍而不能寒,疾雷破山〔飘〕风振海而不能惊。若然者,乘云气,骑日月,而游乎四海之外。死生无变于己,而况利害之端乎!(《庄子·齐物论》)
>
> 至人潜行不窒,蹈火不热,行乎万物之上而不栗。(《庄子·至乐》)
>
> 子独不闻夫至人之自行邪? 忘其肝胆,遗其耳目,芒然彷徨乎尘垢之外,逍遥乎无事之业,是谓为而不恃,长而不宰。(《庄子·达生》)

因此,"无己"逍遥是一种不受生理、自我限制的自由,可以与世界万物相通,属于"大"的逍遥的第一个层面。

(四)神人无功:逍遥游的第二个层面

郭象把天地万物自然和谐、各安其性的状态称为"正"的状态,这种"正"的状态即是"不为而自能"的状态:

---

[1] (清)郭庆藩:《庄子集释》,王孝鱼点校,北京:中华书局,1961 年,第 20 页。

> 天地者，万物之总名也。天地以万物为体，而万物必以自然为正，自然者，不为而自然者也。故大鹏之能高，斥鴳之能下，椿木之能长，朝菌之能短，凡此皆自然之所能，非为之所能也。不为而自能，所以为正也。[①]

这种"正"的状态即是"各安其性"的状态，万物按其本性自然发展，不为外界所扰，这样就可以达到逍遥境界。这种能使世界万物"自能"的"不为"就是"神人"的特点。郭象对"神人"这一"不为"（即"无功"）的特点评价如下：

> 夫物未尝有谢生于自然者，而必欣赖于针石，故理至则迹灭矣。今顺而不助，与至理为一，故无功。[②]

所以，神人使万物自然生长而不赖于针石，同样道理，使人自由成长而不受各种规章制度、仁义道德（"理"）的约束，只与大道（"至理"）为一，不会因为制度的约束而伤身残性（"理至则迹灭"）。神人的这些做法就叫作"无功"。正如王雱在《南华真经新传》中所申论：

> 神人尽道，无有所屈，成遂万物而妙用深藏，故曰无功。[③]

这种"不为"（"无功"）的特点在《逍遥游》中有着详细的描写：

> 藐姑射之山，有神人居焉，肌肤若冰雪，淖约若处子。不食五谷，吸风饮露。乘云气，御飞龙，而游乎四海之外。其神凝，使物不疵疠而年谷熟。……之人也，之德也，将旁礴万物以为一，世蕲乎乱，孰弊弊焉以天下为事！之人也，物莫之伤，大浸稽天而不溺，大旱金石流土山焦而不热。是其尘垢粃糠，将犹陶铸尧舜者也，孰肯以物为事！（《庄子·逍遥游》）

---

① （清）郭庆藩：《庄子集释》，王孝鱼点校，北京：中华书局，1961年，第20页。
② （清）郭庆藩：《庄子集释》，王孝鱼点校，北京：中华书局，1961年，第22页。
③ （宋）王雱：《南华真经新传》卷一，上海：商务印书馆影印上海涵芬楼本，1924年，第6页。

神人这一"无为"即是"神人无功"。"神人无功"并不是舍弃事功,也并不排斥其"有用"的客观效果,神人也造化世人,只是不以物为事罢了。即:"其尘垢秕糠将犹陶铸尧舜者也,孰肯以物为事";"其神凝,使物不疵疠而年谷熟"。也是《应帝王》所言:"明王之治:功盖天下而似不自己,化贷万物而民弗恃;有莫举名,使物自喜;立乎不测,而游于无有者也。"(《庄子·应帝王》)无功就是不居功,不求名,不汲汲追求事功,一切因任自然,"妙用深藏"。这也正是《老子》所言:

> 是以圣人处无为之事,行不言之教;万物作焉而不辞,生而不有,为而不恃,功成而弗居。夫唯弗居,是以不去。[1](《老子道德经·二章》)
>
> 天地不仁,以万物为刍狗;圣人不仁,以百姓为刍狗。[2](《老子道德经·五章》)
>
> 故道生之,德畜之,长之育之,亭之毒之,养之覆之。生而不有,为而不恃,长而不宰。[3](《老子道德经·五十一章》)

所以说,神人并不是完全地置外物于不理,只是让万物自化,不留神人痕迹而已。这种"不为"也是"在宥":

> 闻在宥天下,不闻治天下也。在之也者,恐天下之淫其性也;宥之也者,恐天下之迁其德也。天下不淫其性,不迁其德,有治天下者哉!(《庄子·在宥》)
>
> 故君子苟能无解其五藏,无擢其聪明;尸居而龙见,渊默而雷声,神动而天随,从容无为而万物炊累焉。吾又何暇治天下哉!(《庄子·在宥》)

神人从容无为就可以使"万物炊累",这也是"无功"的原因所在。

在庄子思想里,至人的"玄同彼我"和神人的"不为"有着视角转变的特

---

① (周)李耳撰,(魏)王弼注,(唐)陆德明音义:《老子道德经·二章》,《二十二子》,第1页。

② (周)李耳撰,(魏)王弼注,(唐)陆德明音义:《老子道德经·五章》,《二十二子》,第1页。

③ (周)李耳撰,(魏)王弼注,(唐)陆德明音义:《老子道德经·五十一章》,《二十二子》,第5页。

点。对于"玄同彼我"来说，视角是平视，视包括主体在内的万物为一体；对于"不为"来说，视角则为俯视，主体超越万物，境界自是高出一筹。

　　相对于至人、神人，庄子把那种有"己"、有"功"的人称为"倒置之民"：

　　　　丧己于物，失性于俗者，谓之倒置之民。（《庄子·缮性》）

成玄英疏曰：

　　　　夫寄去寄来，且忧且喜，以己徇物，非丧如何！轩冕穷约，事归尘俗，若习俗之常，失于本性，违真背道，实此之由，其所安置，足为颠倒也。[1]

"丧己于物"就是不能正确处理物我关系，就是有"己"；"失性于俗"就是在各种习俗中迷失自我，不能超然于仁义道德等等约束之外，就是有"功"。人一旦有"功"就会使其"失于本性，违真背道"，其结果就是伤身残性。

　　如何避免有"功"，《逍遥游》第二部分说，

　　　　尧让天下于许由，曰："日月出矣而爝火不息，其于光也，不亦难乎！时雨降矣而犹浸灌，其于泽也，不亦劳乎！夫子立而天下治，而我犹尸之，吾自视缺然。请致天下。"

　　　　许由曰："子治天下，天下既已治也。而我犹代子，吾将为名乎？名者，实之宾也。吾将为宾乎？鹪鹩巢于深林，不过一枝；偃鼠饮河，不过满腹。归休乎君，予无所用天下为！庖人虽不治庖，尸祝不越樽俎而代之矣！"（《庄子·逍遥游》）

许由不愿为"名"，因为"名"为"实之宾"，同时他也认识到为"实"、为"主"的不可能，因为"鹪鹩巢于深林，不过一枝；偃鼠饮河，不过满腹"。在庄子看来，天下、权势不过是一些虚妄的东西，是一些束缚人的外物。他追求的是"藐姑射之山，有神人居焉，肌肤若冰雪，淖约若处子。不食五谷，吸风饮

---

① （清）郭庆藩：《庄子集释》，王孝鱼点校，北京：中华书局，1961年，第560页。

露。乘云气，御飞龙，而游乎四海之外。其神凝，使物不疵疠而年谷熟"式的神人生活。神人特点是"物莫之伤，大浸稽天而不溺，大旱金石流，土山焦而不热"，"世蕲乎乱，孰弊弊焉以天下为事"。神人不是不管天下事，而是"其尘垢秕糠将犹陶铸尧舜者也"，所以只是不用神人躬亲罢了。这即是庄子对治理天下的看法："在宥天下。"（《庄子·在宥》）也就是上文所说"神人无功"。"神人"的特点是：

> 藐姑射之山，有神人居焉，肌肤若冰雪，淖约若处子。不食五谷，吸风饮露。乘云气，御飞龙，而游乎四海之外。其神凝，使物不疵疠而年谷熟。（《庄子·逍遥游》）
>
> 上神乘光，与形灭亡，此谓照旷。致命尽情，天地乐而万事销亡，万物复情，此之谓混冥。（《庄子·天地》）

也就是说，神人不食世俗烟火，不被社会功名利禄、规章制度所束缚，故能"乘云气，御飞龙，而游乎四海之外"。这是逍遥游的第二个层面："无功"逍遥。

"功"，最初指人在社会中取得的成绩，对国家做出的贡献，是主体的表现在他者眼光中的反射，是通过他者的眼光看自己。许慎《说文解字》曰："功，以劳定国也。"①《周礼·夏官·司勋》曰："国功曰功。"②《史记·项羽本纪》曰："欲诛有功之人，此亡秦之续耳。"③《战国策·赵策》曰："辅主者名显，功大者身尊，任国者权重，信忠在己而众服焉。此先圣之所以集国家、安社稷乎！"④《诗经·豳风·七月》曰："嗟我农夫，我稼既同，上入执宫功。"⑤所以，"功"是在伦理道德等社会礼仪范围内对人行为的一种褒奖，褒奖人对国家社会的牺牲。但庄子认为，伦理道德是一种"欺德"，是欺骗人的一种工具，是治理社会的一种方式。对仁义、道德的这种欺骗性，庄子

---

① （清）桂馥：《说文解字义证》，北京：中华书局影印湖北崇文书局刻本，1987 年，第 1222 页。

② （汉）郑玄注、（唐）贾公彦疏：《周礼注疏·夏官司马第四·司勋》，（清）阮元校刻：《十三经注疏》，第 841 页。

③ （汉）司马迁：《史记·项羽本纪》，北京：中华书局，1959 年，第 313 页。

④ （汉）刘向：《战国策·赵策》，上海：上海古籍出版社，1998 年，第 593—594 页。

⑤ （汉）毛亨传、（汉）郑玄笺、（唐）孔颖达等正义：《毛诗正义·豳风·七月》，（清）阮元校刻：《十三经注疏》，第 391 页。

揭露曰:

> 肩吾见狂接舆。狂接舆曰:"日中始何以语女?"肩吾曰:"告我君
> 人者以己出经式义度,人孰敢不听而化诸?"狂接舆曰:"是欺德也;其
> 于治天下也,犹涉海凿河而使蚊负山也。夫圣人之治也,治外乎? 正
> 而后行,确乎能其事者而已矣。且鸟高飞以避矰弋之害,鼷鼠深穴乎
> 神丘之下以避熏凿之患,而曾二虫之无知!"(《庄子·应帝王》)
>
> 为之斗斛以量之,则并与斗斛而窃之;为之权衡以称之,则并与权
> 衡而窃之;为之符玺以信之,则并与符玺而窃之;为之仁义以矫之,则
> 并与仁义而窃之。何以知其然邪? 彼窃钩者诛,窃国者为诸侯,诸侯
> 之门而仁义存焉。则是非窃仁义圣知邪? 故逐于大盗,揭诸侯,窃仁
> 义并斗斛权衡符玺之利者,虽有轩冕之赏弗能劝,斧钺之威弗能禁。
> 此重利盗跖而使不可禁者,是乃圣人之过也。(《庄子·胠箧》)

因此,仁义道德、经式仪度是一种欺德,是对人自然本性的一种戕害。庄子
申明,保持人的自然本性不受损害,用以对抗仁义道德、经式仪度的方法就
是"无功"。因此,跳脱出"功"的诱惑而达到的逍遥叫"无功"逍遥。

(五)圣人无名:逍遥游的第三个层面

现代语言哲学认为,语言对人的思维有重大影响,决定着人与世界的
关系。德国语言学家洪堡强调语言决定着人的思维模式以及认知世界的
方式:"语言是全部思维和感知活动的认识方式。"[1]语言不仅仅在描述世
界,沟通信息,更主要的是建构这个世界,是精神活动,即思维的源起:

> 我们不应把语言视为僵死的制成品(ein todtes Erzeugtes),而是
> 必须在很大程度上将语言看作一种创造(eine Erzeugung);我们不必
> 去考虑语言作为事物的名称和理解的媒介所起的作用,相反,应该更
> 细致地追溯语言与内在精神活动紧密相联的起源,以及语言与这一活

---

[1] (德)威廉·冯·洪堡特:《论人类语言结构的差异及其对人类精神发展的影响》,姚小平译,北
京:商务印书馆,1999年,第45页。

动的相互影响。①

　　语言是内在精神活动，即思维的起源，而知识又是思维的产物。所以，知识是语言的衍生品。在世俗认知中，知识是建国君民、化民成俗的基础，庄子却指出知识，抑或可称之为智慧，可能是天下大乱之源。《庄子·胠箧》曰：

　　　　上诚好知而无道，则天下大乱矣。何以知其然邪？夫弓弩毕弋机变之知多，则鸟乱于上矣；钩饵罔罟罾笱之知多，则鱼乱于水矣；削格罗落罝罘之知多，则兽乱于泽矣；知诈渐毒颉滑坚白解垢同异之变多，则俗惑于辩矣。故天下每每大乱，罪在于好知。（《庄子·胠箧》）

　　追逐知识、提倡伦理是对纯朴人性的戕害，解决的办法就是"绝圣弃知"：

　　　　绝圣弃知，大盗乃止；擿玉毁珠，小盗不起；焚符破玺，而民朴鄙；掊斗折衡，而民不争；殚残天下之圣法，而民始可与论议。擢乱六律，铄绝竽瑟，塞瞽旷之耳，而天下始人含其聪矣；灭文章，散五采，胶离朱之目，而天下始人含其明矣；毁绝钩绳而弃规矩，攦工倕之指，而天下始人有其巧矣。（《庄子·胠箧》）

　　知识是语言的产物，语言决定着人的思维和认知。归根到底，语言是主体行为最大的"待"。庄子认为，只有解构语言才是最终无待逍遥的根本。《庄子·齐物论》曰：

　　　　夫言非吹也。言者有言，其所言者特未定也。果有言邪？其未尝有言邪？其以为异于鷇音，亦有辩乎？其无辩乎？（《庄子·齐物论》）
　　　　道恶乎隐而有真伪？言恶乎隐而有是非？道恶乎往而不存？言

---

① （德）威廉·冯·洪堡特：《论人类语言结构的差异及其对人类精神发展的影响》，姚小平译，北京：商务印书馆，1999 年，第 55 页。

恶乎存而不可？道隐于小成，言隐于荣华。故有儒墨之是非，以是其
所非而非其所是。（《庄子·齐物论》）

语言遮蔽了大道，衍生了各种好恶是非。语言本身是人们囿于己见、执于
一偏之私而形成的对世界的认识。因此，儒墨是非并没有客观的标准，一
切争辩都是无意义的鸟叫罢了。美国学者 D. C. 霍埃（David Couzens
Hoy）在其《批评的循环——文史哲解释学》中以苏格拉底为例来阐述语言
的利弊："苏格拉底说，文字有暴露能力，却又有掩盖能力；演讲可以表达一
切，但它又能把事情颠来倒去。"①因此，"赫尔姆斯这位发明了语言和演讲
的天神，可被唤作解释者或信使，但也可被唤作贼人、骗子或者阴谋家。"②
柏拉图（Plato）在《斐德若篇》中也认为文字使人善忘，只能得到真实界的
形似，掌握了语言文字好像就能无所不知而实际上一无所知，并且文字无
力保护自己不遭受误解。"因为借文字的帮助，他们可无须教练就可以
吞下许多知识，好像无所不知，而实际上却一无所知，还不仅此，他们会
讨人厌，因为自以为聪明而实在是不聪明。"③歌德（Johann Wolfgang von
Goethe）也曾慨叹语言的不完善和不完备造成了错误和谬误观点的广泛流
传，歌德说：

> 问题本来很简单。一切语言都起于切近的人类需要、人类工作活
> 动以及一般人类思想情感。如果高明人一旦窥见自然界活动和力量
> 的秘密，用传统的语言来表达这种远离寻常人事的对象就不够了。他
> 要有一种精神的语言才足以表达出他所特有的那种知觉。但是现在
> 还找不到这种语言，所以他不得不用人们常用的表达手段来表达他所
> 窥测到的那种不寻常的自然关系，这对他总是不完全称心如意的，他
> 只是对他的对象"削足就履"，甚至歪曲或损毁了它。④

---

① （美）D. C. 霍埃：《批评的循环——文史哲解释学》，兰金仁译，沈阳：辽宁人民出版社，1987 年，
第 1—2 页。
② （美）D. C. 霍埃：《批评的循环——文史哲解释学》，兰金仁译，沈阳：辽宁人民出版社，1987 年，
第 1 页。
③ （古希腊）柏拉图：《柏拉图文艺对话集》，朱光潜译，北京：人民文学出版社，1963 年，第 169 页。
④ （德）爱克曼辑录：《歌德谈话录》，朱光潜译，北京：人民文学出版社，1978 年，第 245 页。

歌德所言"如果高明人一旦窥见自然界活动和力量的秘密,用传统的语言来表达这种远离寻常人的对象就不够了",就是老子的"道可道,非常道;名可名,非常名"①。也正所谓《庄子·天道》所言:

> 世之所贵道者书也,书不过语,语有贵也。语之所贵者意也,意有所随。意之所随者,不可以言传也,而世因贵言传书。世虽贵之,我犹不足贵也,为其贵非其贵也。故视而可见者,形与色也;听而可闻者,名与声也。悲夫,世人以形色名声为足以得彼之情! 夫形色名声果不足以得彼之情,则知者不言,言者不知,而世岂识之哉!(《庄子·天道》)

对于这种用"传统的语言来表达这种远离寻常人的对象"的不可能性,庄子用道不可为普通之言传达的道理来解释:"道不可言,言而非也。"(《庄子·知北游》)"夫道,窅然难言哉!"(《庄子·知北游》)因为"道""视之无形,听之无声,于人之论者,谓之冥冥,所以论道,而非道也"(《庄子·知北游》),所以"使道而可献,则人莫不献之于其君;使道而可进,则人莫不进之于其亲;使道而可以告人,则人莫不告其兄弟;使道而可以与人,则人莫不与其子孙"(《庄子·天运》)。《庄子·天道》用轮扁斫轮的故事论述道不可言的道理:

> 桓公读书于堂上。轮扁斫轮于堂下,释椎凿而上,问桓公曰:"敢问,公之所读者何言邪?"公曰:"圣人之言也。"曰:"圣人在乎?"公曰:"已死矣。"曰:"然则君之所读者,古人之糟魄已夫!"桓公曰:"寡人读书,轮人安得议乎! 有说则可,无说则死。"轮扁曰:"臣也以臣之事观之。斫轮,徐则甘而不固,疾则苦而不入。不徐不疾,得之于手而应于心,口不能言,有数存焉于其间。臣不能以喻臣之子,臣之子亦不能受之于臣,是以行年七十而老斫轮。古之人与其不可传也死矣,然则君之所读者,古人之糟魄已夫!"(《庄子·天道》)

---

① (周)李耳撰,(魏)王弼注,(唐)陆德明音义:《老子道德经·一章》,《二十二子》,第1页。

因此，"自然界活动和力量的秘密"只可意会不可言传，只有用"一种精神的语言才足以表达出他所特有的那种知觉"。正如庄子所言："是故高言不止于众人之心，至言不出，俗言胜也。"（《庄子·天地》）成玄英疏曰："至妙之谈，超出俗表，故谓之高言。适可蕴群圣之灵府，岂容止于众人之智乎！大声不入于里耳，高言故不止于众心。"①高言与俗言的区别在于，高言与道本体相沟通，小言则局限于形下名理与世俗生活范围，只能遮蔽道。所以歌德一针见血地指出语言的局限："这对他总是不完全称心如意的，他只是对他的对象'削足就履'，甚至歪曲或损毁了它。"②

詹姆逊（Fredric Jameson）在其《语言的牢笼》中强调我们生活于其中的意识形态是语言编织的牢笼，语言具有不确定性。"永远不可能让它停下来成为静止的此在，也就是说在我们刚意识到它的时候，它就在我们身旁一闪而过；因此它的此在既是即在又是不在。"③叶维廉在其《道家美学与西方文化》中从"名"的角度看出语言的危险性，指出语言的体制与政治的体制是互为表里的：

> 名、名分的应用，是一种语言的析解活动，为了巩固权力而圈定范围，为了统治的方便而把从属关系的阶级、身份加以理性化，如所谓"天子"受命于天而有绝对的权威，如君臣、父子、夫妇的尊卑关系（臣不能质疑君，子不能质疑父，妻不能质疑夫）如男尊女卑等。道家觉得，这些特权的分封，尊卑关系的订定，不同礼教的设立，完全是为了某种政治利益而发明，是一种语言的建构，至于每个人生下来作为自然体存在的本能本样，都受到偏限与歪曲。……所以说，道家精神的投向，既是美学的也是政治的。政治上，他们要破解封建制度下圈定的"道"（王道、天道）和名制下种种不同的语言建构，好让被压抑、逐离、隔绝的自然体（天赋的本能本样）的其他记忆复苏，引向全面人性、整体生命的收复。④

---

① （清）郭庆藩：《庄子集释》，王孝鱼点校，北京：中华书局，1961年，第450页。
② （德）爱克曼辑录：《歌德谈话录》，朱光潜译，北京：人民文学出版社，1978年，第245页。
③ （美）詹姆逊：《语言的牢笼》，《詹姆逊文集》第7卷，钱佼汝、朱刚译，北京：中国人民大学出版社，2016年，第145页。
④ 叶维廉：《道家美学与西方文化》，北京：北京大学出版社，2002年，第1页。

道家对语言与权力关系的重新思考,试图通过语言颠覆权力制度以及仁义道德对人身心的框限。这种对通用理念的质疑和对恒常思维的挑战由于解构了语言的障碍,可以把心灵带入"无名"逍遥之境。

语言是种种情欲产生的根本。语言所造成的"待"是世人心灵自由最大的羁绊,要使世人去除情欲之累,最根本的办法是釜底抽薪,也就是解构语言——"无名"。秦毓鎏在其《读庄穷年录》序言中,把这种能够超越语言的人称为"大知":

> 庄子者,负绝世之知而兼过人之情,处乱世而不自得,高言放论,以自快其意也。惟其情之过人,故受情之累也深。彼知情之累我,以我有生欲求解脱,非拔本塞源不可。是以堕肢体,窒聪明,一生死,忘物我,浑成毁,同是非,绝情去知,同于大通,体逝合化,无所终穷。斯其为说,发前古之所未发,卓然成家而为神州哲学之宗,谓之大知。[①]

庄子对语言之"待"的破除在《逍遥游》第三部分庄子和惠子的对话中有充分表达:

> 惠子谓庄子曰:"魏王贻我大瓠之种,我树之成而实五石,以盛水浆,其坚不能自举也。剖之以为瓢,则瓠落无所容。非不呺然大也,吾为其无用而掊之。"庄子曰:"……今子有五石之瓠,何不虑以为大樽而浮于江湖,而忧其瓠落无所容?则夫子犹有蓬之心也夫!"惠子谓庄子曰:"吾有大树,人谓之樗。其大本拥肿而不中绳墨,其小枝卷曲而不中规矩,立之涂,匠人不顾。今子之言,大而无用,众所同去也。"庄子曰:"……今子有大树,患其无用,何不树之于无何有之乡,广莫之野,彷徨乎无为其侧,逍遥乎寝卧其下。不夭斤斧,物无害者,无所可用,安所困苦哉!"(《庄子·逍遥游》)

在这一段对话中,庄子以非同一般的思维方式解答了惠子的难题。人的思维方式决定着人认识世界的方法,而语言又决定着人的思维方式。语言是

---

① 秦毓鎏:《读庄穷年录》自序,北京:国家图书馆藏 1917 年 3 月线装铅印本,第 1 页。

人赖以生存的工具，但是人们又陷入语言的牢笼。是语言把这个世界分裂，人们囿于所见，各是其所非，非其所是。所以要想解放人的思想，只有超越语言。庄子在这里立志要做的事情是对语言的解构，也就是"无名"。我们从庄子对宋荣子的评价上也可以看出他对语言的态度。《庄子·逍遥游》曰："故夫知效一官，行比一乡，德合一君，而征一国者，其自视也亦若此矣。而宋荣子犹然笑之。且举世而誉之而不加劝，举世而非之而不加沮，定乎内外之分，辩乎荣辱之境，斯已矣。彼其于世未数数然也。虽然，犹有未树也。"从这里可以看出，宋荣子"举世而誉之而不加劝，举世而非之而不加沮，定乎内外之分，辩乎荣辱之境"，已到"圣人无功"之境，但他"犹有未树也"。这里的"犹有未树"就是指宋荣子还陷身于语言造成的牢笼中，达不到"圣人无名"之境。为什么这么说？对照《天下》篇我们便可以知晓：

> 不累于俗，不饰于物，不苟于人，不忮于众，愿天下之安宁以活民命，人我之养毕足而止，以此白心，古之道术有在于是者。宋钘尹文闻其风而悦之，作为华山之冠以自表，接万物以别宥为始；语心之容，命之曰心之行，以聏合欢，以调海内，请欲置之以为主。见侮不辱，救民之斗，禁攻寝兵，救世之战。以此周行天下，上说下教，虽天下不取，强聒而不舍者也，故曰上下见厌而强见也。（《庄子·天下》）

这里宋钘即为宋荣子，他的错误就在于他像儒墨一样周行天下，上说下教，以期成就其不世之功，虽然"天下不取"，仍然"强聒而不舍"，结果落了个"上下见厌"。这些人以语言为武器，表面上看似为了治国救天下，其实正是这些人闹得天下大乱。故庄子认为，逍遥的最高层面是"圣人无名"，这种解构了语言、消除了"名言之辨"的逍遥才是最高层面的逍遥。

圣人的特点是什么？庄子曰：

> 圣人不从事于务，不就利，不违害，不喜求，不缘道；无谓有谓，有谓无谓，而游乎尘垢之外。（《庄子·齐物论》）

对于"无谓有谓，有谓无谓"，郭象注曰：

凡有称谓者，皆非吾所谓也，彼各自谓也，故无彼有谓而有此无谓也。①

钟泰在《庄子发微》中这样解释"无谓有谓，有谓无谓"：

"无谓有谓，有谓无谓"，《寓言篇》所云"终身言，未尝言；终身不言，未尝不言"，则语默亦齐矣，以此故得"游乎尘垢之外"也。②

所谓"凡有称谓者，皆非吾所谓也"就是老子的"道可道，非常道"，语言无法达到事物的本质，所以，只有取消语言才可以触及事物的本质，即"语默亦齐矣"。

圣人一旦达到"无名"之境便可以：

以天为宗，以德为本，以道为门，兆于变化，谓之圣人。（《庄子·天下》）

圣人"以天为宗"，故"天地有大美而不言"（《庄子·知北游》）；圣人"以德为本"，故其"为而不恃，长而不宰"（《庄子·达生》），实行无言之教；圣人"以道为门"，由于"道可道，非常道"，所以欲得"常道"，只有无言，"渊默而雷声"（《庄子·在宥》）。冯友兰在其《〈庄子〉选译及论郭象哲学》（*Chuang-tzu : A New Selected Translation with an Exposition of the Philosophy of Kuo Hsiang*）中提出："'至人无己'是因为至人超越了有限而把自己和天地认同。'神人无功'是因为他顺应万物的天性而让万物自得其乐。'圣人无名'是因为圣人有完美之德，每一个名字都是一种决定，是一种限制。"③所以，在庄子思想中，达到了无言的境界才是道的最高境界。对于语言对事物的遮蔽，郭象宣称曰：

---

① （清）郭庆藩：《庄子集释》，王孝鱼点校，北京：中华书局，1961年，第98页。
② 钟泰：《庄子发微》，上海：上海古籍出版社，2002年，第56页。
③ Fung Yu-lan, *Chuang-tzu : A New Selected Translation with an Exposition of the Philosophy of Kuo Hsiang*, Beijing：Foreign Languages Press, 1989, p.31.

> 圣人者，物得性之名耳，未足以名其所以得也。①

名称只是物体的一个符号，只能"名"其然，而不能"名"其所以然，因此，名称使物体远离其本质。王雱从言不及义的角度考察"名"的意义，认为"名"不可描述"寂寞无为，神化荡荡"的道：

> 圣人体道，寂寞无为，神化荡荡而了不可测，故曰无名。②

这种超出语言描述能力的"道"的特点正如老子所言：

> 道可道，非常道。名可名，非常名。③

有待语言来描述的"道"不是真正的"道"，只有那种超越语言的境界才是真正的"道"的境界，那种解构语言、破除语障的境界才是真正的"无待"境界，是逍遥的第三个境界："圣人无名"，即"无名"逍遥之境。

（六）至德之世：逍遥游在社会层面的投射

正如上义所说，"无己"逍遥、"无功"逍遥和"无名"逍遥是庄子"逍遥游"的三种理想境界。从个体的角度言，表现为理想人格，即至人、神人和圣人；从社会的角度言，表现为理想社会，即"至德之世"。"至德之世"的特点是：

> 吾意善治天下者不然。彼民有常性，织而衣，耕而食，是谓同德；一而不党，命曰天放。故至德之世，其行填填，其视颠颠。当是时也，山无蹊隧，泽无舟梁；万物群生，连属其乡；禽兽成群，草木遂长。是故禽兽可系羁而游，鸟鹊之巢可攀援而窥。（《庄子·马蹄》）
>
> 古者禽兽多而人少，于是民皆巢居以避之，昼拾橡栗，暮栖木上，故命之曰有巢氏之民。古者民不知衣服，夏多积薪，冬则炀之，故命之

---

① （清）郭庆藩：《庄子集释》，王孝鱼点校，北京：中华书局，1961年，第22页。
② （宋）王雱：《南华真经新传》卷一，上海：商务印书馆影印上海涵芬楼本，1924年，第6页。
③ （周）李耳撰，（魏）王弼注，（唐）陆德明音义《老子道德经·一章》，《二十二子》，第1页。

日知生之民。神农之世,卧则居居,起则于于,民知其母,不知其父,与麋鹿共处,耕而食,织而衣,无有相害之心,此至德之隆也。(《庄子·盗跖》)

在"至德之世",人们靠自然本性生活,人与动物和睦相处,与自然界融为一体。在"至德之世",人们没有不必要的智慧和欲望,人心纯朴,人的本性充分展现。"当是时也,山无蹊隧,泽无舟梁,万物群生,连属其乡,禽兽成群,草木遂长。是故禽兽可系羁而游,鸟鹊之巢可攀援而窥。"(《庄子·马蹄》)也就是说,"至德之世"是一个顺物率性、无己逍遥的社会,是一个"至人无己"的社会。

"至德之世"还是一个没有名利欲望、远离道德约束的社会。"夫至德之世,同与禽兽居,族与万物并,恶乎知君子小人哉?同乎无知,其德不离;同乎无欲,是谓素朴;素朴而民性得矣。"(《庄子·马蹄》)这里没有是非之争,没有名利撄乱人心,所以这也是一个"神人无功"的社会。

"至德之世"还是一个"圣人无名"的社会:

> 子独不知至德之世乎?昔者容成氏、大庭氏、伯皇氏、中央氏、栗陆氏、骊畜氏、轩辕氏、赫胥氏、尊卢氏、祝融氏、伏牺氏、神农氏,当是时也,民结绳而用之,甘其食,美其服,乐其俗,安其居,邻国相望,鸡狗之音相闻,民至老死而不相往来。若此之时,则至治已。(《庄子·胠箧》)

在"至德之世",没有语言文字,"民结绳而用";没有复杂的人际交往,"邻国相望,鸡狗之音相闻,民至老死而不相往来",这是一个"圣人无名"的社会。

郭象把庄子的"至德之世"看作是"至至之道",郭象曰:

> 至至之道,融微旨雅;泰然遣放,放而不敖。故曰不知义之所适,猖狂妄行而蹈其大方;含哺而熙乎澹泊,鼓腹而游乎混芒。至仁极乎无亲,孝慈终于兼忘,礼乐复乎已能,忠信发乎天光。[1]

---

[1] (晋)郭象:《庄子序》,见(清)郭庆藩:《庄子集释》,王孝鱼点校,北京:中华书局,1961年,第3页。

所以说，庄子的"至德之世"和他的至人、神人及圣人一样，是其"逍遥游"思想在社会层面上不同角度的投射，是庄子所追求的一种理想境界。

(七)庄子的至德之世与拉康的镜像阶段

如前文所述，"逍遥"是一种精神境界的自由，"逍遥游"和"游戏说"都具有很深厚的心理学内涵。在心理学以及精神分析学研究中，弗洛伊德声称潜意识是黑暗混沌的，而拉康则坚称潜意识可以像语言一样被解读。弗洛伊德更多关注孩子的发展，而拉康则将研究阶段扩展到人的一生。而人自我意识的产生始于"镜像阶段"，这是对完美自我的认知。反观庄子，常常以镜自喻，致力追求回归完美的道之境界。因此，我们在本节借鉴精神分析理论会通庄子思想，通过研究庄子思想的无意识内涵，以求更深入地理解《庄子》的"逍遥游"思想。我们通过阐明拉康主体思想中的"镜像阶段"理论，探讨庄子哲学思想中的至人、神人与圣人形象的形成过程与心理特征，以及庄子追求"至德之世"的深层心理原因。这一方面能够帮助我们深入探讨庄子思想的文化内涵，另一方面也能帮助我们深切了解拉康"镜像阶段"理论的有效性和有限性。

在法国哲学家、精神分析学家拉康(Jacques Lacan)那里，个体的"自我"形成于婴儿的"镜像阶段"。六到十八个月的婴儿看到自己镜中完美的像，把自己认同为这一完美形象，将这个"无所不能的身体"认同为自己的"理想自我"。但是相对于自己那现实中自我控制力不足的"破碎的身体"，婴儿由此产生焦虑；同时让婴儿产生焦虑的还有：想象中的镜中空间是一个完美的世界，而现实却是一个苦难的世界。由于这两种焦虑，婴儿的内心便会产生"分裂"，这一分裂伴随人的终生，人的一生就是一个幻想弥补此"分裂"、回到想象界的过程。对人性的这种思考，古今中外皆有。庄子生活在人类自我意识刚刚觉醒的春秋战国时期，在那个动乱的时代，重视人的个体性、有着深沉人文关怀的庄子深深地忧虑着人的命运，忧虑着人的既往来兹。在庄子的思想中，人生应该是一个不断走向完美的"镜像"、走向"至德之世"的过程。人应该不断完善自己，达到至人、神人及圣人的高度。这绝不是一种回归，不是意味着回到原始，它应该是一个出发点，人可以由此出发点不断走向完善，不断地提升现实和现实中的自我。

1. 镜像阶段

拉康认为，人的婴儿和动物幼崽不一样，动物幼崽生下后，生活很快就可以自理，能稳定站立并能奔跑自如，而婴儿在很长一段时间内都离不开他人的照顾，无法协调控制自己的身体，所以人类婴儿是早产的。在这一段时间内，婴儿充分体验了身体功能的不健全以及肢体之间的不协调所引起的不安和焦虑。这一状态一直持续到婴儿六个月大时，这时的婴儿视觉相对发达，开始进入镜像阶段。

在镜像阶段之前，婴儿还不理解自己的手、脚等是自己身体这一整体的一部分，但是进入镜像阶段以后，通过对镜中影像的认同，他开始掌握了一种完整的人体形式。婴儿把自己认同于镜中那个完美的整体形象，从而以此为基础确立自我意识。婴儿的这种自我是一种理想自我，是他的审美理想，从婴儿开始，人终其一生都在追求和这个理想自我的契合与统一。

"镜像阶段"在拉康的理论中有着非常重要的地位。英国学者玛尔考姆·波微（Malcolm Bowie）在其专著《拉康》中把人生比喻作一个舞台，"镜像阶段"是精神分析道德戏剧的开端。波微宣称："拉康对这种'特殊'时刻的思考为自我提供了它的创造神话和它的颓落原因。"[①]也就是说，"镜像阶段"是人类自我问题的渊薮，是所有无意识问题的根源。拉康正是以"镜像阶段"为起点，建构了其庞博的自我理论体系。在他的理论体系中，"镜像阶段"始终是一条贯穿其中的红线。拉康在法国精神分析领域特立独行近三十年，就是怀着"镜像"的梦想，追寻这个具有乌托邦意味的审美理想。

拉康指出，镜像是一种意象或者说影像，是沿着虚构的方向发展起来的，是一种幻象，是想象的结果，因而自我与想象界相联系。婴儿把自身与自己的镜像同一起来，以认同其镜像的方式确立了自己的同一性身份，所以婴儿认同的镜像只是他身体的一个影像，是一个虚幻的存在。但是这个在虚幻的基础上产生的理想自我在人的一生中有着极为重要的意义，是主体未来心理发展的基础。"镜像阶段是一幕戏剧，其内在动力迅速地从缺乏（insufficiency）转向预期（anticipation）——主体陷入空间同一性的诱惑中，这幕戏剧为它制造出一整套幻想，从破碎的身体形象一直到我们称之

---

① （英）玛尔考姆·波微：《拉康》，牛宏宝、陈喜贵译，北京：昆仑出版社，1999年，第24页。

为被矫正过的、完整的外形——直至最后主体戴上了异化认同的盔甲，这幕戏剧的严密结构将塑造出所有主体的未来心理发展。"①"镜像阶段"之所以重要是因为此阶段既具有回溯性又具有前瞻性，通过"镜像阶段"，可以回溯人类早期的心路历程，也可以预期人类未来的心理发展。拉康的理论来源于弗洛伊德。对于弗洛伊德的理论成就，马尔库塞（Herbert Marcuse）在其《爱欲与文明》开门见山给予高度评价："弗洛伊德理论中的人的概念是对西方文明的最无可辩驳的控告，同时又是对它的最坚定不移的捍卫。弗洛伊德认为，人的历史就是人被压抑的历史。文化不仅压制了人的社会生存，还压制了人的生物生存；不仅压制了人的一般方面，还压制了人的本能结构。"②弗氏理论充满着对人性的关注，拉康理论也是这样。这种对人性的思考，从中到西，无论古今一直是哲学家们关注的问题。不但拉康如此，远在人类童年时期的中国古代哲学家庄子亦然。

2. 镜像与至人、神人和圣人

庄子对人性的关注是从分析人性的特点开始的。庄子认为人性具有如下的特征：

> 而且说明邪？是淫于色也；说聪邪？是淫于声也；说仁邪？是乱于德也；说义邪？是悖于理也；说礼邪？是相于技也；说乐邪？是相于淫也；说圣邪？是相与艺也；说知邪？是相于疵也。（《庄子·在宥》）
>
> 人心排下而进上，上下囚杀，淖约柔乎刚强。廉刿雕琢，其热焦火，其寒凝冰。其疾俯仰之间而再抚四海之外，其居也渊而静，其动也县而天。偾骄而不可系者，其唯人心乎！（《庄子·在宥》）

现世中的人，都会受各种庆赏爵禄、非誉巧拙的撄扰，人的内心就会是一种非常纷乱的状态。这种状态影响了人对"道"、对审美理想的认识，因而在人对世界的片面的眼光中，个体和世界都处于一种破碎的状态，人认识到的只是世界的一部分，是世界的"碎片"。这种"破碎的身体"无疑会引

① 王国芳、郭本禹：《拉冈》，台北：生智文化事业有限公司，1997年，第141页。
② （美）赫伯特·马尔库塞：《爱欲与文明》，黄勇、薛民译，上海：上海译文出版社，1987年，第3页。

起庄子的焦虑，所以他的镜像，也就是说他的审美理想是对完美人格的追求，具体说来就是其笔下的至人、神人和圣人等：

> 藐姑射之山，有神人居焉，肌肤若冰雪，绰约若处子。不食五谷，吸风饮露。乘云气，御飞龙，而游乎四海之外。其神凝，使物不疵疠而年谷熟。（《庄子·逍遥游》）
>
> 至人神矣！大泽焚而不能热，河汉冱而不能寒，疾雷破山〔飘〕风振海而不能惊。若然者，乘云气，骑日月，而游乎四海之外。死生无变于己，而况利害之端乎！（《庄子·齐物论》）
>
> 吾闻诸夫子，圣人不从事于务，不就利，不违害，不喜求，不缘道；无谓有谓，有谓无谓，而游乎尘垢之外。（《庄子·齐物论》）
>
> 子独不闻夫至人之自行邪？忘其肝胆，遗其耳目，芒然彷徨乎尘垢之外，逍遥乎无事之业，是谓为而不恃，长而不宰。（《庄子·达生》）
>
> 圣人处物不伤物。不伤物者，物亦不能伤也。唯无所伤者，为能与人相将迎。（《庄子·知北游》）

无论是至人、神人或者圣人，他们有着一个共同的特点，那就是超越了自身生理约束与世俗生存环境的限制，是一种理想人格的表现。这种想象中的完美人格一方面来自主体对自身的反思，另一方面来自对自己生存环境的思考。拉康强调在镜子面前人和动物不一样，人不但会关心镜像，还会对周围环境、周边事物感兴趣。"对于一个猴子，一旦明了了镜子形象的空洞无用，这个行为也就到头了。而在孩子身上则大不同，立即会由此生发出一连串的动作，他要在玩耍中证明镜中形象的种种动作与反映的环境的关系以及这复杂潜象与它重现的现实的关系，也就是说与他的身体，与其他人，甚至与周围物件的关系。"①影响婴儿对自己镜像认识的因素有两个，一个是主体内部的因素，一个是主体外部的因素。

对庄子来说，从主体自我的角度看视，把镜像认同为理想自我，庄子要实现的是对自己的超越，其结果是他所设想出来的至人、神人和圣人；主体间性是主体之间的关系，但更重要的是一种主体间的结构形式，所以它更

---

① （法）拉康：《拉康选集》，褚孝泉译，上海：上海三联书店，2001年，第89—90页。

表现在主体生活于其中的"场"的性质。"镜像阶段显示了自我是误认的产物，同时也显示了主体被异化的场所。"①也就是说，"镜像阶段"反映的不仅是婴儿和其镜像的关系，也表明了婴儿所处环境及其镜中空间的关系。从主体间性的角度看视，则把镜像认同为一个理想的乌托邦社会。庄子所设想出来的镜像社会就是"至德之世"和"建德之国"。婴儿所处的现世是一个焦虑的世界，镜像相对于现世是一个理想的想象空间，这就是拉康的想象界，也是庄子的"至德之世"。

3. 镜像与至德之世

庄子所生活的时代是一个动乱的年代：

> 福轻乎羽，莫之知载；祸重乎地，莫之知避。（《庄子・人间世》）
>
> 今世殊死者相枕也，桁杨者相推也，刑戮者相望也。（《庄子・在宥》）
>
> 天时墬兮威灵怒，严杀尽兮弃原野。出不入兮往不返，平原忽兮路超远。②（《楚辞・九歌・国殇》）
>
> 百姓饥寒冻馁而死者不得胜数。③（《墨子・非攻中》）
>
> 饥者不得食，寒者不得衣，劳者不得息。④（《墨子・非乐上》）
>
> 老弱转乎沟壑，壮者散之四方。⑤（《孟子・梁惠王下》）
>
> 争地以战，杀人盈野；争城以战，杀人盈城。⑥（《孟子・离娄上》）

针对如此动乱的时代，在思想中，庄子努力营造一个理想国度：

> 吾意善治天下者不然。彼民有常性，织而衣，耕而食，是谓同德；一而不党，命曰天放。故至德之世，其行填填，其视颠颠。当是时也，

---

① Dylan Evans, *An Introductory Dictionary of Lacanian Psychoanalysis*, London and New York: Routledge, 1996, p.116.
② （宋）洪兴祖：《楚辞补注》，白化文等点校，北京：中华书局，1983 年，第 83 页。
③ （周）墨翟撰，（清）毕沅校注：《墨子・非攻中》，《二十二子》，第 239 页。
④ （周）墨翟撰，（清）毕沅校注：《墨子・非乐上》，《二十二子》，第 251 页。
⑤ （汉）赵岐注，（宋）孙奭疏：《孟子注疏・梁惠王章句下》，（清）阮元校刻：《十三经注疏》，第 2681 页。
⑥ （汉）赵岐注，（宋）孙奭疏：《孟子注疏・离娄章句上》，（清）阮元校刻：《十三经注疏》，第 2722 页。

山无蹊隧，泽无舟梁；万物群生，连属其乡；禽兽成群，草木遂长。是故禽兽可系羁而游，鸟鹊之巢可攀援而窥。夫至德之世，同与禽兽居，族与万物并，恶乎知君子小人哉！同乎无知，其德不离；同乎无欲，是谓素朴；素朴而民性得矣。（《庄子·马蹄》）

夫赫胥氏之时，民居不知所为，行不知所之，含哺而熙，鼓腹而游，民能以此矣。（《庄子·马蹄》）

子独不知至德之世乎？昔者容成氏、大庭氏、伯皇氏、中央氏、栗陆氏、骊畜氏、轩辕氏、赫胥氏、尊卢氏、祝融氏、伏牺氏、神农氏，当是时也，民结绳而用之，甘其食，美其服，乐其俗，安其居，邻国相望，鸡狗之音相闻，民至老死而不相往来。若此之时，则至治已。（《庄子·胠箧》）

因此，相对于苦难的现实社会，"至德之世"是一个幸福自由的镜像。英国学者布赖恩·马吉（Bryan Magee）在其专著《"开放社会之父"——波普尔》中，从正反两个方面探讨社会发展的前途，把社会发展归纳为"子宫般安全的前批判社会"和"乌托邦社会"两种："从批判思想出现以来，连同前苏格拉底学派，不断发展的文明传统一直与反文明倾向的传统并驾齐驱（更贴切地或许可以说，在其内部运行）。这种反文明的倾向传统相应地产生了朝某种如子宫般安全的前批判社会或部落社会回归的哲学，或前进到某个乌托邦的哲学。由于此类反动的思想和乌托邦的理想都满足了同样的需要，因此它们具有本质深刻的姻亲关系。两者都否定现存社会并声称它们发现了一个更为完美的社会，它存在于历史上的某一个时期。"①那么，"至德之世"是一种前进的乌托邦社会，还是一种落后的子宫般前批判社会呢？有人认为庄子的"至德之世"是一种保守主义的表现，是对现世的一种逃避，是要退缩到混沌一片的原始社会。对此徐复观断言："庄子的思想，因为他反对一般的所谓知识，因为他主张回到自然，因为他主张'观化''物化'，又因为他喜欢为悠谬之说、荒唐之言，遂常被人误会为他是反文化而归于混沌，误会他是同流合污的人生。殊不知他是反对为统治阶级利用

---

① （英）布赖恩·马吉：《"开放社会之父"——波普尔》，南砚译，长沙：湖南人民出版社，1988年，第107页。

作统治工具的文化;而代之以通过精神自觉所达到的人人自由、人人平等的文化。他虽然以'浑沌''古之人',比喻他的理想的人生、社会,但决不能认为他所追求的人生社会的生活境界,即是原始人的生活境界;原始人没有这种高度的自觉,因而原始人的生活,不能称为文化的生活,也不是自由的生活。"①张军在其论文《论〈庄子〉的"至德之世"》中把"至德之世"和原始社会生存状态相比较,认为庄子的"至德之世"不是回到原始:

> "至德之世"真的等同于社会发展史上的原始社会吗? 否! 一位主张"至德之世"就是原始社会的同志依照马克思主义的社会观为我们如实地再现了真正的原始社会:"那时生产工具非常简单,生产力极其低下,要生活下去,人们不得不从事十分繁重的劳动,即使这样也还常常为饥寒所迫,被野兽和自然灾害威胁,由于生活艰苦,许多人早年夭折。说到和平,在氏族公社之内是存在的,但在氏族或部落之间,往往发生流血冲突,战俘则多被处死。"请问,庄子学派及其代表的社会阶层会向往这样的社会吗? 在原始社会中,人们为"饥寒所迫""早年夭折",而"至德之世"的居民则是"织而衣,耕而食","含哺而熙,鼓腹而游";在原始社会中,人们"被野兽和自然灾害威胁",而"至德之世"的居民则"与麋鹿共处","禽兽可系羁而游,乌鹊之巢可攀援而窥";在原始社会中"人们不得不从事十分繁重的劳动","往往发生流血冲突",而"至德之世"的居民们则是"甘其食,美其服,乐其俗,安其居","卧则居居,起则于于","无有相害之心"。两相对比,泾渭分明,结论自现,那就是《庄子》中的"至德之世"并非人类历史上的原始社会;庄子学派塑造和讴歌"至德之世"也决不是"企图将社会还原到人兽不分的浑沌蒙昧时代去"。②

摩尔根(Lewis H. Morgan)在其《古代社会》中从人类演化的角度考察人类早期的生存方式,强调指出:"各种动物在时间顺序上均早于人类。我们可以有把握地假定,当人类初出现时,动物在数量上和力量上正处于

① 徐复观:《中国人性论史(先秦篇)》,上海:上海三联书店,2001年,第353—354页。
② 张军:《论〈庄子〉的"至德之世"》,见张松如等:《老庄论集》,济南:齐鲁书社,1987年,第249—250页。

其全盛时期。古典时代的诗人笔下所描写的人类部落正居住在树丛中、在洞穴里和森林中,他们为了占有这块栖息之所而与野兽作斗争——同时,他们依靠大地的天然果实来维持自身的生存。如果说,人类初诞生之时既无经验,又无武器,而周围到处都是凶猛的野兽,那么,为了保障安全,他们很可能栖息在树上,至少部分人是如此。"①所以说,在原始社会,人和自然是一种对立的关系,人们面临着严重的生存危机,不可能"其行填填,其视颠颠""禽兽可系羁而游,鸟鹊之巢可攀援而窥""同与禽兽居,族与万物并",原始社会不可能是一个如此和谐的社会。正如拉康镜前的婴儿一样,庄子也在镜中找到了"完美":"在这个存在模式里,客体在一个密封循环中不断地相互反映,真正的区别或者区分尚不明显。这是一个富足的世界,没有任何匮乏与排斥:站在镜前,'能指'(幼儿)在他自己的映像的所指中看到了'完美',即一个完整无缺的个性。"②由此,我们可以断定,"至德之世"不是生产力低下的原始社会,而是庄子关注到自身生活于其间的社会的不幸而想象出的一个镜像,一个理想王国。

庄子思想是对儒家思想的反拨,我们试比较一下庄子的"至德之世"和儒家理想社会的区别,自会明白庄子苦心建构的"至德之世"的意旨。

儒家的理想社会有如下特点:

> 大道之行也,天下为公。选贤与能,讲信修睦,故人不独亲其亲,不独子其子,使老有所终,壮有所用,幼有所长,鳏寡孤独废疾者皆有所养,男有分,女有归。货恶其弃于地也,不必藏于己;力恶其不出于身也,不必为己。是故谋闭而不兴,盗窃乱贼而不作,故外户而不闭,是谓大同。③(《礼记·礼运》)
>
> 乡田同井,出入相友,守望相助,疾病相扶持,则百姓亲睦。方里而井,井九百亩,其中为公田,八家皆私百亩,同养公田。公事毕,然后

---

① (美)路易斯·亨利·摩尔根:《古代社会》(新译本)上册,杨东莼等译,北京:商务印书馆,1977年,第19页。

② (英)特雷·伊格尔顿:《二十世纪西方文学理论》,伍晓明译,西安:陕西师范大学出版社,1987年,第182页。

③ (汉)郑玄注,(唐)孔颖达等正义:《礼记正义·礼运第九》,(清)阮元校刻:《十三经注疏》,第1414页。

敢治私事。① (《孟子·滕文公上》)

　　五亩之宅,树之以桑,五十者可以衣帛矣。鸡豚狗彘之畜,无失其
时,七十者可以食肉矣。百亩之田,勿夺其时,数口之家可以无饥矣。
谨庠序之数,申之以孝悌之义,颁白者不负戴于道路矣。② (《孟子·
梁惠王上》)

　　崔大华在其《庄学研究——中国哲学一个观念渊源的历史考察》中这
样评判儒家的理想社会和庄子理想社会的区别：

　　　　孟子的理想社会是在由"井田制"基础上的百亩之家所组成的一
　　个稳定的、和平的自给自足社会。支撑这样的社会,主要有两根支柱：
　　以家庭为单位的土地平均占有,以伦理为核心的道德准则的自觉遵
　　循。正是在这两个基本点上显示出庄子和孟子理想社会的不同。在
　　庄子的"至德之世","民知其母,不知其父","不知以为义,不知以为
　　仁",这是一个没有家庭结构,也没有道德规范的社会。如果说,庄子
　　构筑他的"至德之世"理想社会的观念基础是自然主义,那么,孟子设
　　计"井田""五亩之宅,百亩之田"的理想社会,其主导思想则是伦理道
　　德观念。孟子说,"人人亲其亲,长其长,而天下平"(《孟子·离娄》
　　上),"老吾老,以及人之老,幼吾幼,以及人之幼,天下可运诸于掌"
　　(《孟子·梁惠王》上)。在孟子看来,一个理想的社会,必然地和首先
　　地是一个充盈着、表现着伦理道德气氛和行为的社会。③

　　相对于儒家充满着伦理道德的理想社会,庄子建立的则是一个"无己"
"无功""无名"的逍遥社会。因此,相对于儒家充满着伦理道德的理想社
会,庄子建立的则是一个解构伦理道德的逍遥社会,是一个庄子在其想象
的基础上构思的理想社会,而这种超越伦理道德约束的逍遥社会才是更适

---

① (汉)赵岐注,(宋)孙奭疏：《孟子注疏·滕文公章句上》,(清)阮元校刻：《十三经注疏》,第
　　2702—2703 页。
② (汉)赵岐注,(宋)孙奭疏：《孟子注疏·梁惠王章句上》,(清)阮元校刻：《十三经注疏》,第 2666 页。
③ 崔大华：《庄学研究——中国哲学一个观念渊源的历史考察》,北京：人民出版社,1992 年,第
　　256 页。

合人性特征的社会,更能使人"放德而行"(《庄子·天道》)。

和重社会性的儒家不同,庄子更注重个性,注重对个体的关怀,追求人性的自在逍遥、自由发展。而儒家借以维持社会发展的伦理道德是人类社会生活的产物,用以协调人与人关系的行为准则,本质上是对个人意志的一种束缚。所以《天运》篇说:"夫孝悌仁义,忠信贞廉,此皆自勉以役其德者也,不足多也。"(《庄子·天运》)伦理道德常常驱使人做一些伤害自己本性的事情,《庄子·盗跖》云:

> 世之所谓贤士,伯夷叔齐。伯夷叔齐辞孤竹之君而饿死于首阳之山,骨肉不葬。鲍焦饰行非世,抱木而死。申徒狄谏而不听,负石自投于河,为鱼鳖所食。介子推至忠也,自割其股以食文公,文公后背之,子推怒而去,抱木而燔死。尾生与女子期于梁下,女子不来,水至不去,抱梁柱而死。此六子者,无异于磔犬流豕操瓢而乞者,皆离名轻死,不念本养寿命者也。(《庄子·盗跖》)

这些人重名轻死,在庄子看来,都是本末倒置。《庄子·盗跖》曰:

> 世之所谓忠臣者,莫若王子比干伍子胥。子胥沈江,比干剖心,此二子者,世谓忠臣也,然卒为天下笑。自上观之,至于子胥比干,皆不足贵也。(《庄子·盗跖》)

所以追逐名利、仁义道德没有任何意义,最终为天下笑。庄子甚至直接批评孔子说:"孔丘之于至人,其未邪……彼且蕲以諔诡幻怪之名闻,不知至人之以是为己桎梏邪?"(《庄子·德充符》)因此,在庄子看来,"不能说其志意,养其寿命者,皆非通道者也"(《庄子·盗跖》)。所以说,"通道者"就是庄子心目中的至人、神人和圣人,是庄子的理想人格。同样,"至德之世"是庄子的理想社会,和至人、神人和圣人一样,是其镜像的一部分。

如前所述,理想自我与想象有关。想象界(也叫想象秩序或想象域)(imaginary order)产生于镜像阶段,但并不随镜像阶段的消失而消失,而是继续向前发展进入成人主体与他人的关系之中,即发展至象征界(也叫象征秩序、象征域、符号秩序或符号域)(symbolic order)并与之并存。镜前的主体对自己镜像的认同可以存在于不同的阶段，人的一生就是一个不断认同于外物的过程。也就是说，"镜像阶段"只是一个理论起点，而不是严格意义上的时间起点，所以我们将拉康"镜像阶段"中的婴儿会通于庄子理论中的人物，把镜像中的空间会通于庄子的"至德之世"，并无逻辑上的不妥。

庄子不但描述了对镜像的认同，还对认同的方法和途径作了具体的探讨和分析，这是和拉康不同的地方。《庄子·在宥》曰：

> 云将曰："天气不和，地气郁结，六气不调，四时不节。今我愿合六气之精以育群生，为之奈何？"……鸿蒙曰："乱天之经，逆物之情，玄天弗成；解兽之群，而鸟皆夜鸣；灾及草木，祸及止虫。意，治人之过也！"……云将曰："吾遇天难，愿闻一言。"鸿蒙曰："意，心养。汝徒处无为，而物自化。堕而形体，吐而聪明，伦与物忘；大同乎涬溟，解心释神，莫然无魂。万物云云，各复其根，各复其根而不知；浑浑沌沌，终身不离；若彼知之，乃是离之。无问其名，无窥其情，物固自生。"（《庄子·在宥》）

庄子认为，现世是败坏的，由于人的不正当做法，使得宇宙"天气不和，地气郁结，六气不调，四时不节"，"灾及草木，祸及止虫"，而要想达到"万物云云，各归其根"的理想状态，只有通过"心养"。在庄子那里，"心养"是现世通向理想社会的途径。

庄子建构的"至德之世"或许只是一个乌托邦理想，这种想象中的社会纵然不能托付人的肉体，但确实可以慰藉人的心灵。想象界不受现实原则支配，但却遵循着视觉的或虚幻的逻辑，因而在想象界的层面上形成的自我是虚幻的，想象界是"妄想功能"、不现实的幻想综合。"想象界执行着类似弗洛伊德的'自我'的功能，是个体保持平衡、进行自我防御（self defense）的手段。"①庄子对至德之世的向往、对逍遥游的渴盼就是一种防御，一种防止受现世伤害的做法。

庄子也认识到了人的生存环境与理想状态的差距，《庄子·秋水》曰：

---

① 王国芳、郭本禹：《拉冈》，台北：生智文化事业有限公司，1997 年，第 165—166 页。

　　　　吾在天地之间,犹小石小木之在大山也,方存乎见少,又奚以自
　　多!计四海之在天地之间也,不似礨空之在大泽乎?计中国之在海
　　内,不似稊米之在大仓乎?号物之数谓之万,人处一焉;人卒九州,谷
　　食之所生,舟车之所通,人处一焉;此其比万物也,不似豪末之在于马
　　体乎?(《庄子·秋水》)

　　但庄子仍然不顾困难建构自己的理论,为人们受战乱创伤的心灵提供一剂
良药,使人们在艰苦岁月里得以更好地保全生命,世事虽然艰难,仍要等待
和平曙光的出现。从这一侧面我们也可以看出,庄子内心深处也是有着和
儒家相同的"知其不可而为之"的济世情怀。

　　正如拉康所说:"如果我们想要把这个形式归入一个已知的类别,则可
将它称之为**理想我**。在这个意义上它是所有次生认同过程的根源。在这
个术语里我们也辨认出利比多正常化的诸功用。但是,重要的是这个形式
将自我的动因于社会规定之前就置在一条虚构的途径上,而这条途径再也
不会为单个的个人而退缩,或者至多是渐近而不能达到结合到主体的形成
中,而不管在解决**我**和其现实的不谐和时的辩证合题的成功程度如何。"[1]
在这里,拉康的"这个形式"即人的自我,这是"镜像阶段"为主体虚构出的
"理想我"。人终其一生都在无意识中追求对这一镜像的认同,但镜像的虚
幻性决定主体认同行为的永不可能实现性。同样庄子怀着追求"理想我"
的热情,以"理想我"为目标,建构其"汪洋辟阖,仪态万方"的哲学理论,建
构其"至人""神人""圣人"以及"至德之世"。但庄子也明白,其追求的"理
想我"是一个至多可以"渐近"但永远不能"达到"的蝴蝶梦而已,不能解决
现世的问题,无法解救庶民于乱世,这也是庄子哲学的悲剧。

　　从上面的分析我们可以看出,庄子正是在逐步解构"自我""社会""语
言"的过程中,建立起自己庞大的思想体系。通过对《逍遥游》这一具有前
言意味的文章的研究,我们可以纲举目张地把握住庄子的思想体系,领略
其思想的内核。我们就以其"三无"思想为隧道,一步步进入庄子思想的最
深处。

---

[1] (法)拉康:《拉康选集》,褚孝泉译,上海:上海三联书店,2001年,第90—91页。

第二章　生存层面逍遥:齐物方可达道

本章承接上一章,在将"逍遥游"分为"无己"逍遥、"无功"逍遥和"无名"逍遥三个不同层面的基础上,探寻实现这三种逍遥的途径——"齐物论"。

一、通向逍遥的途径:齐物论

清宣颖指出《逍遥游》是庄子明道之书,在《庄子》全书中极为重要,宣颖评判《逍遥游》曰:"《庄子》,明道之书,若开卷不以第一义示人,则为于道有所隐。第一义者,是有道人之第一境界,即学道人之第一工夫也。"①"逍遥游"既是"道"的境界,也是达"道"的途径,"逍遥游"是境界或者是途径,在于主体自身与道的远近。

和宣颖持相同观点,学者王邦雄把"至人无己""神人无功""圣人无名"三句话看作是庄子思想的概括,从语义学和哲学两个角度指出它们既是逍遥的三层境界,又是达到这三重境界的工夫:

　　至人神人圣人,是庄子的理想人格,问题是这三句话是讲工夫,还是描述境界呢?吾人以为,这是既讲工夫又描述境界的语句。就叙事句言,"无"作动词用,"无己"即是通往"至人"之境界的工夫;就表态句言,"无己"是谓语,用以描述"至人"境界。也就是说,透过无己无功无名的修养工夫,才能开显出至人神人圣人的超越境界;而至人神人圣人的超越境界,就由不为一己之形躯官能与世俗之功名利禄所拘限所羁绊的那分超旷自得,始得豁显而出。就工夫言,生命主体所无掉的"己",指的是人的形躯官能,与其牵引而出之心知的定著与情识的纠结;就境界言,无己无功无名,就是"天地与我并生,万物与我为一"之

---

① (清)宣颖:《庄子南华经解》卷一,北京:国家图书馆藏善成堂藏本,第9页。

境的呈现，人之大，与自然之大，已契合为一，了无主客物我的对待，是为无待的逍遥。①

"无己""无功""无名"既是境界又是工夫，从境界角度讲就是"逍遥游"，从工夫角度讲就是"齐物论"。

严复《庄子评点》总评内篇时指出，内七篇具有结构上的整体性，《逍遥游》是庄子逍遥思想立论的基础，而《齐物论》则是达到逍遥（即"道"）的具体方式：

> 尝谓内七篇秩序井然，不可棼乱，何以言之，盖学道者以拘虚囿时束教为厉禁，有一于此，未有能通者也。是故开宗明义，首戒学者必游心于至大之域，而命其篇曰《逍遥游》，逍遥游云者，犹佛言无所住也，必得此而后闻道之基以立。其次则当知物论之本齐，美恶是非之无定，曰寓庸，曰以明，曰因是，曰寓诸无竟，曰物化，其喻人可谓至矣。②

清孙嘉淦宣称《齐物论》与《逍遥游》有内容上的连贯性，《齐物论》可看作是对《逍遥游》的阐释，《齐物论》"畅发前篇'至人无己'之义，故次逍遥游，通篇以丧我为主，以天字为骨。丧我则物论齐，天则所以丧我之故也"③。

陈静在其《"吾丧我"——〈庄子·齐物论〉解读》中强调，《齐物论》无论从思路上看还是从文气上看，都是一篇相当完整的论文，而解读它的关键，就是"吾丧我"。通过对"吾丧我"中"吾"与"我"的分别，陈静总结曰："《庄子》第一篇《逍遥游》展示了一个自由的人生境界，第二篇《齐物论》告诉我们以'吾丧我'的途径去实现。"④和《逍遥游》一样，《齐物论》在《庄子》中也具有极为重要的地位。秦毓鎏在其《读庄穷年录·例言》中把《齐物论》看作庄子学说的中枢，是理解《庄子》的关键："内篇解较多，而于《齐物论》一篇尤详。以此篇为其学说中枢，实为全书纲要，尤不可忽。通乎此篇，则全

① 王邦雄：《庄子其人其书及其思想》，《中国哲学论集》，台北：台湾学生书局，1983年，第66页。
② 严复：《庄子评点》，《中国哲学史研究》，1983年第4期，第51页。
③ （清）孙嘉淦：《南华通》卷二，北京：国家图书馆藏线装刻本，第1页。
④ 陈静：《"吾丧我"——〈庄子·齐物论〉解读》，《哲学研究》，2001年第5期，第49—53页。

书迎刃而解矣。"①陈少明在其《〈齐物论〉及其影响》中把《齐物论》看作是庄学哲学思想的总括："(《齐物论》)全文三千多字，洋洋洒洒，除'有儒墨之是非'一句外，均不指涉具体的历史内容，这意味着它试图讨论最普遍意义的问题。"②《齐物论》"不指涉具体的历史内容"，"试图讨论最普通的意义问题"，说明它是一篇概念性范畴性本体性的文章，对《庄子》有着理论的指导意义，和《逍遥游》一样，也是全书的纲要，值得我们格外关注。

(一)对《齐物论》题目的理解

我们首先从范畴入手，厘清"齐物论"一词的涵义。学界对"齐物论"一词的争议主要涉及是读"齐物"论（即"齐物"），还是读齐"物论"（即"齐论"）。一个句读的差别，关系到对整篇《齐物论》甚或《庄子》哲学思想的理解，因此对"齐物论"意义的准确把握至关重要，下面是我们对学界这两种不同观念的梳理。

首先，把"齐物论"理解为"齐物"的有以下学者。

杨柳桥在其《庄子译诂》中综合前人的一些观点，同意把"齐物"二字连读，认为"'物论'二字连读者，非是"：

> "齐物"二字连读。左思《魏都赋》："万物可齐于一朝。"刘逵注："庄子有'齐物'之论。"刘琨《答卢谌书》："远慕老庄之'齐物'。"《文心雕龙·论说》："庄周'齐物'，以'论'为名。"《辅行记》："彼论'齐物'，一梦为短而非短，百年为长而非长。"皆《庄子》"齐物"二字连读之证也。《孟子·滕文公》篇："夫物之不齐，物之情也。……子比而同之，是乱天下之证也。"可作反证。齐物，谓齐同事物之彼此与是非也。其"物论"二字连读，非是。③

王雱在其《南华真经新传》中解释《齐物论》主题思想时从物我关系角度把"齐物论"视为"无我""无物"之意，即齐物：

---

① 秦毓鎏：《读庄穷年录》例言，北京：国家图书馆藏 1917 年 3 月线装铅印本，第 1 页。
② 陈少明：《〈齐物论〉及其影响》引言，北京：北京大学出版社，2004 年，第 2 页。
③ 杨柳桥：《庄子译诂》，上海：上海古籍出版社，1991 年，第 23 页。

　　　　万物受阴阳而生，我亦受阴阳而生，赋象虽殊，而所生同根。惟能
　　　知其同根则无我，无我则无物，无物则无累，此庄子所以有《齐物》之
　　　篇也。①

　　其次，把"齐物论"理解为"齐论"的有以下学者。
　　林希逸在其《南华真经口义》中宣称庄子《齐物论》意旨就是要齐同众
论，泯灭是非：

　　　　"物论"者，人物之论也，犹言众论也。"齐"者，一也，欲合众论而
　　　为一也。战国之世，学问不同，更相是非，故庄子以为不若是非两忘而
　　　归之自然，此其立名之意也。②

　　朱得之《庄子通义》解《齐物论》题旨曰："物论者，众论也，齐之者，合彼
此是非而一之也。"③释德清《庄子内篇注》申论《齐物论》的写作原因是"物
论之难齐也久矣"，故《齐物论》的目的就是齐同各家是非言论：

　　　　物论者，乃古今人物众口之辩论也。盖言世无真知大觉之圣，而
　　　诸子各以小知小见为自是，都是自执一己之我见，故各以己得为必是。
　　　既一人以己为是，则天下人人皆非，竟无一人之真是者。大者则从儒
　　　墨两家相是非，下则诸子众口，各以己是而互相非，则终无一人可正齐
　　　之者。故物论之难齐也久矣，皆不自明之过也。④

　　王应麟《困学纪闻·诸子》篇评价《齐物论》之旨曰"物论之难齐"："齐
物论，非欲齐物也，盖谓物论之难齐也。是非毁誉一付于物，而我无与焉，
则物论齐焉。"⑤胡文蔚《南华经合注吹影》视《齐物论》主题为齐一众论，众
论不齐，是由于是非对错没有一定的标准：

① （宋）王雱：《南华真经新传》卷二，上海：商务印书馆影印上海涵芬楼本，1924 年，第 1 页。
② （宋）林希逸：《南华真经口义》，陈红映校点，昆明：云南人民出版社，2002 年，第 15 页。
③ （明）朱得之：《庄子通义》卷二，北京：国家图书馆藏明嘉靖三十九年朱得之浩然斋刻本，第 16 页。
④ （明）释德清：《庄子内篇注》卷二，北京：国家图书馆藏清光绪十四年金陵刻经处刻本，第 1 页。
⑤ （清）王应麟：《困学纪闻》卷十，上海：上海书店影印上海涵芬楼影印江安傅氏双鉴楼藏本，1985
　　年，第 19 页。

物论，谓众论也；齐者，所以一之也。夫道，何往而不存，恶乎有显晦？隐于小成者，荣华之言也，此之谓物论。战国时，学术庞杂，人执一见，家创一说，庄子以为不若两忘而化其道也。大抵物论不齐，起于是非之无定。①

王夫之也主张把"物论"二字连读，其《庄子解》曰：

当时之为论者伙矣，而尤盛者儒墨也。相竞于是非而不相下，唯知有己，而立彼以为耦，疲役而不知归。其始也，要以言道，亦莫非道也。其既也，论兴而气激，激于气以引其知，泛滥而不止，则勿论其当于道与否，而要为物论。物论者，形开而接物以相构者也，弗能齐也。使以道齐之，则又入其中而与相刃。唯任其不齐，而听其自已；知其所自兴，知其所自息，皆假生人之气相吹而巧为变；则见其不足与辨，而包含于未始有之中，以听化声之风济而反于虚，则无不齐矣。②

严复从唯物论的观点出发总评《庄子》曰："物有本性，不可齐也；所可齐者，特物论耳。"③学者叶国庆认为是非差别是分不清的，譬如你我二人各据一是，因以相和，这样争论永远不能得到解决，其《庄子研究》宣称《齐物论》"大旨便是齐天下之物论。亦可说是齐物伦。这里是把一切大小、是非、有用、无用等等差别打破了"④。陆钦《庄子通义》把《齐物论》看作《庄子》哲学思想的最重要篇章，是先秦客观唯心主义哲学的代表作之一，"齐物论，即齐同物论"⑤。方勇、陆永品《庄子诠评》考察《庄子》各篇的命题方式，指出"齐物论"就是要齐同物论，其目的就是坚决否定春秋战国时代诸子对客观事物的评论：

自刘勰提出"庄周齐物，以论为名"（《文心雕龙·论说》）的说法以

---

① （清）胡文英：《南华经合注吹影》，李波、彭时权点校，北京：人民出版社，2020 年，第 17 页。

② （清）王夫之：《庄子解》，王孝鱼点校，北京：中华书局，1964 年，第 10 页。

③ 严复：《庄子评点》，《中国哲学史研究》，1983 年第 4 期，第 52 页。

④ 叶国庆：《庄子研究》，上海：商务印书馆，1936 年，第 33 页。

⑤ 陆钦：《庄子通义》，长春：吉林人民出版社，1994 年，第 66 页。

后，释者遂多谓"齐物论"为"齐物之论"，但《庄子》全书，没有以"论"命题的，为何此篇例外？庄周极端鄙视言辩论说，自己又怎肯再添一论，而与诸子百家相并列？因此，所谓齐物论，即齐同物论，也就是要消除各派对天下万物所作的不同评论。

　　春秋战国时代，诸子百家对客观事物的评论，各执一端，相互非难，都把自己的思想观点，当作裁决一切的绝对真理。针对这种倾向，庄周给予了坚决否定。①

　　第三，主张把"齐物论"读作"齐物"与"齐论"的有以下学者。

　　孙嘉淦《南华通》强调"齐物论"就是齐同物我是非，即包括"齐物"与"齐论"二项："物者彼我，论者是非，丧我物化，道通为一，则皆齐矣。"②王先谦《庄子集解》解《齐物论》题曰："天下之物之言，皆可齐一视之，不必致辩，守道而已。"③张默生在其《庄子新释》中扬弃了前人把"齐物论"解作"齐物"或"齐论"的观点，宣言曰："本篇不是专讲齐'物'的，也不是专讲齐'物论'的，而是两者都讲。"④关锋在其《庄子内篇译解和批判》中宣称《齐物论》文长意多，且为庄子哲学的基础部分，故需仔细研读，关锋解剖《齐物论》主题曰：

　　　　题旨兼有"齐物、论""齐、物论"二义，而以"齐物、论"为主导方面，庄子正是以此去齐各种"物论"。用今语说：前者是宇宙论或本体论，庄子主张万象齐一于"道"，本质上是没有彼此、差别的，彼此、差别都是虚幻的现象；后者是认识论，庄子主张齐是非。⑤

　　谢祥皓《庄子导读》解读《齐物论》题旨曰："《齐物论》是表明庄子哲学思想的最主要篇章之一。它立足于虚无之道，论证万物齐一和物论齐一。……'齐物'实为'齐论'之根基，'齐论'则是'齐物'的必然结论，二者

① 方勇、陆永品：《庄子诠评》上册，成都：巴蜀书社，2007 年，第 37 页。
② （清）孙嘉淦：《南华通》卷二，北京：国家图书馆藏线装刻本，第 1 页。
③ （清）王先谦：《庄子集解》，沈啸寰点校，北京：中华书局，1987 年，第 9 页。
④ 张默生：《庄子新释》，张翰勋校补，济南：齐鲁书社，1993 年，第 93—94 页。
⑤ 关锋：《庄子内篇译解和批判》，北京：中华书局，1961 年，第 118 页。

无须分离。"①

钟泰在其《庄子发微》中，驳斥了前人把"齐物论"仅理解为"齐物"的观点，主张把"齐物论"读作"齐物"与"齐论"：

> "齐物论"者，齐物之不齐，齐论之不齐也。言论先及物者，论之有是非、然否，生于物之有美恶、贵贱也。刘勰《文心雕龙·论说篇》云："庄周齐物，以论为名。"后人因之，遂谓庄子有齐物之论。此大谬也。若曰论，则《逍遥游》以次七篇皆论也，安得此独以论名哉！齐之为言，非如《孟子》"比而同之"之云也。美者还其为美，恶者还其为恶；不以恶而掩美，亦不以美而讳恶，则美恶齐矣。是者还其为是，非者还其为非；不以非而绌是，亦不以是而没非，则是非齐矣。《至乐篇》曰："名止于实，义设于适。"止者不过其当，适者不违其则。不过当，不违则，此齐物、齐论之要旨也……②

和钟泰持同样观点的学者还有陈鼓应，陈氏在其《庄子今注今译》中强调《齐物论》篇主旨是肯定一切人与物的独特意义内容及其价值，其方法则是"齐、物论（即人物之论平等观）与齐物、论（即申论万物平等观）"③。李庆珍在其《庄子教程》中从本体论与认识论的角度申论《齐物论》主题包括"齐物"与"齐论"两个层面的意义：

> 《齐物论》是庄子哲学思想的主要篇章之一，论证万物齐一和物论齐一，即齐物和齐论。庄子认为世界万物虽千差万别，但归根到底，万物齐同（即所谓"道通为一"）。他又认为人们在认识世界万物时所作的"是非""然否"的判断，虽互为水火，但归根到底是齐一的。这里既涉及本体论，又涉及认识论。"齐物"是"齐论"的基础，既然万物齐一，无"物我"之分，那么"是非""然否"的争论也无必要了。④

---

① 谢祥皓：《庄子导读》，成都：巴蜀书社，1988年，第171页。
② 钟泰：《庄子发微》，上海：上海古籍出版社，2002年，第26页
③ 陈鼓应注译：《庄子今注今译》，北京：中华书局，1983年，第32页。
④ 李庆珍、史晓平：《庄子教程》，北京：民族出版社，1995年，第101页。

纵观以上各家观点，更多的学者倾向认为对《齐物论》题目的理解包含"齐物"和"齐论"两义。庄子在"齐物"和"齐论"的基础上来齐同天下万物和剿剥儒墨言论。我们认为，"齐物论"不但包含"齐物""齐论"两层意思，而且庄子思想在齐一诸子言论的基础之上，暗含一种更为激进的解构，那就是解构语言本身，即齐语言。因为所有道德规范、社会制度以及各种权力，甚至包括人的思维活动全是建构在语言的基础之上，正是有了语言，才使得人们对世界的认识有了分化，有了分化就有了是非之争，正是语言搅扰了社会的整体性、心灵的纯朴化。庄子认为语言有三大害处：

首先，语言扰乱人心，使人精神困惑：

> 大知闲闲，小知间间；大言炎炎，小言詹詹。其寐也魂交，其觉也形开，与接为构，日以心斗。缦者，窖者，密者。小恐惴惴，大恐缦缦。其发若机栝，其司是非之谓也；其留如诅盟，其守胜之谓也；其杀若秋冬，以言其日消也；其溺之所为之，不可使复之也；其厌也如缄，以言其老洫也；近死之心，莫使复阳也。喜怒哀乐，虑叹变慹，姚佚启态；乐出虚，蒸成菌。日夜相代乎前，而莫知其所萌。（《庄子·齐物论》）

其次，语言使人们产生偏见，人们囿于以自我为中心的是非偏见，从而产生激烈的争辩：

> 道恶乎隐而有真伪？言恶乎隐而有是非？道恶乎往而不存？言恶乎存而不可？道隐于小成，言隐于荣华。故有儒墨之是非，以是其所非而非其所是。（《庄子·齐物论》）

> 可乎可，不可乎不可。道行之而成，物谓之而然。恶乎然？然于然。恶乎不然？不然于不然。物固有所然，物固有所可；无物不然，无物不可。（《庄子·齐物论》）

可是语言又不能厘清是非，故一切争辩都无意义：

> 夫言非吹也，言者有言，其所言者特未定也。果有言邪？其未尝有言邪？其以为异于𪃟音，亦有辩乎？其无辩乎？（《庄子·齐物论》）

　　道昭而不道，言辩而不及。(《庄子·齐物论》)

　　第三，语言使人产生名利之心，产生仁义道德之心，失去了生活的本性。"名"是语言的一种表现，对人的本性危害极大。

　　言者，风波也；行者，实丧也。夫风波易以动，实丧易以危。故忿设无由，巧言偏辞。(《庄子·人间世》)
　　名也者，相轧也；知也者，争之器也。二者凶器，非所以尽行也。(《庄子·人间世》)

　　所以，庄子对语言持反对的态度，语言使人倾轧，是伤身残性的凶器，只有解构语言才可以使生活幸福、精神自由。

　　荃者所以在鱼，得鱼而忘荃；蹄者所以在兔，得兔而忘蹄；言者所以在意，得意而忘言。吾安得夫忘言之人而与之言哉！(《庄子·外物》)

(二)齐物、齐论和齐语言的内涵

　　在上文清理出"齐物论"涵容"齐物""齐论""齐语言"三个层面的基础上，本小节探讨此三层内涵的意义所在。

1."齐物"的内涵

　　首先看"齐物"。庄子认为世界万物之间本无严格的分限，《庄子·齐物论》曰：

　　天地一指也，万物一马也。(《庄子·齐物论》)
　　厉与西施，恢恑憰怪，道通为一。(《庄子·齐物论》)
　　万物皆一。(《庄子·德充符》)
　　夫天下也者，万物之所一也，得其所一而同焉。(《庄子·田子方》)

我们认为在庄子"齐物"思想里也包括三层含义，那就是齐万物、齐物我及齐生死。庄子哲学思想是对道的体认，而道是无所不在的，道体现在世俗万物之中。

> 东郭子问于庄子曰："所谓道，恶乎在？"庄子曰："无所不在。"东郭子曰："期而后可。"庄子曰："在蝼蚁。"曰："何其下邪？"曰："在稊稗。"曰："何其愈下邪？"曰："在瓦甓。"曰："何其愈甚邪？"曰："在屎溺。"东郭子不应。（《庄子·知北游》）

正因为道无处不在，体现在万物之中，因此以道观之，万物莫不"道通为一"。因此，齐物论首先就是齐"万物"，齐万物是体道之第一步。

但"齐万物"仅仅是庄子齐物思想的表层，在"齐万物"的思想上，庄子进一步提出了"齐物我"的思想。人作为芸芸世界的一分子，但又不完全同于人之外的万物。世俗之人，常常把自己放在宇宙的中心，"落马首，穿牛鼻"，"以人灭天"，"以故灭命"（《庄子·秋水》），这种做法扰乱自然的本性，违背了"道"。郭象在注解《庄子·大宗师》"知天之所为，知人之所为者，至矣"句曰：

> 知天人之所为者，皆自然也；则内放其身而外冥于物，与众玄同，任之而无不至者也。[①]

天人关系中至高的境界就是"与众玄同"，只有天人一体，才是"自然"，才能达"道"。在庄子看来，人之所以为人，与万物没有什么差别，"道与之貌，天与之形"（《庄子·大宗师》），人同样是道的产物。人不过是"假于异物，托于同体"（《庄子·大宗师》），借着不同的物类，聚合而成的一个同一整体，"其一也一，其不一也一"（《庄子·大宗师》）。人与天地万物之齐一是不以人的意志为转移的。郭象在注《庄子·齐物论》时这样论述人与世界万物的关系："我既不能生物，物亦不能生我，则我自然矣。自己而然，则谓之天然。天然耳，非为也，故以天言之。……故天者，万物之总名也，莫适为天，

---

① （清）郭庆藩：《庄子集释》，王孝鱼点校，北京：中华书局，1961 年，第 224 页。

谁主役物乎？故物各自主而无所出焉，此天道也。"①所以，从"道"的角度看，人与世界万物只是"天下"的一个名字而已。人没有必要"役物"，而是应该让物"自主"。从人与万物在宇宙中地位来看，人与万物是没有区别的，《庄子·秋水》陈述人与万物关系曰：

> 吾在天地之间，犹小石小木之在大山也，方存乎见少，又奚以自多！计四海之在天地之间也，不似礨空之在大泽乎？计中国之在海内，不似稊米之在大仓乎？号物之数谓之万，人处一焉；人卒九州，谷食之所生，舟车之所通，人处一焉；此其比万物也，不似豪末之在于马体乎？（《庄子·秋水》）

人之于宇宙世界只是"礨空之在大泽""稊米之在大仓""豪末之在于马体"，因此区别我与物没有任何意义，人不可能主宰世界，人所应该做的是与自然的和谐相处。庄子所设想的理想物我关系是"凄然似秋，暖然似春，喜怒通四时，与物有宜而莫知其极"（《庄子·大宗师》）的和谐关系。

生与死的关系属于物我关系。死亡使物我关系不单单在理论和观念上齐一，而是从物质层面上也达到齐一。生与死的问题是世人最难以超越的问题，俗人都在努力寻求规避死亡。庄子表达了自己对生死的看法，那就是齐生死。庄子认为：

> 彼方且与造物者为人，而游乎天地之一气。彼以生为附赘县疣，以死为决𤼢溃痈，夫若然者，又恶知死生先后之所在！（《庄子·大宗师》）
>
> 万物一府，死生同状。（《庄子·天地》）
>
> 其生也天行，其死也物化。（《庄子·天道》）
>
> 人之生，气之聚也；聚则为生，散则为死。若死生为徒，吾又何患！故万物一也，是其所美者为神奇，其所恶者为臭腐；臭腐复化为神奇，神奇复化为臭腐。故曰"通天下一气耳"。（《庄子·知北游》）
>
> 死生有待邪？皆有所一体。（《庄子·知北游》）

---

① （清）郭庆藩：《庄子集释》，王孝鱼点校，北京：中华书局，1961年，第50页。

在庄子看来,死亡是对物的回归,因此,死亡是物我关系的一部分,人没有必要汲汲于生而戚戚于死。

所以,"齐万物""齐物我""齐生死"是庄子"齐物"思想的三个层面,这三个层面具有逐渐递进的关系,只有达到了"齐生死"的层面才是达到真正的"齐物"境界。

2."齐论"的内涵

再看"齐论"。"齐论"重在齐诸子百家之言论。庄子指出是非之争是一个无穷无尽的毫无意义的循环,《庄子·齐物论》曰:

> 彼出于是,是亦因彼。彼是方生之说也。虽然,方生方死,方死方生;方可方不可,方不可方可;因是因非,因非因是。是以圣人不由,而照之于天,亦因是也。是亦彼也,彼亦是也。彼亦一是非,此亦一是非。果且有彼是乎哉?果且无彼是乎哉?彼是莫得其偶,谓之道枢。枢始得其环中,以应无穷。是亦一无穷,非亦一无穷也。(《庄子·齐物论》)

郭象注曰:"天下莫不自是而莫不相非,故一是一非,两行无穷。唯涉空得中者,旷然无怀,乘之以游也。"[1]成玄英疏曰:"夫物莫不自是,故是亦一无穷;莫不相非,故非亦一无穷。唯彼我两忘,是非双遣,而得环中之道者,故能大顺苍生,乘之游也。"[2]百家言论弊在以己为是,以人为非。其实是非之争无穷无尽,唯有彼我两忘,是非双遣,才是得道之正宗。

劳思光强调"齐论"就是将一切言论等视,即"泯是非",在其《新编中国哲学史》中,劳思光表述曰:

> 一切理论系统相依相映而生,又互为消长,永远循环。如此,则理论系统之追求,永是"形与影竞走",自溺于概念之游戏中。倘心灵超越此种执着,而一体平看,则一切理论系统皆为一概念下之封闭系统,

---

① (清)郭庆藩:《庄子集释》,王孝鱼点校,北京:中华书局,1961年,第68—69页。
② (清)郭庆藩:《庄子集释》,王孝鱼点校,北京:中华书局,1961年,第69页。

彼此实无价值之分别。故续谓："是亦彼也，彼亦是也。彼亦一是非，此亦一是非。"前二语表一切封闭性理论系统皆无上下之别；后二语补释之，谓其所以无上下之别者，因 A 概念下系统有一套系统内之肯定与否定，非 A 概念之系统亦复如是。①

正因为"一切理念系统皆为一概念下之封闭系统，彼此实无价值之分别"，所以没有必要执着于一种理念，把其奉行为执行标准，以免失于偏颇。因此，儒墨以自己的言论为是非标准，并在此标准之上建立自己的道德体系、社会制度，是一种极危险的做法。庄子认为，当时社会既有的社会制度，也即儒墨所倡导的济世方案，不但不能解决当下社会危机，相反，在很大程度上是它们导致了世人的苦难以及社会的动乱。

根据儒家思想之治国理论，不外乎会出现以下两种情况："昔尧之治天下也，使天下欣欣焉人乐其性"（《庄子·在宥》）；或者"桀之治天下也，使天下瘁瘁焉人苦其性"（《庄子·在宥》）。但不管是"尧之治"还是"桀之治"，都不是理想的治国方案，而分别是"不恬不愉"的"非德"状态，因为人心有"排下而进上"的特点，无论"上""下"都是对人心的"囚杀"。也就是说，在这种社会中人是不自由的（"非德"）。之所以不自由是因为：

> 夫施及三王而天下大骇矣，下有桀跖，上有曾史，而儒墨毕起。于是乎喜怒相疑，愚知相欺，善否相非，诞信相讥，而天下衰矣。大德不同，而性命烂漫矣；天下好知，而百姓求竭矣。于是乎斤锯制焉，绳墨杀焉，椎凿决焉。天下脊脊大乱，罪在撄人心。故贤者伏处大山嵁岩之下，而万乘之君忧栗乎庙堂之上。（《庄子·在宥》）

无论尧之治或桀之治，都是一种或善政或恶政的"寡头政治"；无论"善"或"恶"，对人的本性都是一种戕害。在儒墨的是非之辩、善恶之争中，人心会受到极大的撄扰，伤害了人的自然本性：

> 昔者黄帝始以仁义撄人之心，尧舜于是乎股无胈，胫无毛，以养天

①　劳思光：《新编中国哲学史》第 1 卷，桂林：广西师范大学出版社，2005 年，第 201 页。

下之形,愁其五藏以为仁义,矜其血气以规法度。然犹有不胜也,尧于
是放讙兜于崇山,投三苗于三峗,流共工于幽都,此不胜天下也。(《庄
子·在宥》)

"斫锯""绳墨""椎凿"都是木匠的工具,借指伤害人和约束人的刑法和礼
义。这里喻指用来束缚人真情本性的工具。成玄英疏曰:"绳墨,正木之曲
直;礼义,示人之隆杀;椎凿,穿木之孔窍;刑法,决人之身首;工匠运斤锯以
残木,圣人用之以伤道。"①在这里,庄子尖锐地批判了儒墨之争对社会的
危害,从根本上推翻了他们的治国之策,解构了其理论存在的基础。因此
使众生脱离这种苦难社会的办法就是解除儒墨理论建构出来的道德体系
和社会制度对人思想的禁锢,也就是"齐论"。

3."齐语言"的内涵

最后看"齐语言"层面。庄子把语言看作没有意义的声音,《庄子·齐
物论》曰:

> 夫言非吹也。言者有言,其所言者特未定也。果有言邪? 其未尝
> 有言邪? 其以为异于鷇音,亦有辩乎? 其无辩乎?(《庄子·齐物
> 论》)。

对"其言者特未定也"一句,郭象注曰:"我以为是而彼以为非,彼之所是,我
又非之,故未定也。未定也者,由彼我之情偏。"②成玄英疏曰:"虽有此言,
异于风吹,而咸言我是,佥曰彼非。既彼我情偏,故独未定者也。"③对"果
有言邪? 其未尝有言邪"一句,成玄英疏曰:"果,决定也。此以为是,彼以
为非,此以为非,而彼以为是。既而是非不定,言何所诠! 故不足称定有言
也。然彼此偏见,各执是非,据己所言,故不可以为无言也。"④对"其以为
异于鷇音,亦有辩乎? 其无辩乎"一句,郭象注曰:"夫言与鷇音,其致一也,

① (清)郭庆藩:《庄子集释》,王孝鱼点校,北京:中华书局,1961年,第376页。
② (清)郭庆藩:《庄子集释》,王孝鱼点校,北京:中华书局,1961年,第63页。
③ (清)郭庆藩:《庄子集释》,王孝鱼点校,北京:中华书局,1961年,第63页。
④ (清)郭庆藩:《庄子集释》,王孝鱼点校,北京:中华书局,1961年,第63页。

有辩无辩,诚未可定也。天下之情不必同而所言不能异,故是非纷纭,莫知所定。"①成玄英疏曰:"辩,别也。鸟子欲出卵中而鸣,谓之鷇音也,言亦带壳曰鷇。夫彼此偏执,不定是非,亦何异鷇鸟之音,有声无辩! 故将言说异于鷇音者,恐未足以为别者也。"②

　　劳思光强调语言无法言道,因为其根本就是毫无意义的声音。"此谓一言论重在其'意义'(meaning),即言之所指,即'所言'。有无意义,乃决定一言论是否成为一言论。如离开'意义',则文字仅为一串符号,议论亦仅为一串声音。此一串声音与鸟鸣之音固无可分辨也。然言论果有'意义'否,则是'未定'。"③因此,语言根本不能对"道"进行言说。《庄子·知北游》曰:

　　　　道不可言,言而非也。(《庄子·知北游》)

任何一种对"道"的言说,都会像"昭氏鼓琴"一样"有成与亏"(《庄子·齐物论》),对此,郭象注曰:"夫声不可胜举也,故吹管操弦,虽有繁手,遗声多矣。而执籥鸣弦者,欲以彰声也,彰声而声遗,不彰声而声全。"④这种"成"是小成,这种"亏"却是对"道"的背离,正如《庄子·齐物论》曰:"道隐于小成,言隐于荣华。"人越是刻意去说,离"道"就越远。与"道"为一的最好办法就是"无名",齐物方可达道,无言最是逍遥。庄子在《庄子·知北游》中表述了这种"齐语言"的观点:

　　　　天地有大美而不言,四时有明法而不议,万物有成理而不说。(《庄子·知北游》)

　　言不能及"道",但是对于一种学说、一种理论来说,语言具有无可替代的作用。《庄子·天地》曰:

---

① (清)郭庆藩:《庄子集释》,王孝鱼点校,北京:中华书局,1961 年,第 63 页。
② (清)郭庆藩:《庄子集释》,王孝鱼点校,北京:中华书局,1961 年,第 63—64 页。
③ 劳思光:《新编中国哲学史》第 1 卷,桂林:广西师范大学出版社,2005 年,第 198 页。
④ (清)郭庆藩:《庄子集释》,王孝鱼点校,北京:中华书局,1961 年,第 76 页。

是故高言不止于众人之心，至言不出，俗言胜也。（《庄子·天地》）

语言不能触及真理，只能引起人们的偏见。杨乃乔在其《悖立与整合——东方儒道诗学与西方诗学的本体论、语言论比较》中指出，儒家就是要把理论建构在言说之上，以语言为武器寻求与国家机器的结合，使理论得以"兼善天下"。"儒家诗学把语言作为生命主体栖居和生存的家园"，并"在语言的家园里规避死亡和追寻永恒"，儒家还"把语言的家园建构在中国古代学术宗教——经学的经典文本上"①。儒墨学者深切洞悉话语权力的重要性，因此极力把语言建在经典文本之上，一旦语言以经典文本的面目出现，就具有了无上的权威性。道家同样深刻认识到了这一点，"道家诗学为了拆解儒家诗学在经典文本上设立的最高诗学批评原则及其话语权力，为了拒斥东方诗学文化传统整体生成和发展中的经学中心主义倾向，把颠覆和瓦解儒家主体及其诗学体系栖居和存在的语言家园作为操作的重要策略之一"②。至此，我们完全洞察了《庄子》的秘密，那就是打破儒墨神话，对儒墨之是非，以"物""论""言"为目标进行解构。在颠覆儒墨制度的基础上为世人心灵找到一个无待逍遥的出口，为芸芸众生找到一个心灵的避风港。

至于怎么才能达到"齐物""齐论""齐语言"的层面，在《齐物论》临近结尾处，庄子一句总结全文的话可以看作是《齐物论》的纲、对"齐物论"思想的概括，我们以这句话为线索，就能提纲挈领，纲举目张地找到《齐物论》的逻辑脉络，甚至发现庄子思想的系统。《庄子·齐物论》曰：

忘年忘义，振于无竟，故寓诸无竟。（《庄子·齐物论》）

郭象注曰：

---

① 杨乃乔：《悖立与整合——东方儒道诗学与西方诗学的本体论、语言论比较》，北京：文化艺术出版社，1998年，第8页。
② 杨乃乔：《悖立与整合——东方儒道诗学与西方诗学的本体论、语言论比较》，北京：文化艺术出版社，1998年，第103页。

> 夫忘年故玄同死生，忘义故弥贯是非。是非死生荡而为一，斯至
> 理也。至理畅于无极，故寄之者不得有穷也。①

成玄英疏曰：

> 夫年者，生之所禀也，既同于生死，所以忘年也；义者，裁于是非
> 也，既一于是非，所以忘义也。此则遣前知是非无穷之义也。既而生
> 死是非荡而为一，故能通畅妙理，洞照无穷。寄言无穷，亦无无穷之可
> 畅，斯又遣于无极者也。②

"忘"就是"齐"的意思，这里的"年"指人生的岁月，指生命的寿夭。但"忘年"不是要人们抛弃生命，而是在一种更高层次上珍爱生命，这种对生命的珍爱包括对肉体和精神的呵护，以及在更高层次上对死亡的超越。"义"是众所认可的道德规范，是指导社会生活行为的准则，但在道家眼中，各种伦理道德社会制度全是一种人为的建构，是对人性的压迫。老子曰："大道废，有仁义；智慧出，有大伪；六亲不和，有孝慈；国家昏乱，有忠臣。"③人心要想避免受这些制度化的东西的伤害，采取的办法则是"忘"。"竟"与"境"同，"无竟"就是虚无境界，是"道"的境界，是无言的境界。林希逸《南华真经口义》解释"振"字曰："此'振'字便是逍遥之意。"④故而，"齐物""齐论""齐语言"是达到逍遥的途径。

（三）齐物、齐论和齐语言的先后之辨

上文廓清了"齐物论"所蕴含的"齐物""齐论""齐语言"三义，但此三层内涵在庄子解构性哲学思想中有着先后轻重之分，本小节重在讨论这三种涵义重要性的差别，简单地说就是先"齐"谁、后"齐"谁的问题。

在"齐物""齐论""齐语言"三者之间，学者们争议最大的是"齐物"和"齐论"孰先孰后的问题。其实"齐物""齐论""齐语言"的先后问题，也是

---

① （清）郭庆藩：《庄子集释》，王孝鱼点校，北京：中华书局，1961年，第110页。
② （清）郭庆藩：《庄子集释》，王孝鱼点校，北京：中华书局，1961年，第110页。
③ （周）李耳撰，（魏）王弼注，（唐）陆德明音义：《老子道德经·十八章》，《二十二子》，第2页。
④ （宋）林希逸：《南华真经口义》，陈红映校点，昆明：云南人民出版社，2002年，第44页。

"逍遥游"中"无己""无功""无名"三个层面中哪个主、哪个次的问题。因为
"齐物"是在生存层面的具体实际运作，是达到"无己"逍遥的途径，或者说，
"齐物"状态就是"无己"逍遥；"齐论"和"齐语言"是语言层面的抽象理论思
考，是达到"无功"和"无名"的途径，或者说，"齐论"和"齐语言"状态分别就
是"无功"逍遥和"无名"逍遥。厘清"齐物""齐论""齐语言"（即"无己""无
功""无名"）的先后关系有助于进一步诠释庄子哲学思想。

　　宋碧虚子把"逍遥游"分为顺化逍遥、极变逍遥、无己逍遥、无功逍遥、
无名逍遥、适物逍遥及无为逍遥七种逍遥。又把齐物论分为齐我、齐智、齐
是非、齐道、齐治、齐物、齐死生、齐同异、齐因和齐化十种。碧虚子的分类
方法有一定可取之处，但是略显零乱，层次感不甚分明，且有附会《庄子》内
七篇整体性之嫌，而且由于受时代的限制，很难看出语言对世界认识的作
用，所以自有其局限之处。

　　　　内七篇目，漆园所命名也，夫人能无己，然后功名泯绝，始可以语
　　其逍遥矣。逍遥游者，以其独步方外，矜夸未忘，故次之以《齐物论》。
　　夫齐也者，忘物而自齐也，而未齐者，即有彼我之论焉，彼我循环，入环
　　中之空则齐矣。能以空自齐者，未识死生之主……①

　　明释德清注解"吾丧我"时，把"忘我"（即"无己"）作为《齐物论》的第一
要义：

　　　　此齐物以丧我发端，要显世人是非，都是我见。要齐物论，必以忘
　　我为第一义也。故逍遥之圣人，必先忘己，而次忘功、忘名。此其立言
　　之旨也。②

　　钟泰在其《庄子发微》中评判"至人无己"三句为《逍遥游》一篇之要旨，
而"无己"尤为要中之要，是高于"无功""无名"的一种逍遥：

---

① 按：此处直接引文在碧虚子：《南华真经章句音义》卷一，上海：商务印书馆影印上海涵芬楼本，
　1924年，第1页。而碧虚子关于逍遥游和齐物论分类的内容在《南华真经章句音义》第1—20页。
② （明）释德清：《庄子内篇注》卷二，北京：国家图书馆藏清光绪十四年金陵刻经处刻本，第3页。

盖非至"无己"不足以言"游"，更不足以言"逍遥"也。"圣人""神人""至人"，虽有三名，至者圣之至，神者圣而不可知之称。其实皆圣人也。而"无己"必自"无名""无功"始，故先之以"无名"，次之以"无功"。"无名"者，不自有其名。"无功"者，不自有其功。不自有者，"无己"之渐也。故终归于"无己"而止焉。①

止庵在其《樗下读庄——关于庄子哲学体系的文本研究》中指出，"无功""无名""无己"三者之中，"无功"就是不为社会做什么，"无名"是不向社会要什么，都是无待于社会；"无己"则进一步是无待于自己。"功""名"是作为社会人的"己"；"己"则是对存在的意识，到了"无己"，才是真正的"无待"。因此，止庵强调，在庄子哲学中，相对于"无功""无名"，"无己"处在更高更重要的层面上：

> 庄子哲学在第一个层次上解决的是个人与社会的关系，也就是所谓"无功"和"无名"的问题。……第二个层次上解决的是精神和存在的关系，也就是所谓"无己"的问题。这首先是对于"社会的自我"的超越，自我身上一切来自社会的东西，包括意识、情感、价值判断等等在内，都在摈斥之列。继而要超越的是自己的生存状态和对生死的意识。②

王凯从庄子的"忘己之人，是之谓入于天"入手，引用成玄英注"凡天下难忘者，己也。而己尚能忘，则天下有何物足存哉！是知物我兼忘者，故冥会自然之道也"，得出"无己"最难得的结论：

> 在"无名""无功""无己"三个方面，"无己"最为重要，至人所达到的境界最高。如果说"无名"和"无功"是对身外之物的否定，那么"无己"则是对自我的否定，因而也是最难做到的。③

---

① 钟泰：《庄子发微》，上海：上海古籍出版社，2002年，第14—15页。
② 止庵：《樗下读庄——关于庄子哲学体系的文本研究》提要，北京：东方出版社，1999年，第7—8页。
③ 王凯：《逍遥游——庄子美学的现代阐释》，武汉：武汉大学出版社，2003年，第61页。

陈少明对《齐物论》主题作"齐物论""齐万物""齐物我"三个层次的分析，宣称"齐物我"是对前二者的深入：

> 　　齐物论是对各种思想学说，进行一种哲学批判，其重点不在是非的标准，而是对争是非本身的正当性的质疑。齐万物则要求人的世界观的转变，放弃任何自我中心的态度，看待万有的自然性与自足性，把是非转化成有无的问题，具有从认识论向本体论过渡的意味。齐物我是二者的深入，它所涉及的心物关系不是认识论而是生存论问题，本体论上化有为无，就是表现在生存论上的丧我与无为，它是导向另一种生活方式的信念基础。①

以上各家一致认定"无己"是一种难度最高的无待，只有先做到了"无功""无名"才可能实现"无己"，陈少明之说也是强调"无己"最为难得，所不同的只是他从"齐物"中分离出来一个"齐物我"，用"齐物我"的说法来代替"无己"。

　　分析学者们在庄子的"三无"理论上强调"无己"思想的原因有以下两方面：首先，他们从传统的生死角度来看问题，认为主体（"己"）的存在才使"功"和"名"的存在有意义。"功"和"名"是在"己"存在的基础上得以存在，一旦失去"己"，"功"和"名"则无所依附。在传统观念里，人都死了，要"功""名"还有何用？正所谓皮之不存，毛将焉附。其次，他们从发生论的角度来看问题，认为社会上的是非（"功"）、名利（"名"）争夺无非是对物质财富的攫取，是为了一己之私，"己"才是欲望产生的源泉，因此"己"更为重要。

　　对历史文本的解读只有从文本本身出发并回归其历史语境才能使我们分析问题客观公允而不会有失偏颇。王天泰在为王夫之《船山遗书》作序时提出今人读古人之书的方法是"心心相印"，这样才可以准确把握作者的思想：

> 　　今夫古人之书，古人之心也。然其中往往有托物寓意，为洸洋怪诞之词，而后之读者，多苦于不能解；即能以解解之，亦病于拘文牵

---

① 陈少明：《〈齐物论〉及其影响》引言，北京：北京大学出版社，2004年，第5页。

义而非有当于古人之心。使有能读古人之书，任其辞之洸洋怪诞，而于其所托物寓意，无不可以解解之，不致拘文牵义而未当古人之心，岂非解之者所甚快，而为古人所深望也欤？顾古之去今至远，以百世以下之人，而解百世以上之人之书，欲其毫发无所差谬，则又甚难。而不知非难也：古今之世殊，古今人之心不殊也。故居今之世，读古之书，以今人之心，上通古人之心，则心心相印，何虑书之不可以解解乎？[①]

对《庄子》中"无己""无功""无名"（即"齐物""齐论""齐语言"）三个层面先后高下之分的探讨同样需坚持这一立场。

首先，我们从《庄子》文本本身来看。

庄子追求的是与"道"为一的至高境界，从庄子提出的"得道"途径我们也可以看出"齐物""齐论""齐语言"的先后。《庄子·大宗师》云：

> 吾犹守而告之，三日而后能外天下；已外天下矣，吾又守之，七日而后能外物；已外物矣，吾又守之，九日而后能外生；已外生矣，而后能朝彻；朝彻，而后能见独。（《庄子·大宗师》）

这是一个由浅入深的体道过程，也即我们前文陈述的"齐物"所内含的"齐万物""齐物我""齐生死"三个阶段。对于"外天下"，成玄英疏曰："隳既虚寂，万境皆空，是以天下地上，悉皆非有也。"[②]对于"外物"，郭象注曰："物者，朝夕所须，切己难忘。"[③]成玄英疏曰："天下万境疏远，所以易忘；资身之物亲近，所以难遗。"[④]对于"外生"，成玄英疏曰："隳体离形，坐忘我丧，运心既久，遗遣渐深也。"[⑤]陆西星《南华真经副墨》解释天下、物及生三者之间的关系："外天下与外物异，天下远而物近，天下疏而物亲，故外天下易，外物难；外物易，外生难，外生是忘我也，忘我而后能朝彻。"[⑥]宣颖于其

① （清）王夫之：《庄子解》序，王孝鱼点校，北京：中华书局，1964年，第1页。
② （清）郭庆藩：《庄子集释》，王孝鱼点校，北京：中华书局，1961年，第253页。
③ （清）郭庆藩：《庄子集释》，王孝鱼点校，北京：中华书局，1961年，第253页。
④ （清）郭庆藩：《庄子集释》，王孝鱼点校，北京：中华书局，1961年，第254页。
⑤ （清）郭庆藩：《庄子集释》，王孝鱼点校，北京：中华书局，1961年，第254页。
⑥ （明）陆西星：《南华真经副墨·大宗师》卷二，北京：国家图书馆藏明万历六年刻本，第19页。

《南华经解》中陈述："自天下而物而生，愈近则愈难外也。"①钟泰在其《庄子发微》中指出这是一个次第逐步增进的体道过程："'外物'后于'外天下'者，天下远而物近也。'外生'复后于'外物'者，生亲而物疏也。"②由此，在体道的过程中，"无己"是最先需要达到的标准，在"无己"的层面上又有从"齐万物"到"齐物我"再到"齐生死"的差异。

对于这种体"道"的过程，《庄子·大宗师》中另一处说得更为清楚，具体做法就是"忘礼乐""忘仁义"，也即"堕肢体，黜聪明，离形去知，同于大通"：

> 颜回曰："回益矣。"仲尼曰："何谓也？"曰："回忘礼乐矣。"③曰："可矣，犹未也。"他日，复见，曰："回益矣。"曰："何谓也？"曰："回忘仁义矣。"曰："可矣，犹未也。"他日，复见，曰："回益矣。"曰："何谓也？"曰："回坐忘矣。"仲尼蹴然曰："何谓坐忘？"颜回曰："堕肢体，黜聪明，离形去知，同于大通，此谓坐忘。"（《庄子·大宗师》）

---

① （清）宣颖：《南华经解》卷二，北京：国家图书馆藏善成堂藏版，第41页。
② 钟泰：《庄子发微》，上海：上海古籍出版社，2002年，第147页。
③ 此处"礼乐"，郭庆藩本作"仁义"，下文"仁义"作"礼乐"，依刘文典、王叔岷等说，据《淮南子·道应训》，"仁义"两字与下文"礼乐"两字互调。《淮南子·道应训》曰：
　　颜回谓仲尼曰："回益矣。"仲尼曰："何谓也？"曰："回忘礼乐矣。"仲尼曰："可矣。犹未也。"异日复见，曰："回益矣。"仲尼曰："何谓也？"曰："回忘仁义也。"仲尼曰："可矣。犹未也。"异日复见。曰："回坐忘矣。"仲尼遽然曰："何谓坐忘？"颜回曰："堕支体，黜聪明，离形去知，洞于化通，是谓坐忘。"仲尼曰："洞则无善也，化则无常也。而夫子荐贤，丘请从之后。"
　　〔（汉）刘安撰，（汉）高诱注，（清）庄逵吉校：《淮南子·道应训》，《二十二子》，第1261页〕
刘文典《庄子补正》根据《淮南子·本经训》注释《庄子》此段文字曰：
　　《淮南子·道应》篇："仁义"作"礼乐"，下"礼乐"作"仁义"，当从之。礼乐有形，固当先忘；仁义无形，次之；坐忘最上。今"仁义""礼乐"互倒，非道家之指矣。（刘文典：《庄子补正》，赵锋、诸伟奇点校，北京：中华书局，2015年，第228页）
王叔岷于其《庄子校释》中据《淮南子·本经训》解读庄书此文曰：
　　《淮南·道应》篇："仁义"二字与"礼乐"二字互错。审文意，当从之。《老子》云："失道而后德，失德而后仁，失仁而后义，失义而后礼。"（本书《知北游》篇亦有此文）《淮南·本经》篇："知道德，然后知仁义之不足行也；知仁义，然后知礼乐之不足修也。"（伪《文子·下德》篇亦有此文）道家以礼乐为仁义之次；礼乐，外也。仁义，内也。忘外及内，以至于坐忘。若先言忘"仁义"，则乖厥旨矣。（王叔岷：《庄子校释》卷一，上海：商务印书馆，1947年，第61—62页）
高诱注《淮南子·道应训》"回忘礼乐""回忘仁义"曰："仁义大，礼乐小也。"见（汉）刘安撰，（汉）高诱注，（清）庄逵吉校：《淮南子·道应训》，《二十二子》，第1261页。据此，依《淮南子·道应训》将郭庆藩《庄子集释》本"仁义"与"礼乐"互换。

徐复观在《中国艺术精神》中把"人"看作欲望与知识的集合体，欲"坐忘"必须从欲望与知识两方面入手：

> 庄子的"堕肢体""离形"，实指的是摆脱由生理而来的欲望。"黜聪明""去知"，实指的是摆脱普通所谓的知识活动。二者同时摆脱，此即所谓"虚"，所谓"静"，所谓"坐忘"，所谓"无己""丧我"。①

"知"，也就是分解性的、概念性的知识活动，是对事物是与非的判断。儒墨执一知之见，对世界妄加评判，造成人心的纷乱。正是因为"忘知"最为重要，所以在体"道"过程中，由浅入深的循序渐进过程则是先"无己"再进而"无功"。

方东美在其《原始儒家道家哲学》中宣称"逍遥游"所要表达的是一种精神的彻底解放，庄子在《齐物论》里，要把真正的自由精神变作广大性的平等、普遍的精神平等，"丧我"则是第一个必要条件：

> "今也吾丧我"，这个"我"是什么呢？它有不同的意义。一种是"小我"，乃是因为在思想上或情操上，每个人都常以自我为中心，同于己者就是之，异于己者就非之，所以造成许多隔阂，把和自己不同的看法排斥掉，或隔绝起来，而自以为是！这点是道家认为最忌讳的一件事。②

所以庄子第一步讲精神平等就是要"丧我"，也就是要丧小我，忘小我，而成就大我。这种"大我"则是"至人无己"的自我境界。从"无己"才可以达到"无功""无名"的更高境界。

"己"是偏见产生的原因，是各种是非的源头，《庄子·齐物论》曰：

> 夫随其成心而师之，谁独且无师乎？奚必知代而心自取者有之？愚者与有焉。未成乎心而有是非，是今日适越而昔至也。是以无有为

---

① 徐复观：《中国艺术精神》，沈阳：春风文艺出版社，1987年，第63页。
② 方东美：《原始儒家道家哲学》，北京：中华书局，2012年，第240页。

有。无有为有,虽有神禹,且不能知,吾独且奈何哉!(《庄子·齐物论》)

"成心"即是人的一偏之见,是"小大之辩"中的小,是囿于自我的一种认识。故齐是非必先除"成心",即"无己"。

其次,我们回归历史语境来看庄子思想。

我们从《庄子》一书的写作目的来看,庄子所处的时代灾难沉重,成玄英把《庄子》一书写作成因归于"慷慨发愤":

> 当战国之初,降衰周之末,叹苍生之业薄,伤道德之陵夷,乃慷慨发愤,爰著斯论。其言大而博,而旨深而远,非下士之所闻,岂浅识之能究![1]

正是由于对现世的思考,庄子发现世事混乱的原因在于"有儒墨之是非,以是其所非而非其所是"(《庄子·齐物论》),《庄子》的写作意图就是要反对这种儒墨道德是非。在儒家伦理道德观念中,人之为人应该有如下追求:

> 古之欲明德于天下者,先治其国,欲治其国者,先齐其家,欲齐其家者,先修其身。[2]

在儒家看重的"修身""齐家""治国""平天下"中,我们不难发现在"身""家""国""天下"中,儒家最为重视的是"天下",其次是"国",再次是"家",最后才是"身"。儒家对"功""名"的推崇在儒家经典文献《左传》中有明确表示。《左传·襄公二十四年》载:

> 穆叔如晋。范宣子逆之,问焉,曰:"古人有言曰:'死而不朽',何谓也?"……穆叔曰:"……鲁有先大夫曰臧文仲,既没,其言立,其是之谓乎!豹闻之,太上有立德,其次有立功,其次有立言,虽久废,此之谓

---

① (唐)成玄英:《庄子序》,见(清)郭庆藩:《庄子集释》,王孝鱼点校,北京:中华书局,1961年,第 6 页。
② (宋)朱熹:《四书章句集注》,北京:中华书局,1983年,第 3 页。

不朽。"①

既然《庄子》一书的目的是驳斥儒墨之是非，自会按儒墨观点而逐一解构之。所以就不难理解在庄子那里"己"只是处于最低的层面，庄子立意重点解构的是"功"和"名"才对。

我们再从儒墨两家道德语境下人们的行为入手，看"己""功""名"在人心中的地位。在儒家语境下，人们对儒家礼教的遵守超出了对生命的关注。儒家重礼仪，这种礼仪只是形式上的东西，如儒家把"冠"作为礼仪的开始：

> 凡人之所以为人者，礼义也。礼义之始，在于正容体，齐颜色，顺辞令。容体正，颜色齐，辞令顺，而后礼义备。以正君臣，亲父子，和长幼。君臣正，父子亲，长幼和，而后礼义立。故冠而后服备，服备而后容体正，颜色齐，辞令顺。故曰："冠者，礼之始也。"是故古者圣王重冠。……故圣王重礼。故曰："冠者，礼之始也，嘉事之重者也。"是故古者重冠。②

但这种对形式的注重一旦被灌输进人的意识，就会对人的行为起到控制作用。孔子的重要门生子路任卫国大夫孔悝的邑宰，孔悝参与推翻卫国国君的政变，子路以"食其食者不避其难"的态度力图阻止这场政变。在激烈的战斗中，子路冠缨被击断，他说："君子死，冠不免。"在从容结缨正冠的瞬间，被人趁机杀死。

> 季子将入，遇子羔将出，曰："门已闭矣。"季子曰："吾姑至焉。"子羔曰："弗及，不践其难。"季子曰："食焉，不辟其难。"子羔遂出。子路入，及门，公孙敢门焉，曰："无入为也。"季子曰："是公孙，求利焉而逃其难。由不然，利其禄，必救其患。"有使者出乃入。曰："大子焉用孔

---

① （晋）杜预注，（唐）孔颖达等正义：《春秋左传正义·襄公二十四年》，（清）阮元校刻：《十三经注疏》，第 1979 页。

② （汉）郑玄注，（唐）孔颖达等正义：《礼记正义·冠义第四十三》，（清）阮元校刻：《十三经注疏》，第 1679—1680 页。

悝？虽杀之，必或继之。"且曰："大子无勇，若燔台，半，必舍孔叔。"大子闻之，惧，下石乞、盂黡敌子路。以戈击之，断缨。子路曰："君子死，冠不免。"结缨而死。①

子路用自己的性命"捍卫"了儒家"冠"的尊严，同时用自己的性命证明在儒家语境中一顶"冠"（也即"礼"）大于"命"的"合理性"。

当是时也，在儒墨伦理道德的教化下，人们重视的已不再是自己的生命肉体，甚至在道德力量的鼓舞下，人们舍生取义，以失去生命为荣。《孟子·告子上》对儒家仁义道德的宣传毫无掩饰：

> 鱼，我所欲也；熊掌，亦我所欲也。二者不可得兼，舍鱼而取熊掌者也。生，亦我所欲也；义，亦我所欲也。二者不可得兼，舍生而取义者也。②

这种对于仁义道德的看重，在儒家文献中随处可见：

> 古之欲明德于天下者，先治其国，欲治其国者，先齐其家，欲齐其家者，先修其身。③（《礼记·大学》）
> 自天子以至于庶人，壹是皆以修身为本。④（《礼记·大学》）
> 道之以政，齐之以刑，民免而无耻；道之以德，齐之以礼，有耻且格。⑤（《论语·为政》）
> 君子喻于义，小人喻于利。⑥（《论语·里仁》）
> 饭疏食饮水，曲肱而枕之，乐亦在其中矣。不义而富且贵，于我如浮云。⑦（《论语·述而》）

---

① （晋）杜预注，（唐）孔颖达等正义：《春秋左传正义·哀公十五年》，（清）阮元校刻：《十三经注疏》，第 2175 页。
② （汉）赵岐注，（宋）孙奭疏：《孟子注疏·告子章句上》，（清）阮元校刻：《十三经注疏》，第 2752 页。
③ （宋）朱熹：《四书章句集注》，北京：中华书局，1983 年，第 3 页。
④ （宋）朱熹：《四书章句集注》，北京：中华书局，1983 年，第 4 页。
⑤ （魏）何晏等注，（宋）邢昺疏：《论语注疏·为政第二》，（清）阮元校刻：《十三经注疏》，第 2461 页。
⑥ （魏）何晏等注，（宋）邢昺疏：《论语注疏·里仁第四》，（清）阮元校刻：《十三经注疏》，第 2471 页。
⑦ （魏）何晏等注，（宋）邢昺疏：《论语注疏·述而第七》，（清）阮元校刻：《十三经注疏》，第 2482 页。

士志于道,而耻恶衣恶食者,未足与议也![1]（《论语·里仁》）

笃信好学,守死善道。[2]（《论语·泰伯》）

君子谋道不谋食。耕也,馁在其中矣;学也,禄在其中矣。君子忧道不忧贫。[3]（《论语·卫灵公》）

这些句子都说明在"己""功""名"中,"己"为最初要"齐"之对象。在儒家语境中,人们对自身的关注首先不是个性的张扬,不是身心的自由,而是"功"与"名"的获得与否。在儒家学者视野里,"功"与"名"处于较之"己"更高的层面。儒家学者更看重的是道德价值的实现程度。对于儒家学者这种对道德价值的追求,孙以楷、甄长松在其《庄子通论》中有着很好的评论:

> 我们把《论语·雍也》中颜回的"一箪食,一瓢饮,在陋巷,人也不堪其忧,回也不改其乐"与孔子的"其为人也,发愤忘食,乐以忘忧,不知老之将至",合而称之为"孔颜乐处",用以表示孔子的人生意义观。"孔颜乐处",意味着人的伟大、道德的庄严崇高美。它包括:孔子肯定人的生存需求、社会需要、社会存在、隐忍救世、安贫乐道的使命感,不计较世俗功利、贞固于仁义至尚的道德意识,尊重主体的地位和改造社会的能动力等。一句话,可以说在人生的天平上,孔子秤量自我人生的价值所用的砝码是具有崇高美的天下之利和万世之名的社会价值。[4]

"孔颜乐处",在儒家道德张力中,世人个体自身处于不在场状态,而更多关注的是群体性的社会价值,故而在"己""功""名"的比较冲突中,被选择的则是后两者。

老冉冉其将至兮,恐修名之不立。[5]（《离骚》）

---

[1]　(魏)何晏等注,(宋)邢昺疏:《论语注疏·里仁第四》,(清)阮元校刻:《十三经注疏》,第2471页。

[2]　(魏)何晏等注,(宋)邢昺疏:《论语注疏·泰伯第八》,(清)阮元校刻:《十三经注疏》,第2487页。

[3]　(魏)何晏等注,(宋)邢昺疏:《论语注疏·卫灵公第十五》,(清)阮元校刻:《十三经注疏》,第2518页。

[4]　孙以楷、甄长松:《庄子通论》,北京:东方出版社,1995年,第119页。

[5]　(宋)洪兴祖:《楚辞补注》,白化文等点校,北京:中华书局,1983年,第12页。

王逸注曰：

> 立，成也。言人年命冉冉而行，我之衰老，将以来至，恐修身建德，而功不成名不立也。《论语》曰：君子疾没世而名不称焉。屈原建志清白，贪流名于后世也。[①]

洪兴祖补注曰：

> 修名，修洁之名也。屈原非贪名者，然无善名以传世，君子所耻，故孔子曰：伯夷、叔齐饿于首阳之下，民到于今称之。[②]

在生老病死面前，世人关注的不是自身，而是"功""名"的收获，这种对自身的忽略不是庄子的"无己"，而是对自身的一种麻木与遗忘。庄子在《齐物论》中批判这种做法曰：

> 大知闲闲，小知间间；大言炎炎，小言詹詹。其寐也魂交，其觉也形开，与接为构，日以心斗。缦者，窖者，密者。小恐惴惴，大恐缦缦。其发若机栝，其司是非之谓也；其留如诅盟，其守胜之谓也；其杀若秋冬，以言其日消也；其溺之所为之，不可使复之也；其厌也如缄，以言其老洫也；近死之心，莫使复阳也。喜怒哀乐，虑叹变慹，姚佚启态；乐出虚，蒸成菌。日夜相代乎前，而莫知其所萌。已乎，已乎！旦暮得此，其所由以生乎！（《庄子·齐物论》）

儒家的舍生取义与庄子所谓的"无己"不同。"无己"是一种"大知"，而舍生取义仅仅是一种"小知"，是一种认识上的偏见，是对人心灵的残害，故而庄子呼吁："已乎，已乎！"和庄子强调个性不同，孔子极力贬低人的个性，把那种只关注"己"的人称为"小人"，把关注"功"和"名"的人叫作"君子"：

---

① （宋）洪兴祖：《楚辞补注》，白化文等点校，北京：中华书局，1983 年，第 12 页。
② （宋）洪兴祖：《楚辞补注》，白化文等点校，北京：中华书局，1983 年，第 12 页。

君子喻于义，小人喻于利。①（《论语·里仁》）

孟子同样注重"己"与"功""名"的区别，他见梁惠王的时候，便直言不讳说：

王何必曰利，亦有仁义而已矣！王曰：何以利吾国？大夫曰：何以利吾家？士庶人曰：何以利吾身？上下交征利，而国危矣！万乘之国弑其君者，必千乘之家；千乘之国弑其君者，必百乘之家。万取千焉，千取百焉，不为不多矣！苟为后义而先利，不夺不餍。未有仁而遗其亲者也；未有义而后其君者也。王亦曰仁义而已矣，何必曰利。②（《孟子·梁惠王上》）

孟子非常强调"义""利"之别，也就是区分"己"与"功""名"的不同，强调社会成员应以仁义指导自己的思想活动、行为方式。"利"是个人一己之私，是自己欲望的一部分，说到底还是"己"的一种表现，在孟子这里，"义"高于"利"，所以也就是"功"高于"己"。

台湾学者劳思光把自我划分为"形躯我""认知我""情意我""德性我"四种，孔子所提出之"仁""义"观念属于"德性我"。孔子曾有明显表示，当面临"形躯我"和"德性我"的取舍时，"形躯我"之生死、安适与否不足以计：

子曰："贤哉，回也！一箪食，一瓢饮，在陋巷，人不堪其忧，回也不改其乐。贤哉，回也！"③（《论语·雍也》）
子路愠见曰："君子亦有穷乎？"子曰："君子固穷，小人穷斯滥矣。"④（《论语·卫灵公》）

① （魏）何晏等注，（宋）邢昺疏：《论语注疏·里仁第四》，（清）阮元校刻：《十三经注疏》，第 2471 页。
② （汉）赵岐注，（宋）孙奭疏：《孟子注疏·梁惠王章句上》，（清）阮元校刻：《十三经注疏》，第 2665 页。
③ （魏）何晏等注，（宋）邢昺疏：《论语注疏·雍也第六》，（清）阮元校刻：《十三经注疏》，第 2478 页。
④ （魏）何晏等注，（宋）邢昺疏：《论语注疏·卫灵公第十五》，（清）阮元校刻：《十三经注疏》，第 2516 页。

　　子曰："志士仁人，无求生以害仁，有杀身以成仁。"①（《论语·卫
灵公》）

劳思光批判孔子对"形躯我"的忽略，和"德性我"相比较，在孔子心目中身
之生死，尚不足计，则其他形躯欲求更不待说，"形躯之苦乐、得失，甚至生
死，均非孔子重视之问题；盖'形躯我'在孔子思想中原无重要地位也"②。
劳思光强调在儒墨语境中，"形躯我"与"德性我"的关系是：

　　自我应依德性之要求，而处理形躯，故"求生"不是一标准，"杀身"
不足为虑。是故君子"谋道不谋食"，只用心于"是非"问题，不用心于
形躯欲求之满足；而"忧道不忧贫"，则是以德性为唯一关心之事，而不
以穷通得失为念。故孔子极赞颜回之不以穷困为意。……形躯生活
中之得失，本非自己所能控制者，故君子明德性之为本，念念在于得
正，虽穷困中亦然；世俗之人则随欲求而决定其行动，每在穷困中即放
弃一切标准。故孔子又说"穷斯滥"之义。③

　　在儒家伦理观念中，当"形躯我"和道德、仁义发生冲突时，应当牺牲
"形躯我"，不能因为生理欲望而影响道德价值的升华。《韩非子·和氏》中
"卞和献玉"讲述的就是一个"杀身成仁"的故事：

　　楚人和氏得玉璞楚山中，奉而献之厉王。厉王使玉人相之。玉人
曰："石也。"王以和为诳，而刖其左足。及厉王薨，武王即位。和又奉
其璞而献之武王；武王使玉人相之，又曰："石也。"王又以和为诳而刖
其右足。武王薨，文王即位。和乃抱其璞而哭于楚山之下，三日三夜，
泪尽而继之以血。王闻之，使人问其故，曰："天下之刖者多矣，子奚哭
之悲也？"和曰："吾非悲刖也，悲夫宝玉而题之以石，贞士而名之以诳，

①（魏）何晏等注，（宋）邢昺疏：《论语注疏·卫灵公第十五》，（清）阮元校刻：《十三经注疏》，第
　2517页。
②　劳思光：《新编中国哲学史》第1卷，桂林：广西师范大学出版社，2005年，第110页。
③　劳思光：《新编中国哲学史》第1卷，桂林：广西师范大学出版社，2005年，第110页。

此吾所以悲也。"①

卞和"抱其璞而哭于荆山之下"，"三天三夜，泪尽而继之以血"，他的悲痛不在于被刖双足（"非悲刖也"），而是因为"宝玉而题之以石，贞士而名之以诳"！这"贞士"之名，在卞和看来比双足更为重要，对道德的追求远远高于自身生理存在。卞和之所以对自己的双足毫不爱惜，是因为在他看来有更为重要的东西，那就是对道德价值的追求。儒家道德语境中人们为道德献身的事件并不是绝无仅有，明朝赵用贤及其后人赵士春的故事即是道德追求高于个体存在的明证。万历五年，朝廷发生张居正"夺情"事件，翰林院大臣赵用贤上疏弹劾张居正没有"守制丁忧"而受廷杖之刑。"用贤体素肥，肉溃落如掌，其妻腊而藏之"②，以示其"负不世之节"③。赵妻之所以要把赵用贤的肉"腊而藏之"，是将之用作其道德高超的证明。几十年后，赵用贤的后人赵士春在参劾另一起"夺情"案时凛然进谏："臣祖用贤，首论故相夺情，几毙杖下，腊败肉示子孙。臣敢背家学，负明主，坐视纲常扫地哉？"④在此，赵用贤的廷杖之苦，在其孙赵士春眼中显然是一种荣耀，这也是当年赵妻将败肉"腊而藏之"的目的所在。从这种把肉体的受虐带来的道德快感作为一种传世的荣耀来看，可以知道道德精神对于人有多么强大的统摄力。

总之，在庄子的"至人无己""神人无功""圣人无名"思想中，"无己""无功""无名"之间存在着层次上由低至高的差异，相应地，通向"三无"层次的三个途径——"齐物""齐论""齐语言"在其重要性上也有着由低到高的区别。庄子哲学思想的前提是这个世界秩序已经按儒墨标准建立，道德礼仪对人性的压抑已经根深蒂固，所以庄子哲学思想对儒墨的解构顺序是"无己""无功""无名"。

二、无己逍遥的获得：齐物

先秦典籍中，"物"最初指一种杂色的牛，《诗经·小雅·无羊》载："三

---

① （周）韩非撰，（清）顾广圻识误：《韩非子·和氏》，《二十二子》，第1130页。
② （清）张廷玉等：《明史·赵用贤列传》，北京：中华书局，1974年，第6000页。
③ （清）张廷玉等：《明史·赵用贤列传》，北京：中华书局，1974年，第6001页。
④ （清）张廷玉等：《明史·赵用贤列传》，北京：中华书局，1974年，第6002页。

十维物,尔牲则具。"毛传曰："异毛色者三十也。"① 故许慎《说文解字》曰："物,万物也。牛为大物,天地之数起于牵牛,故从牛。"② 后来随着词意的扩大,泛指天地万物。如《礼记·乐记》曰："物以群分,则性命不同矣。"③《礼记·中庸》载："诚者,物之终始。"④ 郑氏注曰："物,万物也。"⑤《荀子·正名》曰："万物虽众,有时而欲遍举之,故谓之物,物也者,大共名也。"⑥《淮南子·天文训》曰："阴阳之专精为四时,四时之散精为物。"⑦《周礼·天官·大宰》曰："九曰物贡。"⑧ "物"也可指社会及外界环境。如《荀子·劝学》载："君子生非异也。善假于物也。"⑨《礼记·乐记》曰："乐者,音之所由生也,其本在人心之感于物也。"⑩ 孔颖达疏云："物,外境也。言乐初所起在于人心之感外境也。"⑪ "物"也有事情、事件之义。《诗经·大雅·烝民》载："天生烝民,有物有则。"⑫ 孔颖达疏曰："凡言万物则万事也,故以物为事。"⑬《国语·周语上》曰："昭明物则以训之。"⑭ 韦昭注曰："物,事也;则,法也。"⑮

---

① (汉)毛亨传,(汉)郑玄笺,(唐)孔颖达等正义:《毛诗正义·小雅·无羊》,(清)阮元校刻:《十三经注疏》,第 438 页。
② (清)桂馥:《说文解字义证》,北京:中华书局影印湖北崇文书局刻本,1987 年,第 118 页。
③ (汉)郑玄注,(唐)孔颖达等正义:《礼记正义·乐记第十九》,(清)阮元校刻:《十三经注疏》,第 1531 页。
④ (汉)郑玄注,(唐)孔颖达等正义:《礼记正义·中庸第三十一》,(清)阮元校刻:《十三经注疏》,第 1633 页。
⑤ (汉)郑玄注,(唐)孔颖达等正义:《礼记正义·中庸第三十一》,(清)阮元校刻:《十三经注疏》,第 1633 页。
⑥ (周)荀况撰,(唐)杨倞注,(清)卢文弨、(清)谢墉校:《荀子·正名》,《二十二子》,第 343 页。
⑦ (汉)刘安撰,(汉)高诱注,(清)庄逵吉校:《淮南子·天文训》,《二十二子》,第 1215 页。
⑧ (汉)郑玄注,(唐)贾公彦疏:《周礼注疏·天官冢宰第一·大宰》,(清)阮元校刻:《十三经注疏》,第 648 页。
⑨ (周)荀况撰,(唐)杨倞注,(清)卢文弨、(清)谢墉校:《荀子·劝学》,《二十二子》,第 287 页。
⑩ (汉)郑玄注,(唐)孔颖达等正义:《礼记正义·乐记第十九》,(清)阮元校刻:《十三经注疏》,第 1527 页。
⑪ (汉)郑玄注,(唐)孔颖达等正义:《礼记正义·乐记第十九》,(清)阮元校刻:《十三经注疏》,第 1527 页。
⑫ (汉)毛亨传,(汉)郑玄笺,(唐)孔颖达等正义:《毛诗正义·大雅·烝民》,(清)阮元校刻:《十三经注疏》,第 568 页。
⑬ (汉)毛亨传,(汉)郑玄笺,(唐)孔颖达等正义:《毛诗正义·大雅·烝民》,(清)阮元校刻:《十三经注疏》,第 568 页。
⑭《国语·周语上》上册,上海:上海古籍出版社,1978 年,第 35 页。
⑮《国语·周语上》上册,上海:上海古籍出版社,1978 年,第 36 页。

　　"物"在《庄子》中意谓万事万物，人亦是万物之一。《庄子·齐物论》曰："天地与我并生，而万物与我为一。"《庄子·人间世》云："且也若与予也皆物也，奈何哉其相物也？"《庄子·秋水》曰："号物数谓之万，人处一焉。"《庄子·徐无鬼》亦云："夫子，物之尤也。"所以在庄子那里，"物"指宇宙万物，人亦是"物"之一部分。

　　人和万物一样虽然同是宇宙的一部分，但作为"四大"之一的人来说[1]，在世俗眼中人常常会和外物产生对待关系，一旦和万物相对待就会产生不和谐。《庄子·齐物论》曰：

> 　　一受其成形，不忘以待尽。与物相刃相靡，其行尽如驰，而莫之能止，不亦悲乎！终身役役而不见其成功，苶然疲役而不知其所归，可不哀邪！人谓之不死，奚益！其形化，其心与之然，可不谓大哀乎？（《庄子·齐物论》）

庄子在《达生》篇指出，人和外物产生这种相对待关系的原因是人受自我形躯之苦役，只有超越形体之累才可以与外物和谐相处。《庄子·达生》曰：

> 　　凡有貌象声色者，皆物也，物与物何以相远？夫奚足以至乎先？是色而已。（《庄子·达生》）

林希逸《南华真经口义》注解曰：

> 　　"貌象色声"，谓有形迹也。万物之物，皆拘于形。我若有迹，则与物同耳，则何以至乎未有物之先。人之局于一身而不能见乎万物之始者，皆是以迹自累，故曰"是色而已"。"色"，即迹也。[2]

成玄英疏云："夫形貌声色，可见闻者，皆为物也。（而）彼俱物，何足以远，

---

[1]　老子云："故道大，天大，地大，王亦大。域中有四大，而王居其一焉。"王弼注曰："天地之性人为贵，而王是人之主也。"见（周）李耳撰，（魏）王弼注，（唐）陆德明音义：《老子道德经·二十五章》，《二十二子》，第3页。

[2]　（宋）林希逸：《南华真经口义》，陈红映校点，昆明：云南人民出版社，2002年，第268页。

亦何足以先至乎？俱是声色故也。唯当非色非声，绝视绝听者，故能超貌象之外，在万物之先也。"①只有超越形色之束缚，方可在万物之先，因此，庄子追求的是不以形迹自累，超然貌象之外、万物之先的物我关系，这种物我相融的状态庄子称其为"不物"。《庄子·在宥》曰：

> 夫有土者，有大物也。有大物者，不可以物；物而不物，故能物物。明乎物物者之非物也，岂独治天下百姓而已哉！（《庄子·在宥》）

郭象注云："夫用物者，不为物用也。不为物用，斯不物矣。不物，故物天下之物，使各自得也。"②林希逸《南华真经口义》云：

> "物物"者，有心有迹也。"不物"者，无为而为，自然而然也。无为则无所不为，故曰："不物，故以物物。"③

罗勉道《南华真经循本》云：

> 大物者，只是一个大物。物物者，逐物分之也。不物者，不役于物也。天下乃是浑全一个大物，岂可分为物物，纤悉治之？惟能不役于物者，任其纷纷，不足以挠之。故云而不物故能物物。④

综合郭象的"使各自得也"与林希逸的"自然而然也"及罗勉道的"任其纷纷，不足以挠之"可见，庄子的"不物"观是指一种人和宇宙万物之间自然而然的和谐关系，即"齐物我"。故而，庄子反对那种物我不齐、以人为大的做法，《庄子·秋水》曰：

> 牛马四足，是谓天；落马首，穿牛鼻，是谓人。故曰，无以人灭天，

---

① （清）郭庆藩：《庄子集释》，王孝鱼点校，北京：中华书局，1961年，第635页。
② （清）郭庆藩：《庄子集释》，王孝鱼点校，北京：中华书局，1961年，第394页。
③ （宋）林希逸：《南华真经口义》，陈红映校点，昆明：云南人民出版社，2002年，第170页。
④ （宋）罗勉道：《南华真经循本》卷十二，《正统道藏》，上海：商务印书馆影印上海涵芬楼本，1924年，第11页。

无以故灭命，无以得殉名。(《庄子·秋水》)

人与宇宙万物最大的差异莫过于人是有生命的个体。对于人来说，生命具有重要意义，庄子对生命的看法是他"不物"观的延伸。庄子声称人的生与死是物的不同形态，因此生与死也就没有什么高下的本质区别了。《庄子·至乐》云：

> 察其始而本无生，非徒无生也而本无形，非徒无形也而本无气。杂乎芒芴之间，变而有气，气变而有形，形变而有生，今又变而之死，是相与为春秋冬夏四时行也。(《庄子·至乐》)

人的生死和物的成毁一样，只是"气"的聚散，生或死只是"气"的一种形式，所以二者没有什么差异。只要一切因循自然，不加作为地看待生死，就能"齐死生"了，因而没有必要乐生忧死，所以《庄子·至乐》云："人之生也，与忧俱生，寿者惛惛，久忧不死，何苦也！"

从"万物"到"物我"再到"生死"，是人与宇宙之间一种由疏到近的关系。《庄子·达生》这样论及人的生命现象与"物"的关系："养形必先之以物，物有余而形不养者有之矣；有生必先无离形，形不离而生亡者有之矣。"(《庄子·达生》)此处表述的是生命存在对"物""形""生"的渐次依赖层次和关系。在齐物的视野下，我们下面分别从"齐万物""齐物我""齐生死"三个角度来探讨"逍遥游"的最初层面"无己"逍遥(即"齐物")的获得问题。

(一)齐万物：齐物的第一个层面

庄子论及万物齐一的地方很多，如："天地一指也，万物一马也"(《庄子·齐物论》)、"厉与西施，恢恑憰怪，道通为一"(《庄子·齐物论》)、"万物皆一"(《庄子·德充符》)、"乃入于寥天一"(《庄子·大宗师》)、"万物虽多，其治一也"(《庄子·天地》)、"万物一齐"(《庄子·秋水》)、"夫天下也者，物之所一也，得其所一而同焉"(《庄子·田子方》)等等。这些论述从不同角度表达了庄子的天地万物为一体思想。

庄子总的思想是"体道"，是与道一体，"齐物"正是"体道"的一部分。

通过对"道"与"物"关系的分析，我们可以明白"齐万物"正是通往"道"的一个途径。

首先，道家认为宇宙是一个由最初的本源不断生化而形成万物的过程，而这一生化过程是一个坠落过程。如老子认为：

> 大道废，有仁义；智慧出，有大伪；六亲不和，有孝慈；国家昏乱，有忠臣。[①]（《老子道德经·十八章》）
>
> 失道而后德，失德而后仁，失仁而后义，失义而后礼。夫礼者，忠信之薄而乱之首。[②]（《老子道德经·三十八章》）

承继老子之思想，庄子亦以"坠落"论天地大化。如庄子认为：

> 古之人，其知有所至矣。恶乎至？有以为未始有物者，至矣，尽矣，不可以加矣。其次以为有物矣，而未始有封也。其次以为有封焉，而未始有是非也。是非之彰也，道之所以亏也。道之所以亏，爱之所以成。（《庄子·齐物论》）
>
> 泰初有无，无有无名；一之所起，有一而未形。物得以生，谓之德；未形者有分，且然无间，谓之命；留动而生物，物成生理，谓之形；形体保神，各有仪则，谓之性。性修反德，德至同于初。同乃虚，虚乃大。合喙鸣；喙鸣合，与天地为合。其合缗缗，若愚若昏，是谓玄德，同乎大顺。（《庄子·天地》）

这种分化是一种远离"道"的行为，是对"道"的伤害，《庄子·应帝王》曰：

> 南海之帝为儵，北海之帝为忽，中央之帝为浑沌。儵与忽时相与遇于浑沌之地，浑沌待之甚善。儵与忽谋报浑沌之德，曰："人皆有七窍以视听食息，此独无有，尝试凿之。"日凿一窍，七日而浑沌死。（《庄子·应帝王》）

---

① （周）李耳撰，（魏）王弼注，（唐）陆德明音义：《老子道德经·十八章》，《二十二子》，第2页。
② （周）李耳撰，（魏）王弼注，（唐）陆德明音义：《老子道德经·三十八章》，《二十二子》，第4页。

分化既然是对"道"的分离，那么挽回分化的办法就是"齐万物"，因此，庄子宣称：

> 物固有所然，物固有所可；无物不然，无物不可。故为是举莛与楹，厉与西施，恢诡憰怪，道通为一。（《庄子·齐物论》）

"齐万物"的理想境界是重新回到"道"的整一状态，只有如此才可以"游心于物之初"（《庄子·田子方》），才能实现对"道"的回归。

其次，从"道"与"物"的关系看，"道"无所不在，体现在世俗万物之中，万物都分有"道"。《庄子·知北游》曰：

> 东郭子问于庄子曰："所谓道，恶乎在？"庄子曰："无所不在。"东郭子曰："期而后可。"庄子曰："在蝼蚁。"曰："何其下邪？"曰："在稊稗。"曰："何其愈下邪？"曰："在瓦甓。"曰："何其愈甚邪？"曰："在屎溺。"（《庄子·知北游》）

正因为道无处不在，体现在万物之中，因此以道观之，万物莫不齐一。

第三，从"得道"的程序来看，"得道"必先"齐物"。《庄子·大宗师》中，女偊向南伯子葵讲述"学道"的方法时说：

> 吾犹守而告之，三日而后能外天下；已外天下矣，吾又守之，七日而后能外物；已外物矣，吾又守之，九日而后能外生。（《庄子·大宗师》）

这个由浅入深的体道过程，也即我们前文陈述的"齐物"所内含的"齐万物""齐物我""齐生死"三个层面。正如前文所引，钟泰强调这是一个逐步增进的体道过程："'外物'后于'外天下'者，天下远而物近也。'外生'复后于'外物'者，生亲而物疏也。"①"外天下"即"齐万物"，"外物"即"齐物我"，"外生"即"齐生死"。总之，"学道"必先"外物"，而"齐物"三个层面中尤以

---

① 钟泰：《庄子发微》，上海：上海古籍出版社，2002年，第147页。

"齐万物"为最先。

最后，我们从万物变化的角度看庄子的齐物观。庄子认为，宇宙变化、万物生灭正是由于"气"的运动不息所造成的。他说：

> 察其始而本无生，非徒无生也而本无形，非徒无形也而本无气。杂乎芒芴之间，变而有气，气变而有形，形变而有生，今又变而之死，是相与为春秋冬夏四时行也。（《庄子·至乐》）

万物的变化，就整个自然的观点来看，是循环不息的，《庄子·寓言》曰：

> 万物皆种也，以不同形相禅，始卒若环，若得其伦，是谓天均。（《庄子·寓言》）

所谓"皆种也"，就是指万物中的任何一物在宇宙中都是产生其他变化的种子。所以物与物之间可以相互转变，只是形状不同而已。因此宇宙万物的变化是一个循环，根本没有开端，没有结尾，遑论万物的区别了。由此，庄子得出一个重要结论："通天下一气也！"（《庄子·知北游》）也即以道观之，天下万物齐一。

（二）齐物我：齐物的第二个层面

《荀子·解蔽》考察先秦诸子时，评价庄子曰："庄子蔽于天而不知人！"[①]然而我们认真研读《庄子》就会发现，庄子并非不关注人，只是关注的方式不同罢了。庄子主要从人的负面意义上关注人性发展，通过对社会异化和主体异化的揭示，使人看到人与社会的对立和人与自己的对立，从而避免伤身残性的事情发生。

人与社会对立和人与自己对立的主要原因在于人为物役，"天下莫不以物易其性矣"（《庄子·齐物论》）。"人为物役"是物我关系中人性囿于物性的一种表现。"物"使人丧失了自然的本性，"丧己于物，失性于俗"（《庄子·缮性》），生命的意义被严重扭曲，消弭人与社会的对立及人与自己对

---

① （周）荀况撰，（唐）杨倞注，（清）卢文弨、（清）谢墉校：《荀子·解蔽》，《二十二子》，第340页。

立的方法就是"齐物我"。

方东美在其《原始儒家道家哲学》中指明,一个人要获得真正的精神自由,就是在自己的生命宇宙里面自做精神主宰,方氏把这精神自由看作是与外物相融合的能力,也即"齐物我":

> 庄子的精神表现在哪儿呢?在"天地与我并生,万物与我为一"。所谓"天地与我并生",是说一个人同广大宇宙的"敌意"化除掉了。在哲学上面就是说这个人有一种同宇宙相契合的能力。把个体的精神可以化除掉,而投入宇宙里面的造物主。然后每个人在精神上变做造物主的化身。①

人有了这种同宇宙相契合的能力就会消解人与物形成的对立关系,就不会丧失自然的本性。保持人的心灵健全,追求一种"放德而行"的人性,是庄子解构物我关系的目的。

1. 放德而行:庄子对自由人性的向往

庄子所生活的时期战乱频仍,生灵涂炭,人们生活极其不稳定。诸子百家抱着济世救人的目的积极推行自己的思想,他们从现实出发,对"人性"和"世界"予以各种不同的理解与诠释,给社会开出不同的"济世良方"。在对人性的诠释中,孟子主性善,荀子倡性恶。无论是扬善抑或抑恶,其理论立场都是社会性的,都是从社会整体的立场出发,倡导一种自我牺牲精神,对人类个体的行为界定出一条取舍标准,划出一条是非界限,以便对人类个体的行为进行道德上的约束和政治上的控制。

荀子认为人性本恶,所以一定要用礼义对其加以约束,《荀子·性恶》篇曰:

> 人之性恶,其善者伪也。今人之性,生而有好利焉,顺是,故争夺生而辞让亡焉;生而有疾恶焉,顺是,故残贼生而忠信亡焉;生而有耳目之欲,有好声色焉,顺是,故淫乱生而礼义文理亡焉。然则从人之

---

① 方东美:《原始儒家道家哲学》,北京:中华书局,2012年,第237页。

性，顺人之情，必出于争夺，合于犯分乱理，而归于暴。故必将有师法之化，礼义之道，然后出于辞让，合于文理，而归于治。用此观之，然则人之性恶明矣，其善者伪也。①

孟子强调人性本善，仁义礼智是人的本质，所以孟子主张用仁义来引导人的行为，孟子曰：

> 桀纣之失天下也，失其民也。失其民者，失其心也。得天下有道，得其民，斯得天下矣。得其民有道，得其心，斯得其民矣。得其心有道，所欲与之聚之，所恶勿施尔也。民之归仁也，犹水之就下，兽之走圹也。②（《孟子·离娄上》）
>
> 恻隐之心，人皆有之；羞恶之心，人皆有之；恭敬之心，人皆有之；是非之心，人皆有之。恻隐之心，仁也；羞恶之心，义也；恭敬之心，礼也；是非之心，智也。仁义礼智，非由外铄我也，我固有之也。③（《孟子·告子上》）

庄子也是在对"人性"和"世界"的独特理解的基础上，于继承老子、反对儒墨等各家的过程中建构自己的思想体系，但他追求的是　种物我相融、天放自然的人性观。

关于人之本性，《庄子·庚桑楚》云：

> 性者，生之质也。性之动，谓之为，为之伪，谓之失。（《庄子·庚桑楚》）

郭象注云："以性自动，故称为耳，此乃真为，非有为也。"④成玄英疏曰："质，本也。自然之性者，是禀生之本也"，"感物而动，性之欲也。矫性伪

① （周）荀况撰，（唐）杨倞注，（清）卢文弨、（清）谢墉校：《荀子·性恶》，《二十二子》，第 346 页。
② （汉）赵岐注，（宋）孙奭疏：《孟子注疏·离娄章句上》，（清）阮元校刻：《十三经注疏》，第 2721 页。
③ （汉）赵岐注，（宋）孙奭疏：《孟子注疏·告子章句上》，（清）阮元校刻：《十三经注疏》，第 2749 页。
④ （清）郭庆藩：《庄子集释》，王孝鱼点校，北京：中华书局，1961 年，第 811 页。

情，分外有为，谓之丧道也"①。

所以，所谓本性，是指人作为天地之间与万物平等的那固有的、自然而然的、放德而行的样子。《庄子·天道》云：

> 则天地固有常矣，日月固有明矣，星辰固有列矣，禽兽固有群矣，树木固有立矣。夫子亦放德而行，循道而趋，已至矣。(《庄子·天道》)

成玄英把"放德而行"称为"放任己德而逍遥行世"，成氏疏曰：

> 有识禽兽，无情草木，各得生立，各有群分，岂资仁义，方获如此！
>
> …… ……
>
> 循，顺也。放任己德而逍遥行世，顺于天道而趋步人间，人间至极妙行，莫过于此也。②

林希逸把庄子的这种天地万物的"德"称为"自然之造化""自然之道"，一旦依循了"道"，放德而行，就可以达到人生极致：

> 欲使天下无失其所养，则天地之间，物物皆有自然之造化，何可容力！但当依放自然之德，循行自然之道，能如此已为极矣，故曰"已至矣"。③

冯友兰陈述人心获得自由幸福的条件是自由发展人的自然本性，也就是充分自由发挥人的自然能力，即"放德而行"。冯氏论述：

> (这种充分发挥我们自然的能力)就是我们的"德"，"德"是直接从"道"来的。庄子对于道、德的看法同老子的一样。例如他说："泰初有无。无有无名，一之所起。有一而末形。物得以生谓之德。"(《庄子·天地》)所以我们的"德"，就是使我们成为我们者。我们的这个"德"，

---

① (清)郭庆藩：《庄子集释》，王孝鱼点校，北京：中华书局，1961年，第811页。
② (清)郭庆藩：《庄子集释》，王孝鱼点校，北京：中华书局，1961年，第480页。
③ (宋)林希逸：《南华真经口义》，陈红映校点，昆明：云南人民出版社，2002年，第208页。

即自然能力，充分而自由地发挥了，也就是我们的自然本性充分而自由地发展了，这个时候我们就是幸福的。①

在庄子思想中"德"是一种自由自在的状态，是人的自然本性。安继民在《道家双峰——老庄思想合论》中指出，庄子人性论是站在人类个体的立场上，认为人一旦降生，就从自然造化那里获得了一份独有的禀赋，即所谓"德"。"德"具有如下特点：

> "德"是"道"的分项，是"一"在"多"中的显现，"德"和"道"一样，具有完全相同的绝对不可变异的自然存在性质，这就是人的自然天性。人性得之于天，得之于自然和造化，因而它也是"自古以固存"的，任何企图改变人的自然天性的努力都是徒劳的。②

庄子注重对个体的人、对个人心灵的关怀，使人的自然天性不被改变。他所追求的是人性能达到一种逍遥自在状态，获得这种逍遥的最大标志是人心的自由幸福。这种"德"正如弗洛姆在其《爱的艺术》中指出的，人类所要追求的事物的全体，包括精神世界、爱、真理与正义，而最重要的是获得全面展开自己人性力量的机会。"生活之所以有意义，只是因为他有机会去全面展开自己的人性力量——只是因为这个惟一重要的实在，只是因为这个终极关怀的惟一对象。"③这种"全面展开自己的人性力量"就是"放德而行"，人只有能够全面展开自己的人性力量才可逍遥自由，生活才有意义。

人生存于天地间，与万物有着千丝万缕的联系，对物我关系的思考是人有自我意识以后的首要思考。弗洛姆把人思考物我关系的能力叫作天然的理性，人只有与世界相融合、相沟通才能保持正常的人性：

> 人天然具有理性；他是能够意识到自己存在的生命。人能意识到他自己、他的同伴、他的过去以及未来发展的可能性。对自身作为一

---

① 冯友兰：《中国哲学简史》，涂又光译，北京：北京大学出版社，2013 年，第 103 页。
② 安继民、高秀昌、王守国：《道家双峰——老庄思想合论》，开封：河南大学出版社，2001 年，第 138 页。
③ （美）弗洛姆：《爱的艺术》，赵正国译，北京：国际文化出版公司，2004 年，第 78 页。

个单独实体的意识，对自身短暂生命历程的意识，对自己无意志而生、反意志而死的事实的意识，对他会先于自己所爱的人而去或者自己所爱的人先于自己而去的意识，对自身孤独与疏离的意识，对自己处在大自然与人类社会中无力感的意识；所有这些意识都使他孤独、破碎的存在变成无法忍受的牢狱。如果他不能把自己从这样的牢狱中解放出来，如果他不能以这种或那种方式同他人、同外部世界沟通起来，那么他就会发狂。①

如弗氏所言，主体如果"不能以这种或那种方式同他人、同外部世界沟通起来，那么他就会发狂"，这种人与外部世界的疏离就是"人为物役"。"人为物役"使人失去了独立的人格和精神的自由。取消这种对立性而达到"万物与我为一"（《庄子·齐物论》）的方法是"齐物我"，就是彰显人的"德"。人这样才算"同他人、同外部世界沟通起来"了。

先秦诸典籍中，"德"这一范畴主要作为一种价值判断而出现，指德行、品德，用以指导人的行为规范，属于伦理学范畴。许慎《说文解字》曰："德，升也。"②《尚书·周书·洪范》载："三德，一曰正直，二曰刚克，三曰柔克。"③孔颖达疏云："此三德者，人君之德，张弛有三也。一曰正直，言能正人之曲使直；二曰刚克，言刚强而能立事；三曰柔克，言和柔而能治。"④《尚书·周书·康诰》载："惟乃丕显考文王。克明德慎罚，不敢侮鳏寡，庸庸，祗祗，威威，显民。"⑤《尚书·夏书·召诰》载："王其疾敬德"，"王敬作所，不可不敬德"⑥。《周礼·地官·师氏》载："以三德教国子：一曰至德，以为道本；二曰敏德，以为行本；三曰孝德，以知逆恶。"⑦郑玄注云："德行，内外

① （美）弗洛姆：《爱的艺术》，赵正国译，北京：国际文化出版公司，2004年，第11—12页。

② （清）桂馥：《说文解字义证》，北京：中华书局影印湖北崇文书局刻本，1987年，第163页。

③ （汉）孔安国传、（唐）孔颖达等正义：《尚书正义·周书·洪范》，（清）阮元校刻：《十三经注疏》，第190页。

④ （汉）孔安国传、（唐）孔颖达等正义：《尚书正义·周书·洪范》，（清）阮元校刻：《十三经注疏》，第190页。

⑤ （汉）孔安国传、（唐）孔颖达等正义：《尚书正义·周书·康诰》，（清）阮元校刻：《十三经注疏》，第203页。

⑥ （汉）孔安国传、（唐）孔颖达等正义：《尚书正义·夏书·召诰》，（清）阮元校刻：《十三经注疏》，第2012—213页。

⑦ （汉）郑玄注、（唐）贾公彦疏：《周礼注疏·地官司徒第二·师氏》，（清）阮元校刻：《十三经注疏》，第730页。

之称,在心为德,施之为行。"①《春秋左传正义·僖公二十五年》:"德以柔
中国,刑以威四夷。"②《春秋左传正义·成公十六年》载:"德、刑、详、义、
礼、信,战之器也。德以施惠,刑以正邪,详以事神,义以建利,礼以顺时,信
以守物,民生厚而德正。"③《孟子·梁惠王上》曰:"德何如则可以王矣?"④
赵氏注曰:"德行当何如而可得以王乎?"⑤这个问题是对孟子"仁者无敌"
德治思想的引起。孔子也多次论及"德":

> 为政以德,譬如北辰,居其所,而众星共之。⑥(《论语·为政》)
>
> 道之以政,齐之以刑,民免而无耻;道之以德,齐之以礼,有耻且
> 格。⑦(《论语·为政》)
>
> 德之不修,学之不讲,闻义不能徙,不善不能改,是吾忧也。⑧
> (《论语·述而》)
>
> 志于道,据于德,依于仁,游于艺。⑨(《论语·述而》)
>
> 何以报德? 以直报怨,以德报德。⑩(《论语·宪问》)

　　道家之"德"与上述之"德"不同,道家之"德"主要指得道之人的自然本
性与最高的修养境界。老子对道家之"德"多有论述:

> 常德不离,复归于婴儿。⑪(《老子道德经·二十八章》)

---

① (汉)郑玄注,(唐)贾公彦疏:《周礼注疏·地官司徒第二·师氏》,(清)阮元校刻:《十三经注
　疏》,第 730 页。
② (晋)杜预注,(唐)孔颖达等正义:《春秋左传正义·僖公二十五年》,(清)阮元校刻:《十三经注
　疏》,第 1821 页。
③ (晋)杜预注,(唐)孔颖达等正义:《春秋左传正义·成公十六年》,(清)阮元校刻:《十三经注
　疏》,第 1917 页。
④ (汉)赵岐注,(宋)孙奭疏:《孟子注疏·梁惠王章句上》,(清)阮元校刻:《十三经注疏》,第 2670 页。
⑤ (汉)赵岐注,(宋)孙奭疏:《孟子注疏·梁惠王章句上》,(清)阮元校刻:《十三经注疏》,第 2670 页。
⑥ (魏)何晏等注,(宋)邢昺疏:《论语注疏·为政第二》,(清)阮元校刻:《十三经注疏》,第 2461 页。
⑦ (魏)何晏等注,(宋)邢昺疏:《论语注疏·为政第二》,(清)阮元校刻:《十三经注疏》,第 2461 页。
⑧ (魏)何晏等注,(宋)邢昺疏:《论语注疏·为政第二》,(清)阮元校刻:《十三经注疏》,第 2481 页。
⑨ (魏)何晏等注,(宋)邢昺疏:《论语注疏·为政第二》,(清)阮元校刻:《十三经注疏》,第 2481 页。
⑩ (魏)何晏等注,(宋)邢昺疏:《论语注疏·宪问第十四》,(清)阮元校刻:《十三经注疏》,第 2513 页。
⑪ (周)李耳撰,(魏)王弼注,(唐)陆德明音义:《老子道德经·二十八章》,《二十二子》,第 3 页。

上德若谷，大白若辱，广德若不足。[①]（《老子道德经·四十一章》）

含德之厚，比于赤子。[②]（《老子道德经·五十五章》）

玄德深矣远矣，与物反矣。[③]（《老子道德经·六十五章》）

刘笑敢在其《庄子哲学及其演变》中论述庄子的"德"基本继承于老子，和老子一样，庄子之"德"也有两层涵义："德"的第一层涵义指淳朴的自然本性，如《庄子·应帝王》曰：

有虞氏不及泰氏。有虞氏，其犹藏仁以要人；亦得人矣，而未始出于非人。泰氏，其卧徐徐，其觉于于；一以己为马，一以己为牛；其知情信，其德甚真，而未始入于非人。（《庄子·应帝王》）

虞舜比不上伏羲氏，虞舜心怀仁义以笼络人心，获得了百姓的拥戴，不过他还是不能跳出人为的物我两分困境。伏羲氏睡卧时宽缓安适，觉醒时悠游自得；听任有的人把自己看作马，听任有的人把自己看作牛；才思真实无伪，德行纯真可信，而且从不曾涉入物我两分的困境。这种"齐物我"的世界观是真正淳朴的自然本性，可谓通物之情者也！正因为能够齐物我、通物情，所以万物与我为一，可以循道而趋，无为逍遥。

"德"的第二层涵义是指最高的修养境界。如《庄子·德充符》云：

平者，水停之盛也。其可以为法也，内保之而外不荡也。德者，成和之修也。德不形者，物不能离也。（《庄子·德充符》）

所谓"德"，就是事得以成功、物得以顺和的最高修养。德虽然不外露，但是外物却自然而然地依赖而不能离开它。

世人争名求利便是对淳朴的自然本性的破坏，至人要保持淳朴的自然本性就要进行修养，由此"德"的"自然本性"和"修养境界"两个特点是一致的。刘笑敢宣称：

---

① （周）李耳撰，（魏）王弼注，（唐）陆德明音义：《老子道德经·四十一章》，《二十二子》，第5页。

② （周）李耳撰，（魏）王弼注，（唐）陆德明音义：《老子道德经·五十五章》，《二十二子》，第6页。

③ （周）李耳撰，（魏）王弼注，（唐）陆德明音义：《老子道德经·六十五章》，《二十二子》，第7页。

　　所谓"德者，成和之修"，说明德是最高的修养。关于"成和"，宣颖云："修太和之道既成，乃名为德也"（《南华经解》），陈鼓应曰："成和之修，完满纯和的修养"。最高修养境界的特点是"和"，即和谐圆满之意，实际也就是涵养和保持淳朴无分的自然本性。所以庄子所谓德的两个意义是完全一致的。①

学者李霞强调，因为"德"是决定某物之成为某物的内在特质，所以"德"是物之须臾不能离者。李霞指出，庄子之"德"内涵主要有三：

　　其一，它是得于"道"而构成人的生命内在特质的东西。《天地》篇说，"物得以生谓之德"。意即"德"是万物得于"道"而构成自身生成条件的东西，就生命物来说，这个东西应是指生命力。其二，"德"是"道"的自然纯朴性在人性中的体现，也就是人得于"道"以后形成的发乎天真、顺乎自然的内在品德。其三，"德"是"道"的整体体现者，是"道"在生命体中的完整呈现。这三种意义上的"德"，庄子都视之为生命存在的内在根据，有此"德"是生命保持其本真意义而不致异化的内在保证。②

"德"是物之所以成为物者，所以人要保全自己的自然本性就要顺从生命的本性和自然之道而立身行事，一个人只有依据内在德性立身行事，才能保持生命的朴真而不致异化。《庄子・秋水》云：

　　至德者，火弗能热，水弗能溺，寒暑弗能害，禽兽弗能贼。非谓其薄之也，言察乎安危，宁于祸福，谨于去就，莫之能害也。故曰，天在内，人在外，德在乎天。知天人之行，本乎天，位乎得；蹢躅而屈伸，反要而语极。（《庄子・秋水》）

拥有"德"是物我关系中使人不役于物的保证，拥有最高"德"的人，也就是

---

① 刘笑敢：《庄子哲学及其演变》（修订版），北京：中国人民大学出版社，2010年，第133—134页。
② 李霞：《生死智慧——道家生命观研究》，北京：人民出版社，2004年，第88页。

体悟"道"的人，其生命力最旺盛，对生命的把握最准确，具有抵御一切外在祸害的能力。至德之人之所以能抵御外在祸害，是因为与道偕游，齐一物我。人与外部世界如果不能达到这种"放德而行"的境界，就会产生与外物的疏离感。弗洛姆在《爱的艺术》中强调疏离就是切断与外界的联系，就是物我相分离、相对待，是对人淳朴之德的异化：

> 疏离感的体验产生焦躁。确实，孤独的感觉是所有焦躁的根源。疏离，就意味着被切断了所有跟外界的联系，这样人也就不能发挥任何人类的力量。因此，疏离也就意味着无助，意味着不能主动地把握这个世界——事物跟人。也就意味着这个世界可以毁灭我，而我实际上毫无还手之力。这样，疏离就成为极度焦躁的根源。①

弗氏因此宣称："人类最深层次的需要是克服疏离感，是逃离孤独监狱的需要。"②克服疏离感、与物相谐或曰物我齐一是保证人性自由健康的必要条件，而达到这种"放德而行"的途径则是"吾丧我"。

2. 吾丧我：自由人性（"德"）的获得

为了更好地了解人的本性所达到的自由自在状态（"德"的状态），我们有必要对庄子的人性观进行探讨。庄子认为人性有如下的特点：

> 人心排下而进上，上下囚杀，淖约柔乎刚强。廉刿雕琢，其热焦火，其寒凝冰。其疾俯仰之间而再抚四海之外，其居也渊而静，其动也县而天。偾骄而不可系者，其唯人心乎！（《庄子·在宥》）

由于人心有这样的特点，使人心自由的方法自然就是不要"排下""进上"，否则，人心就会被"囚杀"。也就是说，由于人心"偾骄而不可系"，所以"不系"是对待人心的最好办法。

庄子指出八种"系"人心的情况：

---

① （美）弗洛姆：《爱的艺术》，赵正国译，北京：国际文化出版公司，2004年，第12页。
② （美）弗洛姆：《爱的艺术》，赵正国译，北京：国际文化出版公司，2004年，第14页。

> 而且说明邪？是淫于色也；说聪邪？是淫于声也；说仁邪？是乱
> 于德也；说义邪？是悖于理也；说礼邪？是相于技也；说乐邪？是相于
> 淫也；说圣邪？是相与艺也；说知邪？是相于疵也。（《庄子·在宥》）

要想使人心自由自在，以"安其性命之情"，就得排除这八种情况的干扰，这是"撄人心"的主要方面。另外，庄子在《庚桑楚》篇认为有二十四种因素扰乱了人的心灵世界：

> 贵富显严名利六者，勃志也。容动色理气意六者，谬心也。恶欲
> 喜怒哀乐六者，累德也。去就取与知能六者，塞道也。（《庄子·庚桑
> 楚》）

以外物作为追求的对象，就必然受外部对象的制约和左右，这是"有待"的。人若有了物欲，就不能自由，追求物欲必然要掩盖天机，定然会"勃志""谬心""累德""塞道"，"其耆欲深者，其天机浅"（《庄子·大宗师》）。人越是与物相争，就越背离淳朴之德，正所谓"功利机巧必忘夫人之心"（《庄子·天地》）。庄子的这一思想来自对老子的继承[①]和对儒家思想[②]的反拨，从这一点我们就可以管窥儒、道两家对人和社会的看法之不同：儒家追求的是一种"无邪"之"思"，所以重共性，重社会性及道德规范；而道家追求的是一种"无言"之"美"，所以重个性，重心灵及自由幸福。庄子看重的是人，关注着人的心灵及人心的"喜怒哀乐，虑叹变慹，姚佚启态"之情。《庄子》一书中，"情"有两种含义：一种是"欲望"之情，一种是"性命"之情。《庄子·德充符》有庄子和惠子一段关于"情"的讨论：

> 惠子谓庄子曰："人故无情乎？"庄子曰："然。"惠子曰："人而无情，
> 何以谓之人？"庄子曰："道与之貌，天与之形，恶得不谓之人？"惠子曰：

[①]《老子道德经·十二章》云："五色令人目盲，五音令人耳聋，五味令人口爽，驰骋畋猎令人心发狂，难得之货令人行妨。是以圣人为腹不为目，故去彼取此。"见（周）李耳撰，（魏）王弼注，（唐）陆德明音义：《老子道德经·十二章》，《二十二子》，第 2 页。

[②]《论语·季氏》云："君子有九思：视思明，听思聪，色思温，貌思恭，言思忠，事思敬，疑思问，忿思难，见得思义。"见《论语注疏·季氏第十六》，（清）阮元校刻：《十三经注疏》，第 2522 页。

"既谓之人，恶得无情？"庄子曰："是非吾所谓情也。吾所谓无情者，言人之不以好恶内伤其身，常因自然而不益生也。"惠子曰："不益生，何以有其身？"庄子曰："道与之貌，天与之形，无以好恶内伤其身。今子外乎子之神，劳乎子之精，倚树而吟，据槁梧而瞑。天选子之形，子以坚白鸣！"（《庄子·德充符》）

由欲望心知产生的"欲望"之情，也即是上面所说的惠子之情，庄子认为此情会"内伤其身"，所以要加以破除。但是对于另一种与"性"同义的"性命"之情，即"不以好恶内伤其身，常因自然而不益生"之情，庄子还是要大力提倡，这种情即为"大情"。蒋锡昌把感情用事的"情"称为"小情"，把天道的必然性称为"大情"：

> 天道有必然性，一切万物皆受此必然性之支配。不以人之好恶而有所增减，有所改变。故人如感情用事，于外界之物，非特无丝毫影响，其结果反苦自己。[①]

秦毓鎏在其《读庄穷年录》序言中论述庄子之情，认为正是因为庄子多情才提倡"无情"，即"其情愈富，其爱愈薄"：

> 周之绝情，正其情之过人也。夫从古出类拔萃之圣人未有不富于情者，其情愈富，其爱愈薄，故能以万物之情为情，而欲使之各得其所。正如天行之不可逃，忧患之不可御，大同至乐之境之终无由。至于是悲天悯人，毅然以救世为己任。[②]

庄子因为心怀天下，"毅然以救世为己任"，所以扬弃"不益生"的小情，"以万物之情为情"，以御世之忧患，以实现"大同至乐之境"。庄子所要否定的是"不益生"的"欲望"之情，这是一种小情；庄子所要坚持的是"常因自然"的"性命之情"，也就是"德"，这是一种大情。

---

① 蒋锡昌：《庄子哲学》，上海：商务印书馆，1937 年，第 31 页。
② 秦毓鎏：《读庄穷年录》自序，北京：国家图书馆藏 1917 年 3 月线装铅印本，第 1 页。

徐复观在其《中国艺术精神》中陈述,人只有超越欲望之情,才能与万物相通,只有全盘呈现其性情,才能实现精神自由:

> 庄子以虚无言德,以虚静言性言心,只是要从欲望心知中超脱出来;而虚无虚静的自身,并不是没有作用。正相反的,从超脱出来之心所直接发出的作用,这是与天地万物相通的作用。庄子的忘知去欲,正因为知与欲是此一作用的障蔽。他所追求的精神自由,实际乃是由性由心所流出的作用的全般呈现。此作用的一面是"光"、是"明";另一面又实含有不仁的"大仁",及"自适其适"的"天乐""至乐"在里面。①

庄子在另一段文本中也谈到这种"大情",《庄子·天地》云:

> 上神乘光,与形灭亡,此谓照旷。致命尽情,天地乐而万事销亡,万物复情,此之谓混冥。(《庄子·天地》)

徐复观强调指出上述之"情"是由"德"与"性"所直接生发,"无情"乃是"大情","庄子之所谓无情,乃是无掉束缚于个人生理欲望之内的感情,以超越上去,显现出与天地万物相通的'大情'"。② 冯友兰把庄子思想和斯宾诺莎理论对举,认为由于圣人对万物自然本性有理解,他的心就再也不受世界变化的影响,就不再依赖外界事物,因而他的幸福也不受外界的限制:

> 圣人对万物的自然本性有完全的理解,所以无情。可是这并不是说他没有情感。这宁可说是,他不为情所扰乱,而享有所谓"灵魂的和平"。如斯宾诺莎说的:"无知的人不仅在各方面受到外部原因的扰乱,从未享受灵魂的真正和平,而且过着对上帝、对万物似乎一概无知的生活,活着也是受苦,一旦不再受苦了,也就不再存在了。另一方面,有知的人,在他有知的范围内,简直可以不动心,而且由于理解他

---

① 徐复观:《中国艺术精神》,沈阳:春风文艺出版社,1987年,第78—79页。(按:着重号为原文所有。)
② 徐复观:《中国艺术精神》,沈阳:春风文艺出版社,1987年,第79页。(按:着重号为原文所有。)

自己、上帝、万物都有一定的永恒的必然性,他也就永远存在,永远享
受灵魂的和平。"(《伦理学》,第五部分,命题 XLⅡ)①

人获得心灵自由的方法是超越自身欲望,人心一旦偏执于这种"不益生"的
"欲望"之情,便会自生烦恼。《庄子·齐物论》曰:

> 其寐也魂交,其觉也形开,与接为构,日以心斗。缦者,窖者,密
> 者。小恐惴惴,大恐缦缦。其发若机栝,其司是非之谓也;其留如诅
> 盟,其守胜之谓也;其杀若秋冬,以言其日消也;其溺之所为之,不可使
> 复之也;其厌也如缄,以言其老洫也;近死之心,莫使复阳也。喜怒哀
> 乐,虑叹变慹,姚佚启态;乐出虚,蒸成菌。日夜相代乎前,而莫知其所
> 萌。(《庄子·齐物论》)

庄子的这一思想来自老子的"吾所以有大患者,为吾有身,及吾无身,吾有
何患?"②老子的"吾"与"身"的关系到庄子那里发展为"吾"与"我"的关系。
对于"吾"与"我"的关系,庄子追求的是一种"吾丧我"的境界。《庄子·齐
物论》曰:

> 南郭子綦隐机而坐,仰天而嘘,答焉似丧其耦。颜成子游立侍乎
> 前,曰:"何居乎?形固可使如槁木,而心固可使如死灰乎?今之隐机
> 者,非昔之隐机者也。"子綦曰:"偃,不亦善乎,而问之也!今者吾丧
> 我,汝知之乎?"(《庄子·齐物论》)

关于"吾"和"我"的区别,林希逸从欲望有无的角度来判断,人受限于一己

---

① 冯友兰:《中国哲学简史》,涂又光译,北京:北京大学出版社,2013 年,第 107 页。按:冯氏引斯
宾诺莎文见(荷)斯宾诺莎:《伦理学》,贺麟译,北京:商务印书馆,1983 年,第 248—249 页。斯
宾诺莎原文为:"由此可以明白看到,智人是如何地强有力,是如何地高超于单纯为情欲所驱使
的愚人。因为愚人在种种情况下单纯为外因所激动,从来没有享受过真正的灵魂的满足,他生
活下去,似乎并不知道他自己,不知神,亦不知物。当他一停止被动时,他也就停止存在了。反
之,凡是一个可以真正认作智人的人,他的灵魂是不受激动的,而且依某种永恒的必然性能自
知其自身,能知神,也能知物,他决不会停止存在,而且永远享受着真正的灵魂满足。"
② (周)李耳撰,(魏)王弼注,(唐)陆德明音义:《老子道德经·十三章》,《二十二子》,第 2 页。

之私就是"我"，无外物所绊则为"吾"的状态。《南华真经口义》云："'吾'，即我也。不曰我丧我，而曰'吾丧我'，言人身中才有一毫私心未化，则吾我之间亦有分别矣。"①止庵强调，大道就是"一"，万物只是"一"的一部分，"我"和万物一样只是"道"的一部分，而"吾"则是一种与大道为一的得"道"状态：

> "我"是对"吾"作为"物"的"之一"的意识。精神超越于存在就是"丧其耦"，解除存在对精神的这种限定，就从"之一"超越到"一"，就是得道，正如钟泰所说："我者人也，丧我者天也。"②

可见，对于一个人来说，得道与否可从其自我状态看出。"吾"为丧后状态，为"今之隐机者"，是一种得"道"的状态；"我"为丧前状态，为"昔之隐机者"，是一种未得"道"的状态。"吾丧我"后的特点是：形如槁木，心如死灰。"吾"是一种无己状态。丧我就是由"之一"到"一"，达到了天籁状态，也就是到了道的境界。

"我"与"彼"是一对二元对立的词组，考察"我""彼"二者的关系，可更好了解"吾""我"内涵。关于"我"与"彼"的关系，《庄子·齐物论》云："非彼无我，非我无所取。人之生也，固若是芒乎？其我独芒，而人亦有不芒者乎？"也就是说，"我"是和"彼"相对立的，"我"处于和"彼"的对待状态中，而"吾"则是一种和任何事物无对待的自然状态。处于对待状态的"我"不能摆脱自己的欲望之情，因而会"喜怒哀乐，虑叹变慹，姚佚启态；乐出虚，蒸成菌。日夜相代乎前，而莫知其所萌"。"喜怒哀乐，虑叹变慹，姚佚启态"这些情感全是出于虚妄，就像"乐出虚，蒸成菌"一样。人们日日受这些情感的折磨可是却不知它们来自哪里，"日夜相代乎前，而莫知其所萌"，所以庄子对其采取否定的态度（"已乎，已乎"），具体做法就是"吾丧我"。陈鼓应陈言"我"是封闭的假我，"吾"是开放性的本真的自我，只有"丧我"之人，即"吾"，才可以达到自由的境界，从人类的高度把握人生：

---

① （宋）林希逸：《南华真经口义》，陈红映校点，昆明：云南人民出版社，2002年，第15页。
② 止庵：《樗下读庄——关于庄子哲学体系的文本研究》，北京：东方出版社，1999年，第13页。

　　人世上，一切的是非争论都由偏执的我见所产生。"丧我"便是摒弃偏执的我。这个"我"乃是封闭性的假我，"吾"才是开放性的、本真的自我。摒弃了偏见与独断之后所呈现的真我，才能从狭窄的局限性中提升出来，而从广大宇宙的规模上，来把握人类的存在，来体悟人类自身的处境，来安排人生的活动。①

　　"我"分为"形态我"和"情态我"，前者是人物性的一面，后者是人社会性的一面。因此"吾丧我"有两种，一种是"形态"上的死亡，一种是"情态"上的死亡。相对于生命意义上"形态我"的生死相齐，庄子更关注或者说更忧虑的是社会意义上"情态我"的生死齐一。这种"情态我"更多的是符号层面的意义，因为人一旦成为那个仅仅作为能指符号的主体，即作为"情态我"，那么就等于宣布了其自身"形态我"的死亡，是对人自由本性的伤害。

　　美国学者迪伦·埃文斯（Dylan Evans）在其《拉康精神分析简明辞典》（*An Introductory Dictionary of Lacanian Psychoanalysis*）中解释"死亡"一词的内涵时指出："死亡是象征界的一部分，因为符号通过代替自己所象征之物等于宣布了物的死亡：'符号是事物的谋杀者'。"②庄子一直警惕的就是这种符号主体的生成，符号主体用其社会性遮蔽了主体的个性，使主体只成为社会中的一个符号，而其个性则被忽略。庄子曾借孔子之口感叹道："哀莫大于心死，而人死亦次之。"（《庄子·田子方》）心死是最大的悲哀，导致心死的是符号性自我的确立，是外物的束缚，这个外物就是礼乐仁义、是非名利及道德制度等强加于人性的东西，这些都是人为的精神桎梏。世人执着于追求道德价值体系中自我的符号地位而不顾自己的性命本真之情，殊不知，符号地位一旦确立，自己本身也就在社会的价值体系中隐去。庄子强调，超越自我小情、获得无己大情的第三个层面就是"齐生死"。"齐生死"是保全人的性命本真之情，使人"放德而行"的更进一步的前提和保障。

---

① 陈鼓应：《〈齐物论〉的理论结构之开展》，见张松如等：《老庄论集》，济南：齐鲁书社，1987 年，第204 页。

② Dylan Evans, *An Introductory Dictionary of Lacanian Psychoanalysis*, London and New York：Routledge, p. 31.

3.拉康欲望观视野下的庄子物我关系

和万物相比,人最易有情绪的变化,会受外界环境的影响。庄子关注人的心灵状况,企图把人心从"喜怒哀乐,虑叹变慹,姚佚启态"(《庄子·齐物论》)之情中解放出来。庄子追求用"齐物"或曰"无己"的方法达到"逍遥游"的第一层面。庄子的"无己"与儒家的"克己"不同,二者最大的区别是欲望的有无。人心一旦偏执于自我的欲望之情,便会迷失自己,远离"道"。

如前文所述,主体"我"分为"形态我"和"情态我",前者是人生物性的一面,后者是人社会性的一面。崔大华在其《庄学研究》中对"形态我"和"情态我"做了区分。崔氏指出"情态我"越凸显,"形态我"就越受压抑。人性在最初的、本然的状态下是无任何情欲骚动的恬静状态,情欲的骚动会扰乱人性的恬静。情欲和自然本性具有如下关系:"抛开人的情欲的社会性内容,它的自然本性内容是极有限的,'五升之饭足矣!'由这种理解进一步,自然要推出这样的结论:人的欲望越大,需求越多,离开人的本性就越远。"①正如《庄子·大宗师》所言:"其耆欲深者,其天机浅。"《庄子·徐无鬼》亦云:"盈耆欲,长好恶,则性命之情病矣。"

法国精神分析学家拉康从人的需要—需求—欲望之间的关联入手,考察人欲望的形成原因与内涵。拉康欲望理论可以从学理角度佐证庄子对人欲望的认知的正确性。

从主体生物性的一面看,拉康把"形态我"即主体生理层面的要求称为需要(need)。学者王国芳评价拉康的需要理论说,"需要是生物性的,它总是指向一个维持生存的特殊对象,当人们得到这个对象时,需要便得到了满足。需要来源于生命的匮乏(lack)。按照拉康的带有神秘性的观点,婴儿的出生就是一次经历匮乏经验的过程:婴儿从母体中分离出来之后,从此不再享有母亲在解剖学上为他提供的完整性。这种匮乏导致了有机体需要的产生,即婴儿的求生动力。婴儿借助外界对象(如母亲的乳汁等)来满足需要。但相对于婴儿的匮乏而言,这种满足只是一种幻想的满足,因为婴儿所渴望的原始的完整状态将一去不复返了,也就是说,匮乏是一种

---

① 崔大华:《庄学研究——中国哲学一个观念渊源的历史考察》,北京:人民出版社,1992年,第382页。

最古老也最持久的动力状态。"①由于主体原始完整状态的失落不可逆转，匮乏不能真正弥补，"需要"在生理层面的满足并不能使主体感到真正的满足，于是主体就永远处于这种对完整状态的追求中。对于庄子来说，由于世事动乱，道德仁义盛行，人性的纯朴、社会的淳厚无法复得，个人荣辱只是一种生理层面的满足，是"需要"的实现。有着济世情结的庄子不仅仅满足于个人得失，更关注的是社会需要，以弥补社会的"匮乏"。社会"匮乏"是庄子向往理想人物与理想社会的心理原因。

　　拉康申明，由于最初与母体的分离，"任何主体都存在于生活的原始匮乏之中，即与母亲统一（或结合）的需要之中"②。这种"原始匮乏"正是弗洛姆所论及的"疏离感"，弗洛姆在其《爱的艺术》中宣言："人类最深层次的需要是克服疏离感，是逃离孤独监狱的需要。达到这一目标最根本的失败意味着疯狂。"③拉康把这种对疏离感的逃避以及对和谐状态的追求称为"需求"（demand）。"需求"是心理层面的要求，是对爱与安全、和谐的渴求，也即"情态我"所表现出来的社会性。针对主体的生理"需要"，尽管他者能提供主体想要的用以满足自己需要的客体，却难以提供主体渴望的那种无条件的爱，因此，即使需要（need）得到满足，需求（demand）的另一方面——对爱的渴求，仍然没有得到满足，这一残留就是欲望（desire）。"欲望既不是待满足的食欲，也不是对爱的要求，而是前者中减去后者的延留。"④道家思想家庄子的"欲望"就是要摆脱这种疏离感，回归人性的纯朴。陈鼓应把道家创始人老子看作最早论及异化与疏离的人，只有对疏离与异化有清醒的认识，才能更真切地呵护人的心灵：

　　　　老子最早谈及异化论及人群的疏离感。老子有着与众人不同的价值取向，正如他所描写的精神世界之独特："荒兮，其未央哉。"他深感人世的熙熙攘攘与自己的澹然无关："众人熙熙，我独泊兮。"……这里充分表露了老子与人群的疏离感。可以说，在思想史上，老子是第

① 王国芳、郭本禹：《拉冈》，台北：生智文化事业有限公司，1997年，第189页。
② 王小章、郭本禹：《潜意识的诠释——从弗洛伊德到后弗洛伊德主义》，北京：中国社会科学出版社，1998年，第226页。
③ （美）弗洛姆：《爱的艺术》，赵正国译，北京：国际文化出版公司，2004年，第14页。
④ Dylan Evans, *An Introductory Dictionary of Lacanian Psychoanalysis*, London and New York：Routledge，1996，p. 37.

一个注意到异化现象的。①

从精神分析的角度看,异化和疏离都是一种匮乏,也是拉康式主体产生欲望的根源,对道家思想家来说,补偿这种匮乏是道家思想家的核心目的。

陈鼓应阐述道家的宇宙是万物之始、万物之生的母体,它既是个体生命的来源,也为个体生命所依归。个体生命是宇宙生命不可分割的一部分,回归宇宙生命本体才是克服疏离感,达到道家和谐的根本:

> 在这种宇宙观的基础上,道家认为大自然是人类存在的母体,作为个体存在的人,也分享了作为母体存在的和谐性。个体生命的诞生是从存在母体中分离出来的和谐体,它的生存与发展呈现出蓬勃与纷纭的情状,但回视到内在生命的根源处,这种根源的深层处呈现的是一种和谐的状态。②

摆脱"疏离感"、弥补"原始匮乏"的直接方法就是回归母体。实际上,和拉康一样,庄子追求的也是那种回归母体的状态。老子对这种回归就多有论述,如:

> 谷神不死,是谓玄牝。玄牝之门,是谓天地根。③(《老子道德经·六章》)
>
> 夫物芸芸,各复归其根。归根曰静,是谓复命。④(《老子道德经·十六章》)
>
> 反者道之动。⑤(《老子道德经·四十章》)

道生万物,因此道也是人的母体。在拉康那里,婴儿离开母体就是一种阉割,从而造成一种缺失。道家思想中同样有着浓重的阉割情结,认为天地

---

① 陈鼓应:《老庄新论》,上海:上海古籍出版社,1992 年,第 85 页。
② 陈鼓应:《道家的和谐观》,《道家文化研究》第 15 辑,北京:生活·读书·新知三联书店,1999 年,第 49 页。
③ (周)李耳撰,(魏)王弼注,(唐)陆德明音义:《老子道德经·六章》,《二十二子》,第 1 页。
④ (周)李耳撰,(魏)王弼注,(唐)陆德明音义:《老子道德经·十六章》,《二十二子》,第 2 页。
⑤ (周)李耳撰,(魏)王弼注,(唐)陆德明音义:《老子道德经·四十章》,《二十二子》,第 5 页。

大化的生成过程是一个不可逆转的分裂过程。

> 大道废，有仁义；智慧出，有大伪；六亲不和，有孝慈；国家昏乱，有忠臣。[①]（《老子道德经·十八章》）

> 失道而后德，失德而后仁，失仁而后义，失义而后礼。夫礼者，忠信之薄而乱之首。[②]（《老子道德经·三十八章》）

> 古之人，其知有所至矣。恶乎至？有以为未始有物者，至矣，尽矣，不可以加矣。其次以为有物矣，而未始有封也。其次以为有封焉，而未始有是非也。是非之彰也，道之所以亏也。道之所以亏，爱之所以成。（《庄子·齐物论》）

> 泰初有无，无有无名；一之所起，有一而未形。物得以生，谓之德；未形者有分，且然无间，谓之命；留动而生物，物成生理，谓之形；形体保神，各有仪则，谓之性。性修反德，德至同于初。同乃虚，虚乃大。合喙鸣；喙鸣合，与天地为合。其合缗缗，若愚若昏，是谓玄德，同乎大顺。（《庄子·天地》）

与母体的分离造成人在以后的生命中，常常渴望回归母体子宫的那种最初和谐状态，这是庄子向往"至德之世"的深层心理原因。"至德之世"就是一个类似于婴儿出生前与母体互融状态的社会。

> 吾意善治天下者不然。彼民有常性，织而衣，耕而食，是谓同德；一而不党，命曰天放，故至德之世，其行填填，其视颠颠。当是时也，山无蹊隧，泽无舟梁，万物群生，连属其乡，禽兽成群，草木遂长。是故禽兽可系羁而游，鸟鹊之巢可攀援而窥。（《庄子·马蹄》）

> 夫至德之世，同与禽兽居，族与万物并，恶乎知君子小人哉？同乎无知，其德不离；同乎无欲，是谓素朴；素朴而民性得矣。（《庄子·马蹄》）

---

① （周）李耳撰，（魏）王弼注，（唐）陆德明音义：《老子道德经·十八章》，《二十二子》，第 2 页。
② （周）李耳撰，（魏）王弼注，（唐）陆德明音义：《老子道德经·三十八章》，《二十二子》，第 4 页。

如前所述,作为主体的人的存在以肉体为基础,这种生理层面的维持被拉康称为是需要(need)。"需要是一种纯粹的生物本能,是一种欲望(如食欲),根据生物有机体的需要而出现,得到满足就完全消失(纵然是暂时消失)。"①庄子认识到这一点,承认人生理需要的存在,但并不推举这种生理层面的欲望,把其放在很低的位置。"鹪鹩巢于深林,不过一枝;偃鼠饮河,不过满腹。"(《庄子·逍遥游》)庄子不提倡高举人的生理欲望是因为生理欲望会扰乱人的"德"(如前文所讨论,庄子之"德"是一种人性的自然表现,自由自在的状态):

　　　　五色令人目盲,五音令人耳聋,五味令人口爽,驰骋畋猎令人心发狂,难得之货令人行妨。是以圣人为腹不为目,故去彼取此。②(《老子道德经·十二章》)
　　　　且夫失性有五:一曰五色乱目,使目不明;二曰五声乱耳,使耳不聪;三曰五臭薰鼻,困惾中颡;四曰五味浊口,使口厉爽;五曰趣舍滑心,使性飞扬。此五者,皆生之害也。(《庄子·天地》)

庄子不重视生理需要,是因为"需要"的满足会扰乱人性的纯朴。儒家也重视压抑生理需要,为的却是肉体自律后的道德价值:

　　　　君子食无求饱,居无求安,敏于事而慎于言,就有道而正焉,可谓好学也已。③(《论语·学而》)
　　　　一箪食,一瓢饮,在陋巷,人不堪其忧,回也不改其乐。④(《论语·雍也》)
　　　　饭疏食饮水,曲肱而枕之,乐亦在其中矣。不义而富且贵,于我如浮云。⑤(《论语·述而》)

---

① Dylan Evans, *An Introductory Dictionary of Lacanian Psychoanalysis*, London and New York: Routledge, 1996, p. 37.
② (周)李耳撰,(魏)王弼注,(唐)陆德明音义:《老子道德经·十二章》,《二十二子》,第2页。
③ (魏)何晏等注,(宋)邢昺疏:《论语注疏·学而第一》,(清)阮元校刻:《十三经注疏》,第2458页。
④ (魏)何晏等注,(宋)邢昺疏:《论语注疏·雍也第六》,(清)阮元校刻:《十三经注疏》,第2478页。
⑤ (魏)何晏等注,(宋)邢昺疏:《论语注疏·述而第七》,(清)阮元校刻:《十三经注疏》,第2482页。

儒家这种超出人生理需要层面的道德自律，即拉康所称之需求（demand）。"人类主体，由于出生时处于一种动力无助状态，不能满足自己必要的需要，只有在他者（other）的帮助下，才能得以满足。为了得到他者的帮助，婴儿必须用声音表达自己的需要，需要必须以需求（demand）的形式表达出来。婴儿最初的需求可能是令人不解其意的尖叫，但这些尖叫却是用来让他者来满足婴儿的需要。但是，他者的出现这一现象本身很快就取得了一种重要性，这种重要性超出了需要的满足，因为这一种出现象征着他者的爱。因此，需求很快便呈现为双重作用，既用来表明主体的需要，又是一种对爱的需求（demand）。"①需求是一种对爱的需求，传达的是主体之间的一种爱的关系，表现为主体间性，具有象征（或者说符号）的意义，即社会性内容。这里涉及主体间性的问题，褚孝泉认为拉康式主体间性指的是主体之间的相互关系和交互影响。"拉康要研究的主体不是一个自然界中的生物性存在；他理想中的新的人文科学是一门关于主体间性的科学，而一旦涉及到主体之间关系，我们处理的必然就是文化关系。因此对于拉康来说他的主体是一个人文世界里的文化存在。……在拉康看来，决定主体性的不是什么动力、禀赋或倾向；决定主体性的是主体间的关系，而维系主体之间关系的最主要的活动当然是主体之间指称事物传送意义的活动。"②作为文化层面意义上的主体间性传达的就是超越生理意义的社会内容。孔子追求"入世"，看重主体间性，用与社会的统一弥补"匮乏"，以获得社会之爱。《论语·述而》曰：

> 其为人也孝弟，而好犯上者，鲜矣；不好犯上，而好作乱者，未之有也。君子务本，本立而道生。孝弟也者，其为仁之本与！③（《论语·学而》）

> 弟子，入则孝，出则弟，谨而信，泛爱众，而亲仁。④（《论语·学而》）

---

① Dylan Evans, *An Introductory Dictionary of Lacanian Psychoanalysis*, London and New York: Routledge, 1996, p. 37.
② （法）拉康：《拉康选集》编者前言，褚孝泉译，上海：上海三联书店，2001 年，第 9—10 页。
③ （魏）何晏等注，（宋）邢昺疏：《论语注疏·学而第一》，（清）阮元校刻：《十三经注疏》，第 2457 页。
④ （魏）何晏等注，（宋）邢昺疏：《论语注疏·学而第一》，（清）阮元校刻：《十三经注疏》，第 2458 页。

庄子追求"出世"，看重主体个人的独立，用与自然的融合来弥补"匮乏"。《庄子·逍遥游》曰：

> 今子有大树，患其无用，何不树之于无何有之乡，广莫之野，彷徨乎无为其侧，逍遥乎寝卧其下。不夭斤斧，物无害者，无所可用，安所困苦哉！（《庄子·逍遥游》）
>
> 今子有五石之瓠，何不虑以为大樽而浮于江湖，而忧其瓠落无所容？则夫子犹有蓬之心也夫！（《庄子·逍遥游》）

庄子注重"旁礴万物以为一"（《庄子·逍遥游》）的"道"，而不关注取悦于他人，认为得到他人之爱、需求的满足反而是件危险的事情。

> 今之大冶铸金，金踊跃曰："我且必为镆铘！"大冶必以为不祥之金。今一犯人之形，而曰"人耳人耳"，夫造化者必以为不祥之人。（《庄子·大宗师》）
>
> 南海之帝为儵，北海之帝为忽，中央之帝为浑沌。儵与忽时相与遇于浑沌之地，浑沌待之甚善。儵与忽谋报浑沌之德，曰："人皆有七窍以视听食息，此独无有，尝试凿之。"日凿一窍，七日而浑沌死。（《庄子·应帝王》）

拉康指出，需要是一种不断变动的、被节奏化的生理功能，它总是倾向于成为新的需要，再成为需求。以婴儿的哭声为例，婴儿的哭声最初只是需要获得满足的信号。渐渐地，婴儿发现，哭声不仅可以换得需要的对象，而且可以得到母亲的爱抚和关注。于是哭的内涵不断丰富，从而超出纯粹的生理层面的需要，需要由此变为需求，需求最终是对认知和爱的需要。当他人（如母亲）向婴儿提供他所需要的对象时，同时也向婴儿提供了爱抚与关注。郭本禹在阐释拉康精神分析理论的需要与需求的这种转变时，指出它们的不对等性：

> 需求是以语言的形式提出的，而聆听需求的他人是主体难以完全控制的，因此，需要与需求之间就不可能是百分之百的对等关系。在

二者之间断裂处诞生了欲望。拉康说，在由需要转变为需求的过程中，那部分遗漏的，不能表达为需求的需要，就被人们体验为欲望，欲望诞生于需要与需求之间的间隙。他还说，"欲望形成于一页的空白处，需求就在这个空白处被从需要上面撕裂了下来"。欲望处于潜意识之中，只有被替换之后才能进入意识生活。欲望与独立于主体的现实对象无关，它总是指向一个被压抑的原始本文：从母亲那里获得完整性，或与母亲结合。①

由于婴儿那种出生前与母体合而为一的完整状态一去不复返，所以"从母亲那里获得完整性，或与母亲结合"的欲望永远不可能得到满足，因此渴望得到满足的欲望总是处于不断的转换之中。很显然，庄子这种"无己"思想更容易达到其"上与造物者游，而下与外死生、无终始者为友"（《庄子·渔父》）的和谐境界，而儒家的"克己"则陷入从需要到需求的永无止境的转化怪圈，欲望永远不可能满足。与母体结合的渴望不但永远不可能实现，而且在从需要到需求的转化中，人离幻想的整体状态越来越远，欲望永远不可能满足，因此最好的办法是直接取消人的需求。《庄子·天地》曰：

> 子贡南游于楚，反于晋，过汉阴，见一丈人，方将为圃畦，凿隧道而入井，抱瓮而出灌，搰搰然用力甚多，而见功寡。子贡曰："有械于此，一日浸百畦，用力甚寡，而见功多，夫子不欲乎？"……为圃者忿然作色而笑曰："吾闻之吾师，有机械者，必有机事。有机事者，必有机心。机心存于胸中，则纯白不备。纯白不备，则神生不定。神生不定者，道之所不载也。吾非不知，羞而不为也！"（《庄子·天地》）

抱瓮出灌为需要，而机事机心则为需求。取消人的需求即"齐物我"，庄子取消物我对立，以达到人与自然、人与"道"的融合，达到对整体状态的回归。实现"齐物我"（"无己"）的具体方法是"心斋"。

---

① 王小章、郭本禹：《潜意识的诠释——从弗洛伊德到后弗洛伊德主义》，北京：中国社会科学出版社，1998年，第221—222页。

颜回曰："吾无以进矣，敢问其方。"仲尼曰："斋，吾将语若！有心
而为之，其易邪？易之者，皞天不宜。"颜回曰："回之家贫，唯不饮酒不
茹荤者数月矣。如此，则可以为斋乎？"曰："是祭祀之斋，非心斋也。"
回曰："敢问心斋。"仲尼曰："若一志，无听之以耳而听之以心，无听之
以心而听之以气！耳止于听，心止于符。气也者，虚而待物者也。唯
道集虚。虚者，心斋也。"（《庄子·人间世》）

主体既然无法回到与母体最初的融合状态，那么可以通过自我修炼从心理
的角度达到想象中的完整状态。通过"心斋"，排除思想中的杂念和欲望，
使自己的精神达到一种虚空澄静、纯净旷达的状态。"心斋"就是一种"虚"
的状态，"虚"是"心斋"的本质表现。"虚"与"道"相关联——"唯道集虚"。
郭象注曰："虚其心则至道集于怀也。"①成玄英疏云："唯此真道，集在虚
心。故如虚心者，心斋妙道也。"②因此，"心斋"就是物我齐一，心灵不受外
物干扰，精神超然物外，让心灵归于虚空。此时万物融合没有界分，正是那
没有匮乏的最初状态。

和庄子用"无己"的方法向自然之"道"的回归不同，儒家用"克己"的方
法向社会之"仁"回归。儒家"克己"方法多种多样，如：

富与贵，是人之所欲也。不以其道得之，不处也。贫与贱，是人之
所恶也。不以其道得之，不去也。君子去仁，恶乎成名？君子无终食
之间违仁，造次必于是，颠沛必于是。③（《论语·里仁》）

夫仁者，己欲立而立人，己欲达而达人。能近取譬，可谓仁之方也
已。④（《论语·雍也》）

颜渊问仁。子曰："克己复礼为仁。一日克己复礼，天下归仁焉。
为仁由己，而由人乎哉？"颜渊曰："请问其目。"子曰："非礼勿视，非礼
勿听，非礼勿言，非礼勿动。"颜渊曰："回虽不敏，请事斯语矣。"⑤（《论

---

① （清）郭庆藩：《庄子集释》，王孝鱼点校，北京：中华书局，1961年，第148页。
② （清）郭庆藩：《庄子集释》，王孝鱼点校，北京：中华书局，1961年，第148页。
③ （魏）何晏等注，（宋）邢昺疏：《论语注疏·里仁第四》，（清）阮元校刻：《十三经注疏》，第2471页。
④ （魏）何晏等注，（宋）邢昺疏：《论语注疏·雍也第六》，（清）阮元校刻：《十三经注疏》，第2479页。
⑤ （魏）何晏等注，（宋）邢昺疏：《论语注疏·颜渊第十二》，（清）阮元校刻：《十三经注疏》，第2502页。

语·颜渊》）

子贡问曰："有一言而可以终身行之者乎？"子曰："其恕乎！己所不欲，勿施于人。"[1]（《论语·卫灵公》）

徐复观在其文章《释〈论语〉的"仁"》中强调儒家"克己"的目的是压抑人性而归顺于道德（"仁"）的约束：

"己"是自然的、生理的生命，"克己"是在自反自觉中突破自然的、生理的生命之制约。"礼"在孔子已转化而为人所固有的德性及德性的表征，"复礼"是恢复人所固有的德性以显露人之所以为人的价值。"天下归仁"是说一个人由"克己"而恢复了自己的德性，亦即是恢复了仁以后，天下同时即含摄于我之仁中。"我"与"天下"原为一体，但被"我"的自然的生命所隔断了。现在既由自反自觉而突破了自然的生命（克己）以恢复了作为人之根源的德性——仁，则与"我"限隔了的"天下"，依然回到（归）"我"的仁内，"天下"与"我"复合而为一了。……《论语》上所说的仁，皆系兼人、己而为言，而工夫则必须从"为己""克己"这一方面开始，这样，人乃能在己的生命中生下根，进而与己浑而为一，这样便可极乎"天下归仁"之量。[2]

儒家的"天下"不同于庄子的"天下"，庄子的"天下"是从自然的观点对宇宙的看视，而儒家的"天下"指的是儒家伦理价值下的社会体系。所以儒家的"天下"与"我"为一，是要求主体向社会整体皈依；庄子的"天下与我为一"则是指取消物我对立后的一种自然天放的状态，是主体向自然的回归。

由此可知，儒家"克己"的目的是为了"天下归仁"，也就是儒家压抑自己的需要（"克己"）是为了更好实现自己的需求（"归仁"）。殊不知，以庄子之"道"观之，越是与"仁"合一，离"道"越远。

上面我们主要论述了需要与需求的关系，作为二者盈余的欲望"深藏潜意识之中，处于以换喻的形式层层相叠的能指网络之中，梦境就恰似能

---

[1] （魏）何晏等注，（宋）邢昺疏：《论语注疏·卫灵公第十五》，（清）阮元校刻：《十三经注疏》，第2518页。

[2] 徐复观：《释〈论语〉的"仁"》，《中国思想史论集续篇》，上海：上海书店出版社，2004年，第242页。

指与所指之间的横线，阻抗着对梦的隐意，尤其是对潜意识欲望的把握。必须通过对梦的解析，赋予显梦中漂浮的能指以意义，才能逐步从意识过渡到潜意识，发掘出最深层的潜意识所指：与母亲结合的欲望"①。梦是通向无意识欲望的一条捷径，下面我们通过探讨"蝴蝶梦"来揭示庄子"与道偕游"的无意识欲望特点。

4.蝴蝶梦：物化的一种表现形式

无论是人为物役或是物役于人，都是一种不正常的物我关系，理想状态下人与物的关系应是物我合一。物我合一状态也就是人性自然天放、无拘无束的状态，这也是物化状态。弗洛姆把物我合一状态下的工作称为真正的创造性工作："在每一种创造性工作中，创造者同他的工作材料结合为一——工作材料代表了整个外部世界。无论是木匠做一张桌子，还是金匠打一件首饰；无论是农民种庄稼，还是画家作画——在所有这些创造性工作中，工作者与对象都合二为一，人在创造过程将自己与世界结合起来。"②只有在这种齐物我状态下的工作，也即"以天合天"，才能创造出优秀的产品。《庄子·达生》曰：

> 梓庆削木为鐻，鐻成，见者惊犹鬼神。鲁侯见而问焉，曰："子何术以为焉？"对曰："臣工人，何术之有！虽然，有一焉。臣将为鐻，未尝敢以耗气也，必齐以静心。齐三曰，而不敢怀庆赏爵禄；齐五日，不敢怀非誉巧拙；齐七日，辄然忘吾有四枝形体也。当是时也，无公朝，其巧专而外骨消；然后入山林，观天性；形躯至矣，然后成见鐻，然后加手焉；不然则已。则以天合天，器之所以疑神者，其是与！"（《庄子·达生》）

《庄子·田子方》云：

> 宋元君将画图，众史皆至，受揖而立；舐笔和墨，在外者半。有一史后至者，儃儃然不趋，受揖不立，因之舍。公使人视之，则解衣般礴

---

① 王小章、郭本禹：《潜意识的诠释——从弗洛伊德到后弗洛伊德主义》，北京：中国社会科学出版社，1998年，第230页。

② （美）弗洛姆：《爱的艺术》，赵正国译，北京：国际文化出版公司，2004年，第22页。

裸。君曰："可矣，是真画者也。"(《庄子·田子方》)

《庄子·养生主》亦云：

> 庖丁为文惠君解牛，手之所触，肩之所倚，足之所履，膝之所踦，砉然向然，奏刀騞然，莫不中音。合于桑林之舞，乃中经首之会。(《庄子·养生主》)

物我合一就是精神的高度自由，只有自由的心灵才能创造出高超的艺术。徐复观在其《中国艺术精神》中以庖丁解牛为例，把这种创造性生产状态叫作体道状态。庖丁解牛与庄子所追求之道的相合之处表现在以下两个方面：

> 第一，由于他"未尝见全牛"，而他与牛的对立解消了。即是心与物的对立解消了。第二，由于他的"以神遇而不以目视，官知止而神欲行"，而他的手与心的距离解消了，技术对心的制约性解消了。于是他的解牛，成了他的无所系缚的精神游戏。他的精神由此而得到了由技术的解放而来的自由感与充实感；这正是庄子把道落实于精神之上的逍遥游的一个实例。①

取消心与物、心与身的对立叫作物化，物化是一种精神高度自由的创造境界。庄子用一个实例来说明什么是物化：

> 昔者庄周梦为胡蝶，栩栩然胡蝶也，自喻适志与！不知周也。俄然觉，则蘧蘧然周也。不知周之梦为胡蝶与，胡蝶之梦为周与？周与胡蝶，则必有分矣。此之谓物化。(《庄子·齐物论》)

林希逸谓"此之谓物化"者："言此谓万物变化之理也。"②郭象注曰：

---

① 徐复观：《中国艺术精神》，沈阳：春风文艺出版社，1987年，第46页。(按：着重号为原文所有。)
② (宋)林希逸：《南华真经口义》，陈红映校点，昆明：云南人民出版社，2002年，第45页。

夫时不暂停,而今不遂存,故昨日之梦,于今化矣。死生之变,岂异于此,而劳心于其间哉!……而愚者窃窃然自以为知生之可乐,死之可苦,未闻物化之谓也。①

成玄英疏云:

夫新新变化,物物迁流,譬彼穷指,方兹交臂。是以周蝶觉梦,俄顷之间,后不知前,此不知彼。而何为当生虑死,妄起忧悲! 故知生死往来,物理之变化也。②

因此,物化就是一种顺应事物变化规律、与天地万物一体、不知悦生、不知恶死的状态。这是心灵的极度自由状态。

吴怡在其《中国哲学发展史》中解释庖丁解牛与常人解牛的区别,并指出物化的意义是:"(庖丁解牛)就是不以目视,而以神遇,以目视的话,便有人和物的差别,便落入了相对的观念中。而以神遇的话,乃是透过了天道来看万物,把万物提升上来,点化成有生命的个体。因此我和万物是平等共存,而且可以互相流转的。这境界,庄子称之为物化。"③

庖丁解牛之类的故事是人在有意识状态下的精神活动,物化还有一种更为彻底的个案,那就是以梦的形式在无意识状态之中完全地脱离理性状态。涂光社论断"忘""丧""齐"内涵相同,都是"物化"的一种形式。从心理学角度看视,"齐物"有两层境界,即意志层面和无意志层面:

范畴之"忘"有两个层面:从依靠意志在思想精神上摆脱关系、属性的局限和干扰,到进入无须意志控制的无差别境界,即不受主体和客体个别性的束缚,不受内("成心")、外("物")干扰的精神活动领域。④

---

① (清)郭庆藩:《庄子集释》,王孝鱼点校,北京:中华书局,1961年,第113页。
② (清)郭庆藩:《庄子集释》,王孝鱼点校,北京:中华书局,1961年,第114页。
③ 吴怡:《中国哲学发展史》,台北:三民书局,2009年,第145页。
④ 涂光社:《庄子范畴心解》,北京:中国社会科学出版社,2003年,第84页。

庖丁解牛、梓庆削木为鐻及宋元君画图都属于"忘"的第一个层面，是靠意志在思想精神上摆脱外物的局限与干扰，而蝴蝶梦的境界就是这种"无须意志控制的无差别境界"，这是一种更高层面上的"忘"。释德清《庄子内篇注》陈言蝴蝶梦是齐物我的一种表现："梦蝶之喻，乃齐物之实证也。"①下面我们以"蝴蝶梦"为例，看庄子取消物我对立的最高境界的特点是什么。

精神分析理论认为，梦就是画谜（rebus），其中每个图画式的要素都带有象征性的或双关的含义。因此，显梦就是一些有待我们去猜出谜底的事物，它像那些以散乱的图片形式提出的谜语一样，其中每个画出的部分代表一个字，而一个接一个被猜出的许多字，经过整理和连缀，总的意思（梦的思想或潜意识）就出来了。"显梦或者是梦的思想的高度凝缩，或者是梦的思想的移置，因为存在凝缩和移置两种作用，使我们难以理解梦的真实意义，用语言学的术语来说，即这两个作用过程似乎为我们产生了一系列的能指，而其所指的部分，则无法固定在这些能指的下面。"②伊格尔顿（Terry Eagleton）以马为例阐释显梦本身所具有的意义不确定性：

> 如果你梦见一匹马，它的意义不是一眼就能看出来的：它可能有很多互相矛盾的意义，可能只是具有同样多重意义的一系列能指之一。这就是说，马的形象不是索绪尔意义上的符号——并没有一个确定的所指整齐地拴在它的尾巴上——而是一个能指，它可以拴到很多不同的所指上面，而且它本身也可以包含着周围其它能指的痕迹。（当我写下上面这句话的时候，我没有意识到包含在"马"和"尾巴"中的文字游戏：一个能指与另一能指互相作用，尽管这并非我的意图。）潜意识只是能指的不断运行和活动，它们的所指对于我们来说往往是无法接近的，因为这些所指受到压抑。正因为如此，拉康说潜意识是"所指从能指下面滑脱"，是意义的不断淡化和蒸发，是莫名其妙的"现代派的"作品本文，这种本文几乎无法阅读并且肯定不会交出自己的

---

① （明）释德清：《庄子内篇注》卷二，北京：国家图书馆藏清光绪十四年金陵刻经处刻本，第 2 页。
② 王小章、郭本禹：《潜意识的诠释——从弗洛伊德到后弗洛伊德主义》，北京：中国社会科学出版社，1998 年，第 201 页。

最后秘密，让人们去加以解释。[①]

　　显梦的意义虽然不甚明显，但并非无迹可求，我们一旦根据显梦特点揭示出隐梦的真实意义，庄子蝴蝶梦的深层心理学意义自然不解自破。梦分为隐梦与显梦，无意识是隐梦，弗洛伊德强调通过自由联想的分析方法可以揭示梦者深层的无意识内涵。梦的显意仿佛是种象形文学，它们的符号必须逐个被翻译为梦的隐意的语言，因此弗洛伊德认为梦是通往潜意识的捷径。所以根据蝴蝶梦的显意探究其背后的隐意，是我们了解庄子物化思想的不二法门，我们认为蝴蝶梦有以下两个特点：

　　首先，蝴蝶梦是圣人之梦，是一种无匮乏的自由状态，梦中人物有着与道合一的特点。

　　弗洛姆在其《爱的艺术》中指出追求与自然的同一是人性共同的特点："人——所有时代和所有文化之中的人——永远都面临着同一个问题和同一个方案，即：如何克服这种疏离感，如何实现与他人融合，如何超越个体的生命，如何找到同一。"[②]庄子克服这种疏离感达到同一的方法是齐物我，蝴蝶梦的境界是他理想的同一状态。陈鼓应在其论文《蝴蝶梦》中这样描述这个同一状态："蝴蝶翩翩飞舞，遨翔各处，不受空间的限制；它悠游自在，不受时间的催促；飘然而飞，没有陈规的制约，也无戒律的重压。同时，蝶儿逍遥自适于阳光、空气、花朵、果园之中——这象征着人生如蝶儿般活跃于一个美妙的世界中；并且，在和暖的阳光、新鲜的空气、美丽的花朵以及芬芳的果园之间，可任意地自我吸取，自我选择——这意味着人类意志的自由可羡。"[③]这种不受空间限制、不受时间催促的超越时空的自由就是齐物我的自由，"无戒律的重压"就是没有道德仁义、规章制度的约束，也就是我们下文所讲的"齐论"状态的自由。达到这种自由才真正实现了人性的真正自由。

　　庄子认为梦有两种，一种是普通人之梦，一种是圣人之梦。普通人梦的特点是：

---

① （英）特雷·伊格尔顿：《二十世纪西方文学理论》，伍晓明译，西安：陕西师范大学出版社，1987年，第184—185页。
② （美）弗洛姆：《爱的艺术》，赵正国译，北京：国际文化出版公司，2004年，第14页。
③ 陈鼓应：《蝴蝶梦》，见张松如等：《老庄论集》，济南：齐鲁书社，1987年，第231页。

梦饮酒者，旦而哭泣；梦哭泣者，旦而田猎。方其梦也，不知其梦
也。梦之中又占其梦焉，觉而后知其梦也。且有大觉而后知此其大梦
也，而愚者自以为觉，窃窃然知之。君乎，牧乎，固哉！丘也与女，皆梦
也；予谓女梦，亦梦也。是其言也，其名为吊诡。万世之后而一遇大
圣，知其解者，是旦暮遇之也。（《庄子·齐物论》）

从以上可以看出，普通人追求的是物我、梦醒的区分，而圣人追求的则是物
化、物我齐一，是混同梦觉。《庄子·齐物论》云：

昔者庄周梦为胡蝶，栩栩然胡蝶也，自喻适志与！不知周也。俄
然觉，则蘧蘧然周也。不知周之梦为胡蝶与，胡蝶之梦为周与？周与
胡蝶，则必有分矣。此之谓物化。（《庄子·齐物论》）

郭象注曰：“夫大觉者，圣人也。大觉者乃知夫患虑在怀者皆未寤也。”[1]成
玄英疏云：“夫扰扰生民，芸芸群品，驰骛有为之境，昏迷大梦之中，唯有体
道圣人，朗然独觉，知夫患虑在怀者皆未寤也。”[2]这是普通人与“万世之
后”的“大圣”的区别。蝴蝶梦是一种精神愉悦的自由状态，成玄英疏云：
“是以梦为蝴蝶，栩栩而适其心；觉乃庄周，蘧蘧而畅其志者也”[3]，又云：
“方为蝴蝶，晓了分明，快意适情，悦豫之甚。”[4]庄子人蝶互变反映了物我
交融、人与世界为一的特点，是对人类最初整体状态的向往。奥地利文学
家卡夫卡(F. Kafka)的寓言《变形记》(The Metamorphosis)中也有人变而
为物的情况，却是对人疏离于现实社会的影射。《变形记》这一寓言说的
是：旅行推销员格里高尔有着规律的生活，每天清晨四点起床，赶搭五时的
火车，到一家公司上班。上司的面孔和呆板的工作使他对这份工作不胜其
烦，但是为了替父亲偿还债务只能默默忍受。一天早晨，格里高尔从不安
的睡梦中醒来，突然发现自己躺在床上变成一只巨大的甲虫。他想爬出锁
着的卧室去赶早班，却感到自己的行动吃力、言辞含糊……这一突如其来

---

[1] （清）郭庆藩：《庄子集释》，王孝鱼点校，北京：中华书局，1961年，第105页。
[2] （清）郭庆藩：《庄子集释》，王孝鱼点校，北京：中华书局，1961年，第105页。
[3] （清）郭庆藩：《庄子集释》，王孝鱼点校，北京：中华书局，1961年，第112页。
[4] （清）郭庆藩：《庄子集释》，王孝鱼点校，北京：中华书局，1961年，第113页。

的变故,使他丧失了人格,丧失了赚钱养家的能力,丧失了作为家庭主要成员的地位,从而陷入孤苦的悲惨地步。与庄子蝴蝶梦的故事不同,《变形记》说的在一个人为物役的社会里,人所创造的外物,如金钱、机器以及生产方式等,已经异化为统治人的力量而与人相对立,并把人变成物的奴隶,即人物于物而不能"物物"。

其次,蝴蝶梦是与道合一的无匮乏状态,有着精神自由与愉悦的特点。

庄子追求与道合一的境界,其表现就是精神的自由与愉悦。刘文英在其《庄子蝴蝶梦的新解读》中从心理学角度探求物我合一状态下的精神快适:

> "自喻适志与"把重点转移到梦中心境的快乐。《释文》引李云:"喻,快也。""喻"在这里是"愉"的假借字。"自喻",即梦者梦中化为蝴蝶之后心情愉快。志,志趣,属于现代心理学所谓意向。"适志",可以理解为意向的满足或满足感。①

这种物化状态下的满足感,迥异于精神分析学视野下人因早期离开母体的匮乏造成精神创伤而引起的焦虑感。婴儿由于早期身体的不成熟,把自己的身体想象成破碎的身体。"这种破碎身体的记忆在其成人后以阉割、伤害、丧失记忆、失去存身之所、剖肠剐肚、过量吞食、身体的爆裂等等的意象在其梦中显现出来,而且它还具有在组成人类主体的确认和理解中的构成性功能。"②蝴蝶梦状态与主体离开母体造成的破碎身体状态的区别,是整体与匮乏、整合与疏离的区别。

刘文英指明蝴蝶梦状态就是"至人无己"状态:"如果从艺术形象来看,我们可以把蝴蝶梦中的蝴蝶,视为大道的一个象征性符号,而'梦为蝴蝶'则意味着庄子得道,与大道合二而一。若就思想境界而论,蝴蝶梦中的'不知周也',亦即'至人无己'的形象化,表明庄子自认为他已达到至人的境界了。"③故而,蝴蝶梦暗示主体精神的自由快适,蝴蝶梦的境界也就是"至人无己"的境界,是物我齐一的物化状态,是齐物我状态下一种逍遥自得、无

---

① 刘文英:《庄子蝴蝶梦的新解读》,《文史哲》,2003 年第 5 期,第 68 页。

② Jacques Lacan, *Ecrits : A Selection*, trans. Alan Sheridan, New York: Norton, 1977, p. 2.

③ 刘文英:《庄子蝴蝶梦的新解读》,《文史哲》,2003 年第 5 期,第 70 页。

挂无碍的自由境界。

(三)齐生死：齐物的第三个层面

生死问题是千百年来一直困扰着人们的大问题。和常人一样，庄子也深怀人生易逝的忧虑，"天与地无穷，人死者有时，操有时之具而托于无穷之间，忽然无异骐骥之驰过隙也"(《庄子·盗跖》)。人作为时间空间中的一部分，由生到死的自然规律自是不能摆脱，从人的群体性来看，在宇宙中传承的时间或许会很长，"指穷于为薪，火传也，不知其尽也"(《庄子·养生主》)。但作为个体的人，却只是宇宙中极其短暂的一瞬，"人生天地间，如白驹过隙，疏忽而已"(《庄子·田子方》)，"自本观之，生者，喑醷物也。虽有寿夭，相去几何？须臾之说也"(《庄子·知北游》)。正是生命的转瞬即逝性让庄子认识到人在宇宙间的渺小，《庄子·秋水》曰：

> 吾在天地之间，犹小石小木之在大山也，方存乎见少，又奚以自多！计四海之在天地之间也，不似礨空之在大泽乎？计中国之在海内，不似稊米之在大仓乎？号物之数谓之万，人处一焉；人卒九州，谷食之所生，舟车之所通，人处一焉；此其比万物也，不似豪末之在于马体乎？(《庄子·秋水》)

英国现代哲学家伯特兰·罗素在其论文《如何避免愚蠢的观点》(How to Avoid Foolish Opinions)中也持同样的看法："我所知道对付人类那种常常流露出来的自高自大、自以为是心理的唯一方式就是提醒我们自己：地球这颗小小的行星在宇宙中仅是沧海之一粟；而在这颗小行星的生命过程中，人类只不过是一个转瞬即逝的过客。还要提醒我们自己：在宇宙的其他角落也许还存在着比我们优越得多的某种生物，他们优越于我们可能像我们优越于水母一样。"[1]既然人的存在在宇宙中是如此微不足道，所以人的生死问题还有什么值得过于在意的呢？在普通人眼中生与死是二元绝对的对立，庄子却认为生与死都是人生这一过程的一部分，甚至生与死

---

[1] Bertrand Russell, "How to Avoid Foolish Opinions," *Unpopular Essays*, London: G. Allen and Unwin, 1950, p. 184.

本身也是不好严格区分开的。庄子曰：

> 方生方死，方死方生；方可方不可，方不可方可。（《庄子·齐物论》）

> 适来，夫子时也；适去，夫子顺也。安时而处顺，哀乐不能入也，古者谓是帝之县解。（《庄子·养生主》）

> 生也死之徒，死也生之始。孰知其纪！人之生，气之聚也；聚则为生，散则为死。若死生为徒，吾又何患！故万物一也，是其所美者为神奇，其所恶者为臭腐；臭腐复化为神奇，神奇复化为臭腐。故曰："通天下一气耳。"（《庄子·知北游》）

拉康解构二元对立的努力与庄子对生与死的认识有异曲同工之妙，拉康认为，相互对立的双方就像莫比乌斯带（Moebius strip）①和环面纽结（torus knot）②一样，分裂与统一同时存在。这种统一与分裂是可以转变的，对立可以走向统一，分裂可以达到整合，现实世界中根本不存在永恒的对立——万事万物如此，生死问题亦然。庄子以梦觉喻生死，《庄子·齐物论》曰：

> 梦饮酒者，旦而哭泣；梦哭泣者，旦而田猎。方其梦也，不知其梦也。梦之中又占其梦焉，觉而后知其梦也。且有大觉而后知此其大梦

---

① 按："莫比乌斯带是拉康使用的拓扑学图形之一，它是一个三维图像。把一个长方形纸条拧一下，使两端相接，这样这一图形就颠覆了我们对表象空间通常的（欧几里得式的）思路。因为这个图形看上去有两个面，实际上只有一个面（也只有一个边）。从局部来看，任何一点上，两个面都是泾渭分明，但是如果把整个带都走一遍，可以清楚地知道它们实际上是连贯的。两个面的区别只是一个时间问题，在于穿过带所用的时间。这个图形表明了精神分析质疑二元对立的方法，例如里和外、爱与恨、能指与所指、本质与表面的对立。尽管这种二元对立常常被看作水火不容，但是拉康更喜欢用莫比乌斯带的拓扑方法来理解这种对立。因此这些术语并不是被看作分裂的，而是彼此连续的。"见 Dylan Evans, *An Introductory Dictionary of Lacanian Psychoanalysis*, London and New York：Routledge, 1996, p. 116。

② 按："环面也是拉康在他的拓扑研究中使用的图形之一。其最简单的形式是一个三维的环，把一个圆柱体首尾相连可以生成。环面最重要的一个特点就是它的重心落于它的体积之外，就像一个物体的中心在它外部一样，它是去中心、外中心的。环面的另一个特点是'它的外表圆周的外在性和中心的外在性组成了唯一的单一区域'。这一环面说明了精神分析质疑'里面'和'外面'之间区别的方法。"见 Dylan Evans, *An Introductory Dictionary of Lacanian Psychoanalysis*, London and New York：Routledge, 1996, p. 209。

也，而愚者自以为觉，窃窃然知之。君乎，牧乎，固哉！丘也与女，皆梦也；予谓女梦，亦梦也。是其言也，其名为吊诡。万世之后而一遇大圣，知其解者，是旦暮遇之也。（《庄子·齐物论》）

成玄英疏云："夫死生之变，犹觉与梦之异耳。夫觉梦之事既殊，故死生之情亦别，而世有觉凶而梦吉，亦何妨死乐而生忧邪！是知寐寤之间，未足可系也。"①成玄英又云："方将为梦之时，不知梦之是梦，是犹方将处死之日，不知死之为死。各适其志，何所恋哉！"②在普通人眼中生与死有着本质的区别，人们乐生忧死，但是真正的生死与梦觉一样是很难分得清的，生死尚不能区分，遑论乐生哀死，最好的办法是"生死齐一"。

庄子对生死问题的看法来源于他的气化理论，如前所述，庄子认为世界万物都是由气构成的，人之生死的本质即是气之聚散。对于一个人来说，"察其始而本无生，非徒无生也而本无形，非徒无形也而本无气。杂乎芒芴之间，变而有气，气变而有形，形变而有生，今又变而之死，是相与为春秋冬夏四时行也"；"人之生，气之聚也；聚则为生，散则为死。若死生为徒，吾又何患！故万物一也，是其所美者为神奇，其所恶者为臭腐；臭腐复化为神奇，神奇复化为臭腐。故曰：'通天下一气耳'"（《庄子·知北游》）。生与死都是"气"的变化，而"气"是没有区别的整体，所以生与死也就没有什么不同了。

庄子把破除生死大患、齐一生死叫作"县解"：

> 适来，夫子时也；适去，夫子顺也。安时而处顺，哀乐不能入也，古者谓是帝之县解。（《庄子·养生主》）

郭象注"安时而处顺，哀乐不能入"曰：

> 夫哀乐生于失得者也。今玄通合变之士，无时而不安，无顺而不处，冥然与造化为一，则无往而非我矣，将何得何失？孰死孰生哉！故

---

① （清）郭庆藩：《庄子集释》，王孝鱼点校，北京：中华书局，1961 年，第 105 页。
② （清）郭庆藩：《庄子集释》，王孝鱼点校，北京：中华书局，1961 年，第 105 页。

任其所受，而哀乐无所错其闲矣。①

成玄英疏"安时而处顺，哀乐不能入"曰：

> 安于生时，则不厌于生；处于死顺，则不恶于死。千变万化，未始
> 非吾，所适斯适，故忧乐无错其怀矣。②

郭象注"县解"曰："以有系者为县，则无系者县解也，县解而性命之情得矣。"③成玄英疏曰："帝者，天也。为生死所系者为县，则无死无生者县解也。夫死生不能系，忧乐不能入者，而远古圣人谓是天然之解脱也。"④"县"即为"悬"，人生如同被倒挂着，只有那些能够顺应万事万物变化规律，不乐生忧死，不受生死之情限制的人才可称之为"圣人"。

　　庄子把让人承受倒悬之苦与那些障碍、毁损人的存在和自由的因素归为两类："外刑"和"内刑"。《庄子·列御寇》曰：

> 为外刑者，金与木也；为内刑者，动与过也。宵人之离外刑者，金
> 木讯之；离内刑者，阴阳食之。夫免乎外内之刑者，唯真人能之。（《庄
> 子·列御寇》）

崔大华诠释"外刑"与"内刑"的区别曰：

> 很明显，这里的"外刑"，是指社会的政治、经济、伦理道德等所共
> 同结成的规范、制约人的力量；这里的"内刑"，是指伤害、扰乱人的内
> 心恬静的哀乐爱恶之情欲。⑤

　　作为社会中的生存个体，"我"分为"形态我"和"情态我"，前者是人物

---

① （清）郭庆藩：《庄子集释》，王孝鱼点校，北京：中华书局，1961 年，第 129 页。
② （清）郭庆藩：《庄子集释》，王孝鱼点校，北京：中华书局，1961 年，第 129 页。
③ （清）郭庆藩：《庄子集释》，王孝鱼点校，北京：中华书局，1961 年，第 129 页。
④ （清）郭庆藩：《庄子集释》，王孝鱼点校，北京：中华书局，1961 年，第 129 页。
⑤ 崔大华：《庄学研究——中国哲学一个观念渊源的历史考察》，北京：人民出版社，1992 年，第 149 页。

质性的一面,后者是人社会性的一面。因此人的生死存亡有两种,一种是"形态"上的生死存亡,一种是"情态"上的生死存亡。很显然,作为"形态我",即生理层面的"我"主要受的是"内刑"困扰,而作为"情态我",即社会层面的"我"主要受"外刑"的困扰。

对于形态上的死亡,庄子多有论述:

> 子祀子舆子犁子来四人相与语曰:"孰能以无为首,以生为脊,以死为尻,孰知死生存亡之一体者,吾与之友矣。"四人相视而笑,莫逆于心,遂相与为友。(《庄子·大宗师》)

> 俄而子舆有病,子祀往问之。曰:"伟哉夫造物者,将以予为此拘拘也! 曲偻发背,上有五管,颐隐于齐,肩高于顶,句赘指天。"阴阳之气有沴,其心闲而无事,跰𪨗而鉴于井,曰:"嗟乎! 夫造物者又将以予为此拘拘也!"(《庄子·大宗师》)

> 子祀曰:"女恶之乎?"

> 曰:"亡,予何恶! 浸假而化予之左臂以为鸡,予因以求时夜;浸假而化予之右臂以为弹,予因以求鸮炙;浸假而化予之尻以为轮,以神为马,予因以乘之,岂更驾哉! 且夫得者,时也,失者,顺也;安时而处顺,哀乐不能入也。此古之所谓县解也,而不能自解者,物有结之。且夫物不胜天久矣,吾又何恶焉!"(《庄子·大宗师》)

对于庄子来说,他所主要关注的不是这种生命意义上的,即"形态我"意义上的生死相齐,因为生理层面上的生与死只是自然大化的一部分:

> 夫大块载我以形,劳我以生,佚我以老,息我以死。故善吾生者,乃所以善死也。(《庄子·大宗师》)

庄子更关注的是"情态我"的生死相齐,世人对"情态我"的执着其实就是对仁义道德的汲汲追求。"情态我"即为拉康主体理论视野下的主体性。拉康认为儿童从诞生到接触到社会法规这一段时间只是一个自然的个体。儿童在成长的过程中会渐渐接触到先他在而存在的社会法规的力量,只有认同法规的约束并依此行事,他才算是进入社会,确立了自己的主体性,从而从一个自然体转变为社会主体，也就是确立了"情态我"的地位。拉康认为人的主体性是通过对先于主体存在的法规的认同而确立的，拉康用"父亲的名字"或"父亲的隐喻"这一术语代指法规和法规对个体的压抑。这里的父亲并不是现实生活中真实的父亲，他仅代表一个位置或一种功能，在生活中行使着父亲职权的舅父、教师也在"父亲的隐喻"之列。父亲是象征的父亲，"父亲的名字"就代表一种法规，一种家庭和社会的制度。因而，主体对"父亲的名字"的认识，实际上就是对文明社会的一套先他而存在的法规的认识。象征性的父亲引入了法的规则，使主体开始接触到法规的巨大力量。儿童对父亲采取认同的态度，认可父亲的法规，承认父亲的象征地位，获得对父亲的认同，从而确立自己独立的主体性人格。从此，获得主体性的儿童便可以从社会的自然状态进入文化的象征秩序之中了。人由此成为一个社会性的人，确立了自己的主体性，主体性是在认同社会法规（仁义道德、风俗习惯以及礼仪惯例等等）的过程中取得的。陈静在其论文《"吾丧我"——〈庄子·齐物论〉解读》中隐约指出了"父亲的名字"所代表的法规对主体的约束作用：

> 在庄子对"情态的我"的描述中，他似乎只是在说"我"在各种不同的情状下的表现，在说一个情态的"我"，但是，在他言说的这样一个"我"的背后，却清楚地透露出一个"他人"来，因为"我"的种种情态，都有"他人"的原因或者是以"他人"作为对象的。因此可以说，"情态的我"提示着一个"他人"的参照，从而展示了人作为社会性存在的一面。我们说过，如果人生就展现为一个"形态的我"，人是不可能从"物性"的存在状态中超越出来的，同样，如果人生只展现为一个"情态的我"，人也不可能从社会性的存在状态或者说从"角色"中超脱出来。[①]

"我"要想成为社会的一分子，必须认同社会的法规，也就是对"我"背后的"他人"的认同，"我"只有以"他人"为参照才可能展示"我"社会性的一面。在儒家的社会角色中，君君臣臣，父父子子，都是一种对立或参照关系，一个角色的存在是以他者的存在为前提。

---

① 陈静：《"吾丧我"——〈庄子·齐物论〉解读》，《哲学研究》，2001 年第 5 期，第 51 页。

只有认同了符号界法规的合理性，承认了"父亲的名字"的存在，一个人才能真正成为主体。但拉康同时强调这种主体是被法规异化的主体，人一旦确立了自己在社会中的主体地位，便失去了作为自然个体所拥有的自由个性。

拉康宣称社会用自己的法规强行确立人的主体性是把主体变作一个驯从的鸵鸟，主体只是一个温驯的能指符号。"不仅仅是一个主体，而是卷入在主体间性中的多个主体排进了队伍，也就是说成了我们的鸵鸟。我们现在又回到了鸵鸟上来了。这些鸵鸟比绵羊更驯服，它们是按照它们在能指连环上移动的那一时刻来塑定它们的本身的。"[①]所以主体一旦成为主体，就会完全融入一套现有的规则之中，成为这个规则的一个温驯的遵守者，从而在道德仁义中迷失自我本性。

人一旦成为那个仅仅作为能指符号的主体，即作为"情态我"，那么就等于宣布了其自身"形态我"的死亡。拉康指出："死亡是象征界的一部分，因为符号通过代替自己所象征之物等于宣布了物的死亡：'符号是事物的谋杀者。'"[②]因此庄子一直警惕这种符号主体的生成，庄子曾借孔子之口感叹道："哀莫大于心死，而人死亦次之。"（《庄子·田子方》）钟泰解释曰："此'死'非澌灭之谓，亦言其不活而已。"[③]对一个人来说，心死是最大的悲哀，导致心死的原因是符号性自我的确立，是外物的束缚。这个外物就是名利、权势及财富等身外之物，它们都是人为的精神桎梏，使人"近死之心，莫使复阳也"（《庄子·齐物论》）。礼仪压抑了人的天性，"中国之民，明乎礼仪而陋乎知人心"（《庄子·田子方》）。

王凯在其《逍遥游——庄子美学的现代阐释》中一针见血地指出世俗仁义的虚伪性："在这里，庄子尖锐地批判了儒家礼乐仁义的说教，尽管儒家诸子的动机是要用礼乐仁义来规范和协调人与人之间、人与社会之间的关系，但事实上只能为统治者所利用，使其成为维护残酷统治和欺骗百姓的工具。"[④]在儒墨理论的诱导下，人们汲汲于功名利禄，沉湎于对"功"

---

① （法）拉康：《拉康选集》，褚孝泉译，上海：上海三联书店，2001年，第22页。

② Dylan Evans, *An Introductory Dictionary of Lacanian Psychoanalysis*, London and New York: Routledge, 1996, p. 31.

③ 钟泰：《庄子发微》，上海：上海古籍出版社，2002年，第468页。

④ 王凯：《逍遥游——庄子美学的现代阐释》，武汉：武汉大学出版社，2003年，第6页。

"名"这种符号性的东西的追求,以期得到"他人"的认可,在"他人"的眼中确立自己"情态我"的主体地位。人因此也就由"其行填填,其视颠颠"(《庄子·马蹄》)变成了"其寐也魂交,其觉也形开;与接为构,日以心斗"(《庄子·齐物论》)的纷乱状态。

　　庄子在解构儒墨的基础上提出生死齐一的观念,不仅仅是要齐一世人肉体观念的生死观,更是要齐一世人社会功利观念的生死观。正是世人乐生忧死、汲汲于功名才造成人性的异化,因为"大道废,有仁义;智慧出,有大伪;六亲不和,有孝慈;国家昏乱,有忠臣"①(《老子道德经·十八章》)。所以儒家的仁义礼教使人执着于"情态我"而忽略了"形态我",庄子用齐生死的方法批判儒家礼乐仁义,解救人心对制度的过分沉湎,确保人性的健全,从而使世人免受"外刑"与"内刑"的撄扰,保持人性不被异化,处于一种淳朴自然的状态。庄子用"齐论"的方法来解构这种符号对人心的"囚杀"。

---

① (周)李耳撰,(魏)王弼注,(唐)陆德明音义:《老子道德经·十八章》,《二十二子》,第 2 页。

第三章　社会层面逍遥：齐论然后"以明"

生逢乱世，人事艰辛。"死者以国量乎泽若蕉，民其无如矣。"（《庄子·人间世》）"福轻乎羽，莫之知载；祸重乎地，莫之知避。"（《庄子·人间世》）究其因，皆因为"天下之人，各为其所欲焉，以自为方"：

> 天下大乱，贤圣不明，道德不一，天下多得一察焉以自好。譬如耳目鼻口，皆有所明，不能相通。犹百家众技也，皆有所长，时有所用。虽然，不该不遍，一曲之士也。判天地之美，析万物之理，察古人之全，寡能备于天地之美，称神明之容。是故内圣外王之道，暗而不明，郁而不发，天下之人各为其所欲焉以自为方。悲夫！百家往而不反，必不合矣！后世之学者，不幸不见天地之纯，古人之大体，道术将为天下裂。（《庄子·天下》）

天下大乱的时候，圣贤隐晦，道德分歧，天下的人多各执一端以自耀。譬如耳目鼻口，都有它的功能，却不能互相通用，犹如百家众技一样，都有所长，时有所用。虽然这样，但不兼备又不周遍，只是偏于一端。他们割裂天地的纯美，离析万物的常理，分割古人道术的整体，很少能具备天地的纯美，相称神明的盛容。所以内圣外王之道，暗淡不明，抑郁不发，天下的人各尽所欲而自为方术。可悲啊！百家往而不返，必定和道术不能相合了！后世的学者，不幸不能见到一种天地的纯美，古人道术的全貌将要为天下所割裂[①]。

"天下大乱"与"贤圣不明，道德不一"互为因果。天下大乱之际，看似价值观多元，其实是价值观混乱。之所以"道术将为天下裂"，究其因乃是"一曲之士""得一察焉以自好"，"各为其所欲焉，以自为方"。无论"自好"还是"自方"，皆是"一曲之士"囿于己见的价值观，这种以自我为中心的论

[①] 译文参考陈鼓应注译：《庄子今注今译》，北京：中华书局，1983年，第990页。

点，是"判天地之美，析万物之理，察古人之全"的根本原因。其最好的解决办法则是解构这种以自我为中心的观点和论调。

一、无功逍遥的获得：齐论

本节承接上文探讨的"心死"和"人死"的原因和区别，指出世上的争乱是诸子各家把自己的理论作为上层建筑，擅定是非，利用暴力机器推广实施，从而建构起有利于自己的道德体系、社会制度等等造成的。只有齐儒墨之"论"，也就是齐执于己见的"是其所非，非其所是"的"儒墨之是非"（《庄子·齐物论》）才能达到"逍遥"的第二种境界："无功"逍遥。因此，只有齐百家之"论"才能平息社会的纷争，达到"无功"逍遥之境。

（一）庄子对儒家礼与仁的解构

太史公司马迁《史记·老子韩非列传》评判《庄子》一书的目的曰："著书十余万言，……以诋訾孔子之徒，以明老子之术。"①那么，"孔子之徒"有哪些方面可以"抵訾"呢？因此考察儒家建构其思想体系的目的是必要的。

王国维明确指出儒家学说的目的是："综合尧舜三代先王之道而组织之，即欲依客观之礼以经纶社会也。至其根本原理则信天命，自天道绎之而得'仁'，即从'天人合一'观以立人间行为之规矩准绳。"②儒家认为以伦理道德工具为人间立规矩准绳可以使社会伦理有序，可以使"天人合一"，使社会达到一种和谐状态。

庄子却不这样认为，庄子曾借孔子之口感叹道："哀莫大于心死，而人死亦次之。"（《庄子·田子方》）如前文所言，庄子把心死看作是最大的悲哀，导致心死的是外物的束缚，这个外物就是儒家所倡导的仁义、道德及礼乐等人为的精神桎梏。尽管儒家诸子的动机是要用礼乐仁义来规范和协调人与人之间、人与社会之间的关系，但事实上却常常被异化为身心的桎

---

① （汉）司马迁：《史记·老子韩非列传》，北京：中华书局，1959年，第2143—2144页。
② 王国维：《王国维文集》第三卷，北京：中国文史出版社，1997年，第108页。

梏。因此，儒家以"礼""仁"为工具的"规矩准绳"①就成为庄子解构的目标。

儒家把"礼"当作治理社会的有效工具：

> 道之以政，齐之以刑，民免而无耻。道之以德，齐之以礼，有耻且格。②（《论语·为政》）

> 克己复礼为仁。一日克己复礼，天下归仁焉。为仁由己，而由人乎哉？③（《论语·颜渊》）

> 礼乐不兴，则刑罚不中；刑罚不中，则民无所措手足。④（《论语·子路》）

> 君子之道，譬犹防欤。夫礼之塞乱之所从生也，犹防之塞水之所从来也。……故婚姻之礼废，则夫妇之道苦，而淫僻之罪多矣。乡饮酒之礼废，则长幼之序失，而争斗之狱繁矣。聘射之礼废，则诸侯之行恶，而盈溢之败起矣。丧祭之礼废，则臣子之恩薄，而倍死忘生之礼众矣。凡人之知，能见已然，不能见将然。礼者禁将然之前，而法者禁于已然之后。是故，法之用易见而礼之所为生难知也。……礼云，礼云，贵绝恶于未萌，而起敬于微眇，使民日徙善远罪而不自知也。⑤

儒家认为"礼"是社会秩序的保证，因此要以"礼"为工具"立人间行为之规矩准绳"。这也是儒家追求社会和谐的依据，其前提是在社会中建立统一的知识体系、行为规则——社会生活领域中的种种公共礼法。

和儒家不同，道家强调礼乐制度是对人性的戕害，人性窳败始于礼乐仁义的设立：

---

① 按：这里的"规矩准绳"也即庄子所说的儒家那种"经式仪度"。钟泰《庄子发微》曰："'式'，法也。'度'，制也。'经式'者，经常之法。'义度'者，义理之制。"（钟泰：《庄子发微》，上海：上海古籍出版社，2002年，第169页）释德清曰："仪，法也。经式仪度，皆谓法度也。"见（清）郭庆藩：《庄子集释》，王孝鱼点校，北京：中华书局，1961年，第290页。所以，这里的"规矩准绳"应该包括"礼""仁"在内的道德规范和各种法则在内的社会制度。所有这些"规矩准绳"都是拉康"符号界"的一部分。

② （魏）何晏等注，（宋）邢昺疏：《论语注疏·为政第二》，（清）阮元校刻：《十三经注疏》，第2461页。

③ （魏）何晏等注，（宋）邢昺疏：《论语注疏·颜渊第十二》，（清）阮元校刻：《十三经注疏》，第2502页。

④ （魏）何晏等注，（宋）邢昺疏：《论语注疏·子路第十三》，（清）阮元校刻：《十三经注疏》，第2506页。

⑤ 《大戴礼记·礼察》，北京：国家图书馆藏上海商务印书馆缩印无锡孙氏小渌天藏明嘉趣堂本，第7页。

故失道而后德，失德而后仁，失仁而后义，失义而后礼。夫礼者，忠信之薄而乱之首。[①]（《老子道德经·三十八章》）

夫小惑易方，大惑易性。何以知其然邪？自虞氏招仁义以挠天下也，天下莫不奔命于仁义，是非以仁义易其性与？故尝试论之，自三代以下者，天下莫不以物易其性矣。（《庄子·骈拇》）

古之人，同气于天地，与一世而优游。当此之时，无庆贺之利，刑罚之威，礼义廉耻不设，毁誉仁鄙不立，而万民莫相侵欺暴虐，犹在于混冥之中。逮至衰世，人众财寡，事力劳而养不足，于是忿争生，是以贵仁；仁鄙不齐，比周朋党，设诈谞，怀机械巧故之心，而性失矣，是以贵义；阴阳之情，莫不有血气之感，男女群居杂处而无别，是以贵礼；性命之情，淫而相胁，以不得已则不和，是以贵乐。是故仁义礼乐者，可以救败，而非通治之至也。夫仁者，所以救争也；义者，所以救失也；礼者，所以救淫也；乐者，所以救忧也。神明定于天下而心反其初，心反其初而民性善，民性善而天地阴阳从而包之，则财足而人澹矣，贪鄙忿争不得生焉。由此观之，则仁义不用矣。道德定于天下而民纯朴，则目不营于色，耳不淫于声，坐俳而歌谣，被发而浮游，虽有毛嫱、西施之色，不知说也。掉羽、武象，不知乐也，淫泆无别，不得生焉。由此观之，礼乐不用也。是故德衰然后仁生，行沮然后义立，和失然后声调，礼淫然后容饰。是故知神明然后知道德之不足为也，知道德然后知仁义之不足行也，知仁义然后知礼乐之不足修也。今背其本而求其末，释其要而索之于详，未可与言至也。[②]（《淮南子·本经训》）

立仁义，修礼乐，则德迁而为伪矣。及伪之生也，饰智以惊愚，设诈以巧上，天下有能持之者，有能治之者也。[③]（《淮南子·本经训》）

冯达文在其专著《中国哲学的本源——本体论》中从本体论的高度探求儒家仁义道德以及各种礼义制度产生的原因，强调礼法是对"道"的远离，是儒家为了便于操作而强加于世，为了定尊卑而人为设置：

---

① （周）李耳撰，（魏）王弼注，（唐）陆德明音义：《老子道德经·三十八章》，《二十二子》，第 4 页。
② （汉）刘安撰，（汉）高诱注，（清）庄逵吉校：《淮南子·本经训》，《二十二子》，第 1238 页。
③ （汉）刘安撰，（汉）高诱注，（清）庄逵吉校：《淮南子·本经训》，《二十二子》，第 1239 页。

老子说："朴散则为器。""朴"为道，为本源，"朴"散不为"物"而为"器"，此中极有深意。其深意在于，以"器"称之，正好标明人们面对的各种物则的工具性、操作性。老子又说："始制有名，名亦既有，夫亦将知止。"老子这里的"名"，固指名分，但也泛指维护名分的公共礼法与有关器物的各种知识。①

儒家之"器"由于远离"道"，故破坏了人性的质朴，使人过此以往，将争锥刀之末，打乱了庄子理想状态下物与物之间"凄然似秋，暖然似春，喜怒通四时，与物有宜而莫知其极"（《庄子·大宗师》）的和谐关系。因而儒家的"规矩准绳"人为地重新规定了人与人以及人与物之间的关系，损害了人的"德"：

> 且夫待钩绳规矩而正者，是削其性者也；待绳约胶漆而固者，是侵其德者也；屈折礼乐，呴俞仁义，以慰天下之心者，此失其常然也。天下有常然。常然者，曲者不以钩，直者不以绳，圆者不以规，方者不以矩，附离不以胶漆，约束不以缠索。故天下诱然皆生而不知其所以生，同焉皆得而不知其所以得。故古今不二，不可亏也。则仁义又奚连连如胶漆缠索而游乎道德之间为哉，使天下惑也！（《庄子·骈拇》）

孔子的"礼""仁"思想主要体现在下面这句话中：

> 颜渊问仁。子曰："克己复礼为仁。一日克己复礼，天下归仁焉。为仁由己，而由人乎哉？"颜渊曰："请问其目。"子曰："非礼勿视，非礼勿听，非礼勿言，非礼勿动。"颜渊曰："回虽不敏，请事斯语矣。"②（《论语·颜渊》）

对于"克己复礼"，马融曰："克己，约身"，孔安国曰："复，反也。身能反礼，则为仁矣。"③在孔子理论视野里，达到儒家与社会"天人合一"的整体状态

---

① 冯达文：《中国哲学的本源——本体论》，广州：广东人民出版社，2001年，第181页。
② （魏）何晏等注，（宋）邢昺疏：《论语注疏·颜渊第十二》，（清）阮元校刻：《十三经注疏》，第2502页。
③ （魏）何晏等注，（宋）邢昺疏：《论语注疏·颜渊第十二》，（清）阮元校刻：《十三经注疏》，第2502页。

是一个由"己"复"礼"再由"礼"归"仁"的过程。庄子对儒家理论的解构也是以此为线索，通过解构儒家理论语境下的"己""礼""仁"而实现的。我们下面从"己""礼""仁"三个方面依次讨论庄子对儒家理论的解构。

1. 庄子的"无己"与儒家的"克己"

徐复观在其《中国人性论史（先秦篇）》中解释儒家"己"的内涵及其与"仁"的关系，徐氏曰：

> "己"是人的生理性质的存在，即宋明儒所说的"形气"。人必须是有形有气的；即必须有五官百体的。但五官百体，皆有自己的欲望，皆要求达到它们的欲望，以满足它们自己；这即是孔子在上面所说的"己"。五官百体为了满足自己的欲望，纵然由此而可发出智能上的努力，但亦会加深人我对立，以成就其"形气之私"，即成就所谓"人欲""私欲"；这是障蔽仁地精神的总原因，也是最根本的原因。"克己"，即是，战胜这种私欲，突破自己形气的隔限，使自己的生活完全与礼相合，这是从根源上着手的全般提起的工夫、方法；在根源上全般提起的工夫、方法，超越了仁在实现中的层级的限制，仁体即会当下呈露；所以说"一日克己复礼，天下归仁焉"。①

"己"就是"五官百体"，就是一己之私，"己"是障蔽仁的原因，由此必须"克己"，也就是压抑人性，通过牺牲人的个性而满足社会对整体性的需要。与孔子不同，庄子提倡"无己"，主张去一己之私，庄子的"无己"是释放人性。对于道家"无己"以附和人性、儒家"克己"以迎合社会性的特点，吴怡在其《中国哲学发展史》中有深刻的论述，吴氏曰：

> 所谓"克己复礼为仁"，是指"克己复礼"乃行仁之方。克己就是克除私欲，也就是"非礼勿视，非礼勿听，非礼勿言，非礼勿动"，这四条克己复礼的项目，并非孤立的，因为只做到非礼勿视等本身，并无多大意义；重要的是，经过"非礼勿视"等的修炼之后，功夫纯熟，下学上达，使

---

① 徐复观：《中国人性论史（先秦篇）》，上海：上海三联书店，2001 年，第 85 页。

内心毫无非礼之念，因此在行为上自能中规中矩。①

儒家一旦通过其礼制使人达到"内心毫无非礼之念，因此在行为上自能中规中矩"，那么人自然天放、放德而行的自由人性也就被完全泯灭了。

儒家经典文本中，对"克己"的要求俯拾皆是，不胜枚举，如"三省吾身""修己安人""见贤思齐""君子固穷"等等。

儒家诸多对人行为的限制就是为了利用"克己"的方法来收获肉体和精神自律后的道德价值：

> 君子食无求饱，居无求安，敏于事而慎于言，就有道而正焉，可谓好学也已。②（《论语·学而》）
> 一箪食，一瓢饮，在陋巷，人不堪其忧，回也不改其乐。③（《论语·雍也》）
> 饭疏食饮水，曲肱而枕之，乐亦在其中矣。④（《论语·述而》）

和儒家用"克己"的方法向社会之"仁"回归不同，庄子用"无己"的方法解构儒家"克己"。"无己"就是使人性向自然之"道"回归，庄子追求的是一种"放德而行"的"天放"状态，其方法是"无己"：

> 今子有大树，患其无用，何不树之于无何有之乡，广莫之野，彷徨乎无为其侧，逍遥乎寝卧其下。（《庄子·逍遥游》）
> 芒然彷徨乎尘垢之外，逍遥乎无为之业。（《庄子·大宗师》）
> 古之至人，假道于仁，托宿于义，以游逍遥之虚，食于苟简之田，立于不贷之圃。逍遥，无为也。（《庄子·天运》）

2.庄子对"礼"的解构

儒家教化下"克己"是为了使"己"的行为符合"礼"的要求。"礼"在儒

---

① 吴怡：《中国哲学发展史》，台北：三民书局，2009年，第48页。
② （魏）何晏等注，（宋）邢昺疏：《论语注疏·学而第一》，（清）阮元校刻：《十三经注疏》，第2458页。
③ （魏）何晏等注，（宋）邢昺疏：《论语注疏·雍也第六》，（清）阮元校刻：《十三经注疏》，第2478页。
④ （魏）何晏等注，（宋）邢昺疏：《论语注疏·述而第七》，（清）阮元校刻：《十三经注疏》，第2482页。

家思想中占重要地位,劳思光在其《新编中国哲学史》中指出"礼"是孔子理论的主脉:

> 孔子之学,由"礼"观念开始,进至"仁""义"诸观念。故就其基本理论言之,"仁、义、礼"三观念,为孔子理论之主脉,至于其他理论,则皆可视为此一基本理论之引申发挥。①

因此,认真清理孔子之"礼"的内涵是理解儒家理论的前提。在进一步探讨孔子思想中"礼"的内容之前,我们先追溯"礼"的词源学意义,正本清源方可掌握"礼"的真正本质。

"礼"最初是一种宗教仪式。《礼记》标题疏曰:"礼事起于燧皇,礼名起于黄帝。"②表明礼最初是原始初民用来祈福禳祸、慎终追远的仪式。故许慎《说文解字》言:"礼,履也,所以事神致福也。"③徐灏《说文解字注笺》亦云:"礼之名起于事神,引申为凡礼仪之礼。"④由于"礼"最初用来祭祀鬼神,因而"礼"具有一定的精神威慑力和统治力量。阶级出现以后,统治阶级认识到"礼"的这一力量,把其用于阶级统治,并加以制度化,从而使礼制为阶级统治服务,于是"礼"就由精神力量转变为制度力量。

后来"礼"的意义范围逐渐扩大,不仅仅局限于宗教义,还包括一切社会习惯风俗所承认的行为规矩。统治者一旦把来自民间的礼乐加以取舍并制度化,以法规的形式颁布出来就形成了礼乐制度。礼乐一旦以制度的姿态出现也就有了强制力,成为人们不得不遵守的规范。《礼记》曰:

> 礼者,君之大柄也,所以别嫌、明微、傧鬼神、考制度、别仁义,所以治政安君也。⑤

---

① 劳思光:《新编中国哲学史》第1卷,桂林:广西师范大学出版社,2005年,第81页。
② (汉)郑玄注,(唐)孔颖达等正义:《礼记正义》标题疏,(清)阮元校刻:《十三经注疏》,第1229页。
③ (清)桂馥:《说文解字义证》,北京:中华书局影印湖北崇文书局刻本,1987年,第6页。
④ 徐灏:《说文解字注笺》,台北:广文书局,1972年,第27页。
⑤ (汉)郑玄注,(唐)孔颖达等正义:《礼记正义·礼运第九》,(清)阮元校刻:《十三经注疏》,第1418页。

礼者，因人之情而为之节文，以为民坊者也。①

儒家以制度的形式把一切社会活动都置于礼的节制之下，将人与人之间的关系、行为纳入礼制轨道，对"礼"不得僭越违逆，正如《礼记·仲尼燕居》云："君子无物而不在礼矣。"②因此儒家把"礼"作为"民坊"。由于礼作为"君之大柄"，可以"治政安君"和"以为民坊"，因此"礼"就有了强制性，规定人的行为方式，以求符合一个预定的模式。正因为"礼"将人的思想、行为格式化，人们只能按照一定的标准来生活，因此"礼"也就有了政治法律的性质：

> 人性有男女之情，妒忌之别，为制婚姻之礼；有交接长幼之序，为制乡饮之礼；有哀死思远之情，为制丧祭之礼；有尊尊敬上之心，为制朝觐之礼。③
>
> 礼，经国家，定社稷，序民人，利后嗣者也。④
>
> 礼者，所以定亲疏，决嫌疑，别同异，明是非也。⑤
>
> 礼者，贵贱有等，长幼有差，贫富轻重皆有称者也。⑥
>
> 夫礼者，所以章疑别微，以为民坊者也。故贵贱有等，衣服有别，朝廷有位，则民有所让。⑦
>
> 民之所由生，礼为大。非礼无以节事在地之神也，非礼无以辨君臣上下长幼之位也，

---

① （汉）郑玄注，（唐）孔颖达等正义：《礼记正义·坊记第三十》，（清）阮元校刻：《十三经注疏》，第1618 页。

② （汉）郑玄注，（唐）孔颖达等正义：《礼记正义·仲尼燕居第二十八》，（清）阮元校刻：《十三经注疏》，第 1614 页。

③ （汉）班固撰，（唐）颜师古注：《汉书·礼乐志》，北京：中华书局，1962 年，第 1027—1028 页。

④ （晋）杜预注，（唐）孔颖达等正义：《春秋左传正义·隐公十一年》，（清）阮元校刻：《十三经注疏》，第 1736 页。

⑤ （汉）郑玄注，（唐）孔颖达等正义：《礼记正义·曲礼上第一》，（清）阮元校刻：《十三经注疏》，第1231 页。

⑥ （周）荀况撰，（唐）杨倞注，（清）卢文弨、（清）谢墉校：《荀子·富国》，《二十二子》，第 308 页。

⑦ （汉）郑玄注，（唐）孔颖达等正义：《礼记正义·坊记第三十》，（清）阮元校刻：《十三经注疏》，第1619 页。

非礼无以别男女父子兄弟之亲、婚姻疏数之交也。①

儒家坚持严格地以"礼"来节制人情，其原因与对人性的认识是分不开的。儒家把"礼义"看作是人性的标志，如：《礼记·冠义》明确提出："凡人之所以为人者，礼义也。"②《礼记·曲礼上》亦云："是故圣人作礼以教人，使人以有礼，知自别于禽兽。"③孟子从"仁义礼智"四端来概括人性，总结人与禽兽的区别在于"仁义"的有无："人之所以异于禽兽者几希，庶民去之，君子存之。舜明于庶物，察于人伦，由仁义行，非行仁义也。"④因此儒家将"礼"看作人类所特有，是人与自然万物相区分的唯一标志。

　　儒家从功利政治的角度看待人性问题，把人看作社会整体的一部分，"礼"可以使人与社会整合。《礼记·乐记》阐明"礼"的作用曰："先王之制礼乐也，非以极口腹耳目之欲也，将以教民平好恶，而反人道之正也。"⑤"穷本知变，乐之情也；著诚去伪，礼之经也。"⑥所谓"反人道之正"，所谓"穷本""去伪"，都是说"礼"能够使人与社会整合，恢复儒家价值观下人的本来面目而已。人是社会整体的一部分，"礼"要恢复人性的原本面目，维护社会整体的稳定，其方法就是设礼制确立贵贱尊卑的等级秩序和制度。《史记·礼书》明白表述礼制就是为了订立"君臣朝廷尊卑贵贱之序，下及黎庶车舆衣服宫室饮食嫁娶丧祭之分"⑦。《礼记·曲礼上》曰："礼者，所以定亲疏，决嫌疑，别同异，明是非也。"⑧《荀子·富国》亦云："礼者，贵贱

---

① （汉）郑玄注，（唐）孔颖达等正义：《礼记正义·哀公问第二十七》，（清）阮元校刻：《十三经注疏》，第 1611 页。
② （汉）郑玄注，（唐）孔颖达等正义：《礼记正义·冠义第四十三》，（清）阮元校刻：《十三经注疏》，第 1679 页。
③ （汉）郑玄注，（唐）孔颖达等正义：《礼记正义·曲礼上第一》，（清）阮元校刻：《十三经注疏》，第 1231 页。
④ （汉）赵岐注，（宋）孙奭疏：《孟子注疏·离娄章句下》，（清）阮元校刻：《十三经注疏》，第 2727 页。
⑤ （汉）郑玄注，（唐）孔颖达等正义：《礼记正义·乐记第十九》，（清）阮元校刻：《十三经注疏》，第 1528 页。
⑥ （汉）郑玄注，（唐）孔颖达等正义：《礼记正义·乐记第十九》，（清）阮元校刻：《十三经注疏》，第 1537 页。
⑦ （汉）司马迁：《史记·礼书第一》，北京：中华书局，1959 年，第 1158 页。
⑧ （汉）郑玄注，（唐）孔颖达等正义：《礼记正义·曲礼上第一》，（清）阮元校刻：《十三经注疏》，第 1231 页。

有等，长幼有差，贫富轻重皆有称者也。"①

弗洛姆在其《爱的艺术》中批评这种用一定模式划定人的行为是把人变成了毫无个性的"人原子"：

> 当今社会鼓吹实现无个性化的平等理想，因为这个社会需要"人原子"(human atoms)，这些人原子相互之间完全一样，要让他们在一个大规模集合体中毫无摩擦地平滑地发挥作用；要他们所有人都服从同一个命令，但是每个人却都相信他们是在按自己的意愿行事。就像现代化的大规模生产要求商品标准化一样，社会进程也要求把人的标准化，并把这种标准化叫做"平等"。②

儒家之"礼"把活泼泼的个体格式化为无差别的"人原子"，以泯灭人的个性为代价实现对社会的治理。和儒家这一标准相异，庄子倡导自然天放、放德而行的行为方式。庄子把"礼"看作是华而不实的东西，《庄子·知北游》曰：

> 道不可致，德不可至。仁可为也，义可亏也，礼相伪也。故曰："失道而后德，失德而后仁，失仁而后义，失义而后礼。礼者，道之华而乱之首也。"（《庄子·知北游》）

林希逸《南华真经口义》注解曰：

> "道不可致"，不可以言致也。"德不可至"，不可以迹求也。仁、义、礼，皆为有迹；有迹则于道赚矣。庄子以礼为强世，故比之仁义。其迹又甚，故曰"道之华，乱之首"。"华"，外饰而无其实也。外饰之伪，欺诈之所由生也，故曰"乱之首"。③

道不可言致，德不可迹求，此德为道家之"放德而行"而非儒家之"道德"也。

―――――――――――――

① （周）荀况撰，（唐）杨倞注，（清）卢文弨、（清）谢墉校：《荀子·富国》，《二十二子》，第308页。
② （美）弗洛姆：《爱的艺术》，赵正国译，北京：国际文化出版公司，2004年，第20页。
③ （宋）林希逸：《南华真经口义》，陈红映校点，昆明：云南人民出版社，2002年，第308页。

儒家道德重"礼"，而在庄子看来，儒家之"礼"却是社会动乱的罪魁祸首。庄子指出，"礼"是对人性的压抑，正是由于"礼"的限制，人的本性乖张，远离大道。《庄子·马蹄》曰：

> 及至圣人，蹩躠为仁，踶跂为义，而天下始疑矣；澶漫为乐，摘僻为礼，而天下始分矣。故纯朴不残，孰为牺尊！白玉不毁，孰为珪璋！道德不废，安取仁义！性情不离，安用礼乐！五色不乱，孰为文采！五声不乱，孰应六律！夫残朴以为器，工匠之罪也；毁道德以为仁义，圣人之过也。（《庄子·马蹄》）

庄子不但从"礼"的危害方面入手解构"礼"，更从"礼"存在的根本上来质疑其存在的必要性，《庄子·应帝王》曰：

> 肩吾见狂接舆。狂接舆曰："日中始何以语女？"肩吾曰："告我君人者以己出经式义度，人孰敢不听而化诸！"狂接舆曰："是欺德也；其于治天下也，犹涉海凿河而使蚊负山也。夫圣人之治也，治外乎？正而后行，确乎能其事者而已矣。且鸟高飞以避矰弋之害，鼹鼠深藏乎神丘之下以避熏凿之患，而曾二虫之无知！"（《庄子·应帝王》）

庄子借狂接舆之口指出，儒家的规矩准绳看似为了保护世人，其实是一种没有必要的"欺德"，动物尚知怎么趋利避害，更别说人了。钟泰《庄子发微》解释这种"欺德"曰：

> "式"，法也。"度"，制也。"经式"者，经常之法。"义度"者，义理之制。经式义度而以己出，则是私意也，故曰"是欺德"。①

钱穆《庄老通辨》批判儒家礼制曰：

> 夫鸟能高飞，鼠能深穴，彼既各有其天，斯即各有其道。鸟鼠尚

---

① 钟泰：《庄子发微》，上海：上海古籍出版社，2002年，第169页。

然，何况人类。今不闻于鸟鼠群中，必须有一首出侪偶者君临之，以自出其经式仪度来教导管制其他之鸟鼠。则人类群中，又何必定需一政府、一君人者之教导与管制？[1]

儒家把所有的人伦道德，皆纳入礼的范围之中。昭公二十六年晏子谓："礼之可以为国也久矣，与天地并。君令，臣共，父慈，子孝，兄爱，弟敬，夫和，妻柔，姑慈，妇听，礼也。"[2]但庄子认为，私意灌注之礼是统治阶级统治别人的一种工具，统治者并不依礼行事，进一步证明"礼"是一种"欺德"：

> 世之所高，莫若黄帝，黄帝尚不能全德，而战涿鹿之野，流血百里。尧不慈，舜不孝，禹偏枯，汤放其主，武王伐纣，文王拘羑里。此六子者，世之所高也，孰论之，皆以利惑其真而强反其情性，其行乃甚可羞也。（《庄子·盗跖》）
>
> 尧杀长子，舜流母弟，疏戚有伦乎？汤放桀，武王杀纣，贵贱有义乎？王季为适，周公杀兄，长幼有序乎？（《庄子·盗跖》）

庄子把这些以"礼"为手段蛊惑别人的人叫"巧伪之人"，认为他们：

> 摇唇鼓舌，擅生是非，以迷天下之主，使天下学士不反其本，妄作孝悌而侥幸于封侯富贵者也。（《庄子·盗跖》）

胡适在其《中国哲学史》中解释儒家设礼制的初衷："礼只教人依礼而行，养成道德的习惯，使人不知不觉的'徙善远罪'。故礼只是防恶于未然的裁制力。"[3]儒家设礼制本意是为了"防恶于未然"，其实往往被恶人所利用，不但不能"防恶"，反而成为助恶的工具。《庄子·胠箧》曰：

> 跖之徒问于跖曰："盗亦有道乎？"跖曰："何适而无有道邪！"夫妄

---

① 钱穆：《庄老通辨》，北京：生活·读书·新知三联书店，2002 年，第 111 页。
② （晋）杜预注，（唐）孔颖达等正义：《春秋左传正义·昭公二十六年》，（清）阮元校刻：《十三经注疏》，第 2115 页。
③ 胡适：《中国哲学史》上册，《胡适学术文集》，北京：中华书局，1991 年，第 96—97 页。

意室中之藏，圣也；入先，勇也；出后，义也；知可否，知也；分均，仁也。五者不备而能成大盗者，天下未之有也。（《庄子·胠箧》）

庄子认为，"礼"只把人的行为类分，而不能考虑到具体的人的个性，故会伤害人的"德"。《庄子·骈拇》曰：

彼正正者，不失其性命之情。故合者不为骈，而枝者不为跂；长者不为有余，短者不为不足。是故凫胫虽短，续之则忧；鹤胫虽长，断之则悲。故性长非所断，性短非所续，无所去忧也。意仁义其非人情乎！彼仁人何其多忧也？且夫骈于拇者，决之则泣；枝于手者，龁之则啼。二者，或有余于数，或不足于数，其于忧一也。今世之仁人，蒿目而忧世之患；不仁之人，决性命之情而饕贵富。故意仁义其非人情乎！自三代以下者，天下何其嚣嚣也？（《庄子·骈拇》）

在庄子看来，"礼"之所以伤害人的"德"，是因为理想的人性表现应该是一种"放德而行"的状态，人之"情"应该是一种大情，而不是世人观念中的私欲之情。如《庄子·德充符》曰：

惠子谓庄子曰："人故无情乎？"庄子曰："然。"惠子曰："人而无情，何以谓之人？"庄子曰："道与之貌，天与之形，恶得不谓之人？"惠子曰："既谓之人，恶得无情？"庄子曰："是非吾所谓情也。吾所谓无情者，言人之不以好恶内伤其身，常因自然而不益生也。"惠子曰："不益生，何以有其身？"庄子曰："道与之貌，天与之形，无以好恶内伤其身。今子外乎子之神，劳乎子之精，倚树而吟，据槁梧而暝。天选子之形，子以坚白鸣！"（《庄子·德充符》）

庄子所提倡的"情"是自然天放的人性之情，这种情方是博爱万物的"大情"。秦毓鎏在其《读庄穷年录》序言中论述庄子之"情"，认为正是因为庄子多情才提倡"无情"，即"其情愈富，其爱愈薄"：

周之绝情，正其情之过人也。夫从古出类拔萃之圣人未有不富于情者，其情愈富，其爱愈薄，故能以万物之情为情，而欲使之各得其所。正如天行之不可逃，忧患之不可御，大同至乐之境之终无由。至于是悲天悯人，毅然以救世为己任。①

庄子因为心怀天下，"毅然以救世为己任"，所以扬弃"不益生"的小情，以御世之忧患，追求"大同至乐之境"。庄子所要否定的是"不益生"的"欲望"之情，这是一种小情；所要坚持的是"常因自然"的"性命之情"，也就是"德"，这是一种大情。儒家也言"情"，反对世人的欲望之情，但其反对的目的是为了"义"，实现的手段则是"礼"：

> 圣人耐以天下为一家，以中国为一人者，非意之也。必知其情，辟于其义，明于其利，达于其患，然后能为之。何谓人情？喜、怒、哀、惧、爱、恶、欲，七者弗学而能。何谓人义？父慈、子孝、兄良、弟悌、夫义、妇听、长惠、幼顺、君仁、臣忠，十者谓之人义。讲信修睦，谓之人利；争夺相杀，谓之人患。故圣人之所以治人七情，修十义，讲信修睦，尚慈让，去争夺，舍礼何以治之？饮食男女，人之大欲存焉。死亡贫苦，人之大恶存焉。故欲恶者，心之大端也。人藏其心，不可测度也。美恶皆在其心，不见其色也。欲一以穷之，舍礼何以哉？②

比较庄子与儒家的节制情欲，可知二者的目的根本不同，庄子节制情欲是为了"体道"，而儒家节制情欲是为了"克己复礼归仁"。胡适《中国哲学史》从"规定伦理名分""节制人情""涵养性情，养成道德习惯"三个方面阐述儒礼的作用，指明儒礼的目的是为了使人养成"道德习惯"：

> 规定伦理名分，节制情欲——只是要造成一种礼义的空气，使人生日用，从孩童到老大，无一事件不受礼义的裁制，使人"绝恶于未萌，而起敬于微眇，使民日徙善远罪而不自知"。这便是养成的道德习惯。平常的人，非有特别意外的原因，不至于杀人放火，奸淫偷盗，都只为

---

① 秦毓鎏：《读庄穷年录》自序，北京：国家图书馆藏 1917 年 3 月线装铅印本，第 1 页。
② （汉）郑玄注，（唐）孔颖达等正义：《礼记正义・礼运第九》，（清）阮元校刻：《十三经注疏》，第1422 页。

社会中已有了这种平常道德的空气,所以不知不觉的也会不犯这种罪恶。这便是道德习惯的好处。儒家知道要增进人类道德的习惯,必须先造成一种更浓厚的礼义空气,故他们极推重礼乐的节文。①

儒家要以"礼"为手段使人养成"徙善远罪而不自知"的道德习惯,就是要把"徙善远罪"变成一种人无意识之中的行为,这种无意识心理就是"仁"。

胡适同时指出儒家重礼乐本是极合于宗教心理学与教育心理学的,只可惜被政治挟持,礼乐观念被推行到极端,故后来竟过度注意服饰拜跪种种小节,把"礼"的真义反失掉了:

> 后世那些披麻带孝,拿看哭丧杖的人何尝一定有哀痛之心?他又哪里知道如今那些听着枪声就跑的将军兵大爷何尝不穿着军衣带着文虎章?②

这也正是庄子在《庄子·胠箧》中所言,仁义道德只能成为坏人作恶的工具罢了:

> 虽重圣人而治天下,则是重利盗跖也。为之斗斛以量之,则并与斗斛而窃之;为之权衡以称之,则并与权衡而窃之;为之符玺以信之,则并与符玺而窃之;为之仁义以矫之,则并与仁义而窃之。何以知其然邪?彼窃钩者诛,窃国者为诸侯,诸侯之门而仁义存焉,则是非窃仁义圣知耶?(《庄子·胠箧》)

统治阶级对礼制的强化,就是要把"礼"的内涵灌输进人的无意识领域,从而使人们对"礼"的遵循由强迫转化为自觉,正如《礼记·经解》所言:

> 故礼之教化也微,其止邪也于未形,使人日徙善远罪而不自知也。③

---

① 胡适:《中国哲学史》上册,《胡适学术文集》,北京:中华书局,1991年,第99页。
② 胡适:《中国哲学史》上册,《胡适学术文集》,北京:中华书局,1991年,第100页。
③ (汉)郑玄注,(唐)孔颖达等正义:《礼记正义·经解第二十六》,(清)阮元校刻:《十三经注疏》,第1610—1611页。

对于这种从思想上对人们的统治，梁启超《清代学术概论》评价曰："自汉武帝表章六艺，罢黜百家以来，国人之对于六经，只许征引，只许解释，不许批评研究。韩愈所谓'曾经圣人手，议论安敢到？'若对于经文之一字一句稍涉疑议，便自觉陷于'非圣无法'，蹙然不安于良心，非恃畏法网、惮清议而已。"①所以在儒家之"礼"的长期熏陶中，"礼"已经内化为民族的精神，支配着人们的视听言行，以至任何对统治阶级利益有所僭越忤逆之事，非但不能为，甚至连想也不敢想了。这种在无意识中使"礼"成为规范行为的指南、评判是非的准绳的做法叫作"仁"。

综上所述，在"礼"的演变过程中，有着从宗教心理层面到社会意识层面再到社会无意识层面的过渡。作为"社会无意识"的一部分，这种超越了最初宗教意义上对心理的威慑力，及后来社会法制意义上对人行为的强制力的"礼"，才是儒家之"礼"的最高级形态，真正做到了"不战而屈人之兵"，使人"徙善远罪而不自知"，发挥出"礼"对人心统治的最佳效果。

3. 从弗洛姆的"社会无意识"理论看庄子对儒家之"礼"的解构

从学理角度看，对于"无意识"的研究，弗洛姆在弗洛伊德"个体无意识"和荣格"集体无意识"概念的基础上，树立了无意识的第三个里程碑，即"社会无意识"。每个社会都有自己特有的政治、宗教、伦理、法律、风俗习惯和规章制度等意识形态，为了维护公序良俗，保持社会良性运转，从而扬善抑恶、乐善不倦，社会主流意识总会压抑那些为社会所不允许的对社会整体和谐有害的意识，使其成为社会无意识。弗洛姆在其《在幻想锁链的彼岸——我所理解的马克思和弗洛伊德》中明确"社会无意识"是指："那些被压抑的领域，这些领域对于一个社会的最大多数成员来说都是相同的。当一个具有特殊矛盾的社会有效地发挥作用的时候，这些共同的被压抑的因素正是该社会所不允许它的成员们意识到的内容。"②

社会无意识是社会政治、经济、文化等的产物，指社会大多数成员共同受社会压抑，不允许进入意识的那部分经验。一个社会为了良性运转，对人的思想内容、思维方式和言语表达形式进行预设和压抑，人只能以这种

---

① 梁启超：《清代学术概论》，北京：东方出版社，1996 年，第 14 页。
② （美）埃里希·弗洛姆：《在幻想锁链的彼岸——我所理解的马克思和弗洛伊德》，张燕译，长沙：湖南人民出版社，1986 年，第 93 页。

预设好的形式为行为规范，社会成员由此成为社会的俘虏，从而丧失了人之为人的本性，失去了批判的精神。

弗洛姆在马克思学说的基础上提出社会无意识理论，认为马克思仅仅运用普通的术语说明了社会力量决定人的意识形态，而弗洛姆则阐明了社会力量是如何具体地、独特地决定人的意识：

> 对于任何成为意识的经验来说，它必须是按照有意识的思维被组织起来的范畴来理解的。……经验只能在这样一种条件下才成为意识，即经验只能在一个概念的体系中方可以被感知、被联系起来，形成条理。[①]

从被压抑的对象来看，社会无意识不针对某一个具体的成员，对一个社会的多数成员来说这种压抑都是相同的；从被压抑的内容来看，社会无意识不是个人的生物本能，而是该社会不允许它的成员意识到的社会现实。弗洛姆声称每一个社会，通过自己的生活实践和情感认知等，发展出一个决定认知形成的体系或范畴。这个体系或范畴就像一个过滤器，经验只有通过这个过滤器，即经验进入某种特定的概念体系，才能被感知、被联系起来，成为意识。相反正是这个过滤器使社会成员的某些思想经验不能成为意识，而被压抑于无意识之内。"除非经验能进入这个过滤器，否则经验就不能成为意识"[②]。所以，社会过滤器具有选择作用，决定着社会成员可意识到的和不可意识到的内容。那些不可以被意识到的内容便被压抑进无意识领域，成为社会无意识。只有那些能通过社会过滤器的思想、感情和经验，才有可能成为社会意识而被认知，否则，将被停留或压抑在无意识层次内。

社会无意识是那些对一个社会而言消极的、不利于社会发展的情绪或意识。如现代社会中一个"顺从的人"会感到他的生活毫无意义，他对自己的所作所为感到厌烦，却没有意识到应去做自己想做的事情。之所以这样

---

① （美）埃里希·弗洛姆：《在幻想锁链的彼岸——我所理解的马克思和弗洛伊德》，张燕译，长沙：湖南人民出版社，1986 年，第 119—120 页。

② （美）埃里希·弗洛姆：《在幻想锁链的彼岸——我所理解的马克思和弗洛伊德》，张燕译，长沙：湖南人民出版社，1986 年，第 120—121 页。

是因为这种意识对于有组织的社会来说是一种危险结果，这种感觉就被压抑进了社会无意识。

具有选择功能的"社会过滤器"（social filter）决定了社会成员应该知道什么，不应该知道什么，应该做什么，不应该做什么，从而提倡需要的，压抑不需要的。社会过滤器使某些经验很难或者根本不可能进入意识中。社会过滤器由三部分组成：语言、逻辑学和社会禁忌。弗洛姆言称社会禁忌是其中最重要的组成部分：

> 因为这一部分不允许某些感觉成为意识，即使这种感觉已进入意识领域，它也要使这些感觉脱离这个领域。……这些社会的禁忌宣布某些思想和感觉是不合适的、被禁止的、危险的，并且阻止这些思想和感觉达到意识这个层次。[1]

因此，对大部分社会成员来说，什么东西能被意识到，什么东西不能被意识到，完全由社会需要决定，是一种被预先设定好了的结果。"从形式上说，什么是无意识，什么是意识，取决于社会的结构以及这个社会所产生的感觉和思维方式。"[2]对儒家社会而言，儒家之"礼"就是这一"社会过滤器"。儒家通过"礼"实现这一压抑，把一切"非礼"的东西压抑进社会无意识，而让社会成员按"礼"的规章制度行事。

> 吾十有五而志于学，三十而立，四十而不惑，五十而知天命，六十而耳顺，七十而从心所欲，不逾矩。[3]（《论语·为政》）
> 非礼勿视，非礼勿听，非礼勿言，非礼勿动。[4]（《论语·颜渊》）
> 不知礼，无以立也。[5]（《论语·尧曰》）

---

① （美）埃里希·弗洛姆：《在幻想锁链的彼岸——我所理解的马克思和弗洛伊德》，张燕译，长沙：湖南人民出版社，1986年，第126页。
② （美）埃里希·弗洛姆：《在幻想锁链的彼岸——我所理解的马克思和弗洛伊德》，张燕译，长沙：湖南人民出版社，1986年，第134页。
③ （魏）何晏等注，（宋）邢昺疏：《论语注疏·为政第二》，（清）阮元校刻：《十三经注疏》，第2461页。
④ （魏）何晏等注，（宋）邢昺疏：《论语注疏·颜渊第十二》，（清）阮元校刻：《十三经注疏》，第2502页。
⑤ （魏）何晏等注，（宋）邢昺疏：《论语注疏·尧曰第二十》，（清）阮元校刻：《十三经注疏》，第2536页。

对于一个社会的统治阶级来说，总有某些思想和理论是有利、有益的，又有一些思想是有碍、有害的。统治阶级总会压抑那些不合适的、危险的思想，使之进入无意识，这些观点、思想和理论一旦成为社会无意识，其社会成员就会自觉地远离和拒绝这些理念，而顺从地生活在社会预设的模式中。社会过滤器就是那些约束人们行为的政治、道德、法律、习惯、风俗及各种制度。对儒家而言，"礼"是一个重要的社会过滤器，合于"礼"的意识形态就可以进入意识，而"非礼"的意识形态就被压抑进无意识。故儒家以"礼"为工具制约那些不健康的、不合时宜的思想，把其压抑进无意识，使其进入社会成员认识不到的领域才能更好地统治这个社会。

> 道之以政，齐之以刑，民免而无耻。道之以德，齐之以礼，有耻且格。① （《论语·为政》）
>
> 礼乐不兴，则刑罚不中；刑罚不中，则民无所措手足。② （《论语·子路》）
>
> 君子之道，譬犹防欤。夫礼之塞乱之所从生也，犹防之塞水之所从来也。……故婚姻之礼废，则夫妇之道苦，而淫僻之罪多矣。乡饮酒之礼废，则长幼之序失，而争斗之狱繁矣。聘射之礼废，则诸侯之行恶，而盈溢之败起矣。丧祭之礼废，则臣子之恩薄，而倍死忘生之礼众矣。凡人之知，能见已然，不见将然。礼者禁于将然之前，而法者禁于已然之后。礼云，礼云，贵绝恶于未萌，而起敬于微眇，使民日徙善远罪而不自知也。③ （《大戴礼记·礼察》）

把有害的思想压抑进社会无意识，使民日徙善远罪而不自知，让社会成员依规矩生活，全部把自己的行为模式化、统一化。这种行为虽然有利于社会治理，但是这一做法却伤害了人放任自然、放德而行的自然本性。这也是成熟社会中，一个合格的社会人所必须付出的无奈的代价。弗洛姆指出作为"社会人"的个人始终受制度的压抑，在意识的层面上，个人总是带有

---

① （魏）何晏等注，（宋）邢昺疏：《论语注疏·为政第二》，（清）阮元校刻：《十三经注疏》，第2461页。
② （魏）何晏等注，（宋）邢昺疏：《论语注疏·子路第十三》，（清）阮元校刻：《十三经注疏》，第2506页。
③ 《大戴礼记·礼察》，北京：国家图书馆藏上海商务印书馆缩印无锡孙氏小渌天藏明嘉趣堂本，第7页。

社会所造成的种种局限性，是不完整的人。只有在"无意识"的层面上，个人才能抛开社会所造的种种限制，成为完整的人。"意识代表了社会的人，代表了个人所处的历史状况所造成的偶然的局限性。无意识代表了植根于宇宙中的普遍的人、完整的人。"①依弗洛姆观点，要使"社会人"成为普遍、完整的人就必须抛弃制度性的束缚，那么，我们用此理论解读庄子思想，则可以为庄子解构儒家治理社会的"钩绳规矩"从遥远的未来找到理论依据。同时，这也说明了中国上古思想家的深邃和高瞻远瞩。《庄子·骈拇》曰：

> 且夫待钩绳规矩而正者，是削其性者也；待绳约胶漆而固者，是侵其德者也；屈折礼乐，呴俞仁义，以慰天下之心者，此失其常然也。天下有常然。常然者，曲者不以钩，直者不以绳，圆者不以规，方者不以矩，附离不以胶漆，约束不以纆索。故天下诱然皆生而不知其所以生，同焉皆得而不知其所以得。故古今不二，不可亏也。则仁义又奚连连如胶漆纆索而游乎道德之间为哉，使天下惑也！（《庄子·骈拇》）

更为严重的是，在庄子看来，儒家这些规矩绳墨（"礼"）只是欺骗社会的手段，社会大部分成员依"礼"的要求行事，而统治社会的"圣人"们却在"礼"的掩盖下大行其骗。如《庄子·胠箧》曰：

> 圣人不死，大盗不止。虽重圣人而治天下，则是重利盗跖也。为之斗斛以量之，则并与斗斛而窃之；为之权衡以称之，则并与权衡而窃之；为之符玺以信之，则并与符玺而窃之；为之仁义以矫之，则并与仁义而窃之。何以知其然邪？彼窃钩者诛，窃国者为诸侯，诸侯之门而仁义存焉。则是非窃仁义圣知邪？故逐于大盗，揭诸侯，窃仁义并斗斛权衡符玺之利者，虽有轩冕之赏弗能劝，斧钺之威弗能禁。此重利盗跖而使不可禁者，是乃圣人之过也。故曰："鱼不可脱于渊，国之利器不可以示人。"彼圣人者，天下之利器也，非所以明天下也。（《庄

---

① （美）埃里希·弗洛姆：《在幻想锁链的彼岸——我所理解的马克思和弗洛伊德》，张燕译，长沙：湖南人民出版社，1986年，第135页。

子·胠箧》)

来源于"礼"的约束给人们带来巨大的社会压抑和精神痛苦，要解放人的精神只有把人性从制度的压抑中解放出来，释放人的自由人性才能保持人性的健全。弗洛姆在总结弗洛伊德的精神分析学说时说："精神分析学是建立在这样一种设想的基础上的：即我们压抑了最有意义的经验的意识；我们内心的无意识的实在与我们意识中对这种实在的否定之间的冲突往往会导致神经病，因此只有将无意识变为有意识，这种神经病的病症或特征才能得以消除。"[①]

　　人生活的目的应该是充分利用人的能动力量，以便从社会意识束缚中解放出来，获得自由，成为一个完整的人，真正成为自己意志的主人，而不是当未知力量的奴隶：

　　　　意识代表了社会的人，代表了个人所处的历史状况所造成的偶然的局限性。无意识代表了植根于宇宙中的普遍的人、完整的人；它体现了人本身的植物性和动物性，体现了人的精神；体现了人类的过去到人类生存的黎明，体现了人类的未来至那一天的到来，即人将成为全面的人，成为"自然化"的人，而自然则成为人化的自然。认识到人的无意识意味着接触到了人的完整的人性，抛弃了社会设在每个人身上的、最终设在每个人与他人之间的种种障碍。……它确定了人类的解放，即人从与自己、与人类的异化这种社会状况下解放出来。[②]

因此，儒家的"克己复礼"无助于人性的解放，只会压抑人性而导致精神病的产生；庄子的"无己"才是解放人性、让人获得精神自由的必由之路。正如《庄子·胠箧》所言：

　　　　故绝圣弃知，大盗乃止；擿玉毁珠，小盗不起；焚符破玺，而民朴

① （美）埃里希·弗洛姆：《在幻想锁链的彼岸——我所理解的马克思和弗洛伊德》，张燕译，长沙：湖南人民出版社，1986年，第94页。

② （美）埃里希·弗洛姆：《在幻想锁链的彼岸——我所理解的马克思和弗洛伊德》，张燕译，长沙：湖南人民出版社，1986年，第135页。

鄙；掊斗折衡，而民不争；殚残天下之圣法，而民始可与论议。擢乱六律，铄绝竽瑟，塞瞽旷之耳，而天下始人含其聪矣；灭文章，散五采，胶离朱之目，而天下始人含其明矣；毁绝钩绳而弃规矩，攦工倕之指，而天下始人有其巧矣。故曰："大巧若拙。"削曾史之行，钳杨墨之口，攘弃仁义，而天下之德始玄同矣。（《庄子·胠箧》）

4. 庄子对"仁"的解构

"仁"字源远流长。如《尚书·周书·金縢》载周公自谓曰："予仁若考，能多材多艺，能事鬼神。"[1]"仁"字于《诗经》仅两见。《诗经·郑风·叔于田》载："洵美且仁。"[2]《诗经·齐风·卢令》载："其人美且仁。"[3]以上"仁"的内涵偏重于性格描写，意为温和、谦让、友好。

"仁"的观念到了春秋时期逐渐流行，更多成为道德评价的标准，为孔子"仁"的直接思想来源。降及《国语》《左传》《公羊传》和《穀梁传》诸籍，"仁"字已频繁出现，其意与孔子论"仁"相近。如《左传·隐公六年》载："亲仁善邻，国之宝也。"[4]《左传·僖公十四年》载："冬，秦饥，使乞籴于晋，晋人弗与。庆郑曰：'背施无亲，幸灾不仁。'"[5]在这里，与"义""智""信""忠"一样，"仁"主要表现为对人道德层面的考量。

侯外庐在《中国思想史纲》中评价孔子之"仁"在其道德思想中的地位："在孔子的思想体系里，最高的道德标准是'仁'。"侯外庐同时强调："在孔子以前，'人'和'仁'的涵义尚无分别，'人'即'仁'也。""到了孔子时代，'仁'的字义才有了新的内容，据汉儒解释，'仁'是'相人偶'，是指人与人之间的礼义道德关系。毫无疑问，正是孔子及其门人发挥了'仁'的这一涵

---

① （汉）孔安国传，（唐）孔颖达等正义：《尚书正义·周书·金縢》，（清）阮元校刻：《十三经注疏》，第196页。

② （汉）毛亨传，（汉）郑玄笺，（唐）孔颖达等正义：《毛诗正义·郑风·叔于田》，（清）阮元校刻：《十三经注疏》，第337页。

③ （汉）毛亨传，（汉）郑玄笺，（唐）孔颖达等正义：《毛诗正义·齐风·卢令》，（清）阮元校刻：《十三经注疏》，第353页。

④ （晋）杜预注，（唐）孔颖达等正义：《春秋左传正义·隐公六年》，（清）阮元校刻：《十三经注疏》，第1731页。

⑤ （晋）杜预注，（唐）孔颖达等正义：《春秋左传正义·僖公十四年》，（清）阮元校刻：《十三经注疏》，第1803页。

义,把它加以伦理化,并作为一种政治道德标准。"①《礼记·中庸》云:"仁者人也,亲亲为大。"郑玄注曰:"人也,读如相人偶之人,以人意相存问之言。"孔颖达疏:"仁谓仁爱,相亲偶也。言行仁之法在于亲偶,欲亲偶疏人,先亲己亲,然后比亲及疏,故云亲亲为大。"②许慎《说文解字》释"仁"曰:"仁,亲也。从人从二。"③美国学者赫伯特·芬格莱特(Herbert Fingarette)在其专著《孔子:即凡而圣》中分析儒家之"礼"与"仁",通过"礼"与"仁"的比较,认为"礼"和"仁"是同一事情的两个方面,各自指向人在其担当的独特人际角色中所表现出来的行为的某一方面:

> "礼"指导我们注意有关品行和各种关系的传统的社会模式;"仁"则指导我们关注那些追求行为模式从而保持种种社会关系的人。"礼"也指符合其社会身份的特定行为,这种行为是恒常准则的榜样;"仁"则指表达个人取向的行为,表示他对于"礼"所规定的行为的服膺。"礼"又指称这种行为是公开的和可以区分的有序行为模式;"仁"则指称这种行为是某个行动者的一个不可分割的姿态,指涉他的独特性和个人性,以便与实施这个行为的独特个体和这个特定行为的独特境遇相联系。④

"礼"具有工具性,是实现社会和谐的方式,"仁"则是社会和谐的一种状态。所以"仁"指二人以上的人与人之间亲密友善的关系。由此,儒家之"仁"的核心是人,准确地说是人与人之间的关系,具有主体间性的特点。如前文所述,儒家之礼追求的是向社会整体的融合,在高尚的生活规范中安定人的情绪,满足人的生活欲望,达到天下大顺。正如《论语·学而》云:"礼之用,和为贵。"⑤"礼"是压抑社会无意识的主要工具,而这种和谐的社会无意识状态即是儒家所追求的"仁"的状态。

---

① 侯外庐主编:《中国思想史纲》上册,北京:中国青年出版社,1980 年,第 43 页。

② (汉)郑玄注,(唐)孔颖达等正义:《礼记正义·中庸第三十一》,(清)阮元校刻:《十三经注疏》,第 1629 页。

③ (清)桂馥:《说文解字义证》,北京:中华书局影印湖北崇文书局刻本,1987 年,第 685 页。

④ (美)赫伯特·芬格莱特:《孔子:即凡而圣》,彭国翔、张华译,南京:江苏人民出版社,2002 年,第 37 页。

⑤ (魏)何晏等注,(宋)邢昺疏:《论语注疏·学而第一》,(清)阮元校刻:《十三经注疏》,第 2458 页。

和孔孟看重道德价值的提升不同，庄子讲究人的本性回归。庄子认为仁义相对于本性而言是一种残害、一种羁绊，其害处比刑罚有过之而无不及：

> 故意仁义其非人情乎！自三代以下者，天下何其嚣嚣也？且夫待钩绳规矩而正者，是削其性也；待绳约胶漆而固者，是侵其德也；屈折礼乐，呴俞仁义，以慰天下之心者，此失其常然也。（《庄子•骈拇》）
>
> 道德不废，安取仁义！性情不离，安用礼乐！五色不乱，孰为文采！五声不乱，孰应六律！夫残朴以为器，工匠之罪也；毁道德以为仁义，圣人之过也。（《庄子•马蹄》）

侯外庐在其《中国思想史纲》指出儒家之"仁"是一种政治道德准则，即以"调和"态度来处理"君子"内部以及"君子"与"小人"之间的关系：

> 孔子说："君子之德风，小人之德草，草上之风必偃。"（《论语•颜渊》）这就是说被统治阶级应当像草被风吹伏一样，受统治阶级的道德的支配。由此可见，所谓"仁"的"调和"也并没有适当地考虑被统治阶级的利益，而是要求被统治阶级完全服从，从而巩固奴隶主贵族的统治。因此，儒家从"仁"派生出的许多道德概念是等级性的。①

在侯外庐看来，"仁"是一个阶级压迫另一个阶级的工具，"仁"的理想状态是被统治阶级对统治阶级的臣服，所以是对人性的压抑。

统治阶级以"礼"为工具，通过日常生活中潜移默化的影响，使人们达到"仁"的境界，即把"礼"深入人的无意识，在无意识中对"礼"自然而然地接受。

> 吾十有五而志于学，三十而立，四十而不惑，五十而知天命，六十而耳顺，七十而从心所欲，不逾矩。②（《论语•为政》）

安继民在其《道家双峰——老庄思想合论》中指出庄子对儒家仁义的

---

① 侯外庐主编：《中国思想史纲》上册，北京：中国青年出版社，1980年，第43页。
② （魏）何晏等注，（宋）邢昺疏：《论语注疏•为政第二》，（清）阮元校刻：《十三经注疏》，第2461页。

批判主要表现在两个方面:"'仁义'是儒家思想的纲领和核心概念,对仁义的批判也就是对儒家基础理论的批判。……对仁义的批判却在于揭示儒家道德的相对性、独断信念的非理性。"①下面我们从破除儒家道德的相对性和揭示独断信念的非理性两个方面入手探讨庄子对儒家之"仁"的解构。

首先,庄子对"仁"的相对性的破除。道德的相对性是指,仁义不是一个客观不变的标准,而是一个可以被任何人随意拿来为自己行为辩护的借口。《庄子·胠箧》曰:

> 田成子一旦杀齐君而盗其国。所盗者岂独其国邪?并与其圣知之法而盗之。故田成子有乎盗贼之名,而身处尧舜之安;小国不敢非,大国不敢诛,十二世有齐国。则是不乃窃齐国,并与其圣知之法以守其盗贼之身乎?(《庄子·胠箧》)

> 跖之徒问于跖曰:"盗亦有道乎?"跖曰:"何适而无有道邪!"夫妄意室中之藏,圣也;入先,勇也;出后,义也;知可否,知也;分均,仁也。五者不备而能成大盗者,天下未之有也。(《庄子·胠箧》)

"孝"是"礼"很重要的一部分,"孝弟也者,其为仁之本与!"②但庄子认为,通过"孝"这一基本血亲观念达到的"仁"没有可褒奖的必要。《庄子·天运》曰:

> 商太宰荡问仁于庄子。庄子曰:"虎狼,仁也。"曰:"何谓也?"庄子曰:"父子相亲,何为不仁?"(《庄子·天运》)

其次,对"仁"的非理性的揭示。庄子认为仁义是统治阶级用来统治他人的工具,依仁义而行是伤身残性,与人之自然本性不合。正如侯外庐所说,孔子的"仁"有着鲜明的阶级性,只有把握住"仁"的阶级性,才能真正理解儒家之"仁":

---

① 安继民、高秀昌、王守国:《道家双峰——老庄思想合论》,开封:河南大学出版社,2001年,第127页。

② (魏)何晏等注,(宋)邢昺疏:《论语注疏·学而第一》,(清)阮元校刻:《十三经注疏》,第2457页。

他(孔子)说："君子而不仁者有矣夫,未有小人而仁者也。"(《论语·宪问》)按在春秋时代,就政治类别而言,"君子"是指贵族统治者,而"小人"则指被统治的人民,因而孔子这句话的意思是说:被统治阶级是没有资格达到"仁"。"仁"或"不仁"在这里成为区别两种人的两种道,正如《孟子》书中引述孔子的话:"道二,仁与不仁而已矣。"(《离娄上》)①

所以,"仁"看似是社会进步的产物,貌似为了维护社会的和谐,其实是统治大部分社会成员、残害人性的东西。《庄子·在宥》曰:

> 昔者黄帝始以仁义撄人之心,尧舜于是乎股无胈,胫无毛,以养天下之形。愁其五藏以为仁义,矜其血气以规法度。然犹有不胜也,尧于是放讙兜于崇山,投三苗于三峗,流共工于幽都,此不胜天下也。夫施及三王而天下大骇矣,下有桀跖,上有曾史,而儒墨毕起。于是乎喜怒相疑,愚知相欺,善否相非,诞信相讥,而天下衰矣。(《庄子·在宥》)

> 今世殊死者相枕也,桁杨者相推也,刑戮者相望也,而儒墨乃始离跂攘臂乎桎梏之间。意,甚矣哉! 其无愧而不知耻也甚矣! 吾未知圣知之不为桁杨椄槢也,仁义之不为桎梏凿枘也!(《庄子·在宥》)

庄子认为,社会的动乱正是由于圣人推行仁义造成,要想让社会回到物我交融的状态,只有废弃仁义。

> 圣人生而大盗起。掊击圣人,纵舍盗贼,而天下始治矣。……圣人已死,则大盗不起,天下平而无故矣。圣人不死,大盗不止。虽重圣人而治天下,则是重利盗跖也。(《庄子·胠箧》)

> 绝圣弃知,大盗乃止;擿玉毁珠,小盗不起;焚符破玺,而民朴鄙;掊斗折衡,而民不争;殚残天下之圣法,而民始可与论议。擢乱六律,铄绝竽瑟,塞瞽旷之耳,而天下始人含其聪矣;灭文章,散五采,胶离朱

---

① 侯外庐主编:《中国思想史纲》上册,北京:中国青年出版社,1980年,第43页。

之目，而天下始人含其明矣；毁绝钩绳而弃规矩，攦工垂之指，而天下始人有其巧矣。（《庄子·胠箧》）

这种对人类智慧文明的批判，历史上不乏其人，法国思想家卢梭（Jean-Jacques Rousseau）在其《论人类不平等的起源和基础》中强调随着科学与艺术的光芒在我们的地平线上升起，德行也就消逝了。"我们可以断言，在自然状态中，不平等几乎是不存在的。由于人类能力的发展和人类智慧的进步，不平等才获得了它的力量并成长起来；由于私有制和法律的建立，不平等终于变得根深蒂固而成为合法的了。"①"一切进步只是个人完美化方向上的表面的进步，而实际上它们引向人类的没落。"②这种不平等不可能带来解放，现代的知识形态、理性、主体性及社会制度，虽然从表面上看起来似乎是天经地义、自然而然的，实际上却是权力与统治的结合体，是统治的根源或统治的建构物。美国学者贝斯特（S. Best）和凯尔纳（D. Kellner）用后现代理论批判现代理论：

> 现代理性倾向于把知识和真理视为中立的、客观的、普遍的，认为它们是推动进步和解放的力量，而福柯却将它们视为权力与统治的基本成分。后现代理论拒斥统一的、总体化的理论模式，把它视为启蒙运动的理性主义的神话，是还原论的，它遮蔽了社会领域内的差异性和多元性，同时在政治上导致了对多元性、多样性和个体性的压制，并助长了顺从性和同质性。③

既然儒墨以"礼""仁"治国不但不能解放人心，反而是"吾未知圣知之不为桁杨椄槢也，仁义之不为桎梏凿枘也，焉知曾史之不为桀跖嚆矢也"（《庄子·在宥》）。那么，依庄子的观点应该怎么来治理社会呢？

一言以蔽之，"绝圣弃知而天下大治"。在这里，"圣"指的是儒家之"圣""圣人之言"，即"仁"。圣人制定出来的所谓治国安邦的社会规章制

---

① （法）卢梭：《论人类不平等的起源和基础》，李常山译，北京：商务印书馆，1962年，第149页。
② （法）卢梭：《论人类不平等的起源和基础》，李常山译，北京：商务印书馆，1962年，第120页。
③ （美）道格拉斯·凯尔纳、（美）斯蒂文·贝斯特：《后现代理论——批判性的质疑》，张志斌译，北京：中央编译出版社，1999年，第44页。

度、伦理道德等，是无妄地加之于人身心之上的各种限制。

　　庄子思想体系的目的是使"天下不淫其性，不迁其德"，也就是使人心保持一种自由的状态。庄子认为，是儒墨之争以及其他的各种社会制度等造成了社会的动乱，使人本性变迁，因此，庄子本身就身体力行，拒斥社会制度、权势：

> 楚威王闻庄周贤，使使厚币迎之，许以为相。庄周笑谓楚使者曰："千金，重利；卿相，尊位也。……子亟去！无污我。我宁游戏污渎之中自快，无为有国者所羁，终身不仕，以快吾志焉。"[1]

　　自然界万物都自在地存在着，有不同的生活标准和行为规范，但是按"礼"的要求制定的各种规章制度把万事万物整齐划一，注意不到个体的差异性。所以把不变的制度应用于万变的事物自然会产生各种各样的矛盾，会有害于人天性的自由发展。

> 凫胫虽短，续之则忧；鹤胫虽长，断之则悲。故性长非所断，性短非所续，无所去忧也。（《庄子·骈拇》）

像这样断长、续短的事，恰恰是"人"（或者说"仁"）尽力而为的事。一切法律、道德、制度的目的，都是立同禁异。那些尽力立同的人，动机也许是完全值得钦佩的，他们发现有些东西对他们有好处，就以为对别人也会有利，于是迫不及待要把这些东西强加到别人身上。可是他们的苦心却只有把事情弄得糟糕：

> 昔者海鸟止于鲁郊，鲁侯御而觞之于庙，奏九韶以为乐，具太牢以为膳。鸟乃眩视忧悲，不敢食一脔，不敢饮一杯，三日而死。此以己养养鸟也，非以鸟养养鸟也。……鱼处水而生，人处水而死。彼必相与异，其好恶故异也。故先圣不一其能，不同其事。（《庄子·至乐》）

---

[1]（汉）司马迁：《史记·老子韩非列传》，北京：中华书局，1959年，第2145页。

鲁侯以他最尊荣的方式款待海鸟，的确是好心好意，可是结果与他所期望的恰恰相反。社会把"礼"强加于个人也可能会发生这样的情况。

庄子激烈反对以"礼"治天下，主张不治之治是最好的治。《庄子·在宥》曰：

> 闻在宥天下，不闻治天下也。在之也者，恐天下之淫其性也；宥之也者，恐天下之迁其德也。天下不淫其性，不迁其德，有治天下者哉！（《庄子·在宥》）

冯友兰强调在宥就是听其自然，不加干涉：

> 如果不是"在宥"天下，而是以法律、制度"治天下"，那就像是络马首，穿牛鼻。也像是把凫腿增长，把鹤腿截短。把自然自发的东西变成人为的东西，庄子称之为"以人灭天"（《庄子·秋水》）。[1]

它的结果只能是痛苦和不幸。扰乱人的心性，使天下"淫其性""迁其德"。

庄子用一个故事来比喻自己的无为而治与儒墨相争之不同：

> 泉涸，鱼相与处于陆，相呴以湿，相濡以沫，不如相忘于江湖。与其誉尧而非桀也，不如两忘而化其道。（《庄子·大宗师》）

在庄子眼中，个人的生命和无限的自由较一些世俗的成功或理念性的名分更为重要。庄子将当时苦难的社会现实喻为已干涸的水池，儒墨之治不过仅仅是使人们在生存中"相呴以湿，相濡以沫"，而庄子"在宥天下"的"无功"逍遥给予人们的却是蔚蓝的大海，是一种真正的自由与幸福。

（二）庄子对儒墨是与非的解构

儒家"为仁"的目的是教导人遵从其道德标准：

---

[1] 冯友兰：《中国哲学简史》，涂又光译，北京：北京大学出版社，2013年，第105页。

　　三人行，必有我师焉。择其善者而从之，其不善者而改之。①
（《论语·述而》）

儒家判断"善"与"不善"的依据就是儒家的是非标准。庄子正是从解构儒墨是非标准入手瓦解儒墨理论存在的基础，力图使人相信世间万物之间本无标准，遑论儒墨是非了。《庄子·齐物论》曰：

　　民湿寝则腰疾偏死，鳅然乎哉？木处则惴栗恂惧，猿猴然乎哉？三者孰知正处？民食刍豢，麋鹿食荐，蝍且甘带，鸱鸦耆鼠，四者孰知正味？猿猵狙以为雌，麋与鹿交，鳅与鱼游。毛嫱丽姬，人之所美也；鱼见之深入，鸟见之高飞，麋鹿见之决骤。四者孰知天下之正色哉？自我观之，仁义之端，是非之塗，樊然淆乱，吾恶能知其辩！（《庄子·齐物论》）

世事万物本无对错，儒墨偏要为万物立规矩标准，祸及世人。庄子批评儒墨两家为了争一个"是"字而引起世人喋喋不休的争辩，从而破坏了"道"的完整性。《庄子·齐物论》曰："夫道未始有封，言未始有常，为是而有畛也。"林希逸直言"是""非"之争是人用一己之私心对"至道"的分割："至道至言，本无彼此，因人心之私，有个'是'字，故生出许多疆界。"②蒋锡昌注明"道"本无"彼""我"之分界，"言"本无"是""非"之区别："儒墨之间，只缘为了争一个'是'字，故有是非分别之辩。"③陈鼓应在其论文《〈齐物论〉的理论结构之开展》中指出，"是"是一种对事物真相的片面认识，人拘泥于对世界的局部认识，而无法了解事物最终的实在与全盘的真相。在不了解事物最终实在与全盘真相的前提下就开始争辩，不但无法发现真理，反而会引起更大的错误，因为：

　　（一）双方并没有建立一个共同的标准，更没有在一个共同的前提下进行讨论。（二）即使在同一个论题下，各人也站在不同的角度而坚执己意。正如同瞎子摸象，仅仅依据自己所把握的一面去下判断，而

---

① （魏）何晏等注，（宋）邢昺疏：《论语注疏·述而第七》，（清）阮元校刻：《十三经注疏》，第2483页。
② （宋）林希逸：《南华真经口义》，陈红映校点，昆明：云南人民出版社，2002年，第35页。
③ 蒋锡昌：《庄子哲学》，上海：商务印书馆，1937年，第150页。

不能作通盘观察，以求了解别方面的实况。（三）局部的认识，信以为真。于是认定同于己者为是，异于己者为非，由是产生排斥异己的思想：凡是对方所肯定的，尽加否定；凡是对方所否定的，尽加肯定。在态度上，成为牢不可破的武断。①

释德清言明是非之争发轫于儒墨两家，其注"故有儒墨之是非，以是其所非，而非其所是"曰：

> 是非之端，起自儒墨。当时虽有处士横议，而儒墨为先唱。意谓杨墨固失仁义矣，而儒亦未明大道也，故两家皆无一定之真是，故以此为发论之张本。盖言辩是非，滥觞于儒墨，傍及诸子。②

儒墨首倡仁义是非，殊不知仁义是非作为一种贪执，不但不能救赎败坏的道德反而转嫁祸乱于世人。陆西星在其《南华真经副墨》序言中，道明《庄子》一书撰写目的是要用"不为"来"破天下之贪执"，因为引起世人贪执的仁义、是非是道德败坏的产物，是对世人的祸害：

> 《南华》者，《道德经》之注疏也。其说建之以常无有，而出为于不为，以破天下之贪执者。去圣远，道德之风微，儒墨并起，各持其似，以相是非。上仁义，崇圣智，而首乱之民爱窃之以嚆矢天下。以故，识者病焉。③

仁义是非之争是使天下大乱的祸根，只有真正的有识之士才可以看出其中的救赎之道，那就是解构是非之争。

清王船山申言"是""非"观念是一种价值判断，是人对世界的一种选择，无论是取抑或舍都是对"道"的破坏，"己""功""名"都是在"是非之辨"

---

① 陈鼓应：《〈齐物论〉的理论结构之开展》，见张松如等：《老庄论集》，济南：齐鲁书社，1987年，第209页。
② （明）释德清：《庄子内篇注》卷二，北京：国家图书馆藏清光绪十四年金陵刻经处刻本，第14—15页。
③ （明）陆西星：《南华真经副墨》序，北京：国家图书馆藏明万历六年刻本，第1页。

的基础上产生的：

> 辨也者，有不辨也。有所辨则有所择，有所择则有所取，有所舍。取舍之情，随知以立辨，辨复生辨，其去逍遥也甚矣。有辨则有己，大亦己也，小亦己也。功于所辨而立，名于所辨而成；六气辨而不能御，天地辨而非其正；鹏与斥鷃相笑而不知为神人之所笑，唯辨其所辨者而已矣。[①]

朱得之把是非之争比作是没有意义的鸟叫，若想平息是非之争只有回归"天理"，即"道"：

> 鷇者，鸟之初出卵者也。鷇之为音，未有所知；汝之有言，亦不自知，与鷇音同也。大道本无真伪，至言本无是非。真伪起于偏见，是非起于自夸、小成、一偏之见也。荣华，自相夸诩也，自是而后始有儒墨相是非之论。若欲一定其是非，则须归之自然之天理。明者，天理也，故曰莫若以明。[②]

释德清《庄子内篇注》指出，是非问题是物论的一部分，齐论必须齐是非：

> 物论者，乃古今人物众口之辩论也。盖言世无真知大觉之圣，而诸子各以小知小见为自是，都是自执一己之我见，故各以己得为必是。既一人以己为是，则天下人人皆非，竟无一人之真是者。大者则从儒墨两家相是非，下则诸子众口，各以己是而互相非，则终竟无一人可正齐之者。[③]

另外，释德清把是非产生的原因归于"成心"，这是一种以己为是、以人为非的自欺欺人的做法：

---

① （清）王夫之：《庄子解》，王孝鱼点校，北京：中华书局，1964年，第4页。
② （明）朱得之：《庄子通义》卷二，北京：国家图书馆藏明嘉靖三十九年朱得之浩然斋刻本，第24页。
③ （明）释德清：《庄子内篇注》卷二，北京：国家图书馆藏清光绪十四年金陵刻经处刻本，第1页。

是非之端，起于自欺之人，强不知以为知，且执己见为必是，故一切皆非。盖未悟本有之真知，而执妄知为是，此等之人，虽圣人亦无奈之何哉。可惜现成真心，昧之而不悟，惜之甚矣。由不悟真心，故执己见为是，则以人为非，此是非之病根也。①

一人以己为是，则天下人人皆非；天下人人以己为是，则只能"无一人之真是"。所以是非之争没有客观标准，只能是一场没完没了的闹剧。齐儒墨之言论，也就是齐执于己见的"儒墨之是非"。因为"是非之病根"是"不悟真心""执己见为是""以人为非"，所以解决是非问题的方法是悟真心、破己见，即《庄子·齐物论》云：

> 彼是莫得其偶，谓之道枢。（《庄子·齐物论》）

陈鼓应注曰：

> "彼""此"不成对待，就是"道"的枢纽。"枢"是门轴，这里用来形容重要关键的意思。"道枢"就是指世界的实况、事物的本然。谓"彼""此"、"可""不可"的差别对立与纷争，乃是人的主观作用，并非客体的实在。②

"莫得其偶"就是无待，无待是"得道"的关键。世界本身并无所谓对立与纷争，是人把自身的观念强加其上的结果。钟泰指出"莫得其偶"与"吾丧我"相应，都是要取消人强加到世界上的对立两分关系，钟氏诠释"彼是莫得其偶，谓之道枢"曰：

> "偶"同耦。"莫得其偶"，特与篇首"丧耦"相应。彼"丧耦"表独，此"莫得其偶"言无待。无待与独，名异而理一也。《逍遥游》云："若夫乘天地之正，而御六气之辨，以游无穷者，彼且恶乎待哉！"言无所待者

---

① （明）释德清：《庄子内篇注》卷二，北京：国家图书馆藏清光绪十四年金陵刻经处刻本，第12—13页。
② 陈鼓应注译：《庄子今注今译》，北京：中华书局，1983年，第57页。

可以游于无穷也。此云"莫得其偶"，而亦继之曰"以应无穷"，盖惟能游者能应，亦惟能应者能游。游与应，亦名异而理一也。①

所以"彼是莫得其偶"就是无待逍遥，也即"吾丧我"。"是""非"与"吾""我"一样是一组二元对立的名词，只有破除其对立性才可以达到逍遥。

1. 庄子对"是""非"之二元对立性的解构

关于二元对立的问题，在儒家思想中，"是"与"非"的对立是以"君子"与"小人"的形式出现的，从学理角度看视，"君子""小人"是伦常相反的两个方面：

> 君子周而不比，小人比而不周。②（《论语·为政》）
> 君子怀德，小人怀土；君子怀刑，小人怀惠。③（《论语·里仁》）
> 君子喻于义，小人喻于利。④（《论语·里仁》）
> 君子坦荡荡，小人长戚戚。⑤（《论语·述而》）
> 君子泰而不骄，小人骄而不泰。⑥（《论语·子路》）

庄子反拨儒家把"是""非"看作事物两个对立面的观点，指出"是"与"非"是不能截然分开的：

> 物无非彼，物无非是。自彼则不见，自知则知之。故曰彼出于是，是亦因彼。彼是方生之说也，虽然，方生方死，方死方生；方可方不可，方不可方可；因是因非，因非因是。是以圣人不由，而照之于天，亦因是也。是亦彼也，彼亦是也。彼亦一是非，此亦一是非。果且有彼是乎哉？果且无彼是乎哉？彼是莫得其偶，谓之道枢。（《庄子·齐物论》）

---

① 钟泰：《庄子发微》，上海：上海古籍出版社，2002年，第39页。
② （魏）何晏等注，（宋）邢昺疏：《论语注疏·为政第二》，（清）阮元校刻：《十三经注疏》，第2462页。
③ （魏）何晏等注，（宋）邢昺疏：《论语注疏·里仁第四》，（清）阮元校刻：《十三经注疏》，第2471页。
④ （魏）何晏等注，（宋）邢昺疏：《论语注疏·里仁第四》，（清）阮元校刻：《十三经注疏》，第2471页。
⑤ （魏）何晏等注，（宋）邢昺疏：《论语注疏·述而第七》，（清）阮元校刻：《十三经注疏》，第2481页。
⑥ （魏）何晏等注，（宋）邢昺疏：《论语注疏·子路第十三》，（清）阮元校刻：《十三经注疏》，第2508页。

　　郭象注曰："物无非彼,物无非是。"又曰："物皆自是,故无非是;物皆相彼,故无非彼。无非彼,则天下无是矣;无非是,则天下无彼矣。无彼无是,所以玄同也。"①"彼出于是,是亦因彼,彼是相因而生者也。"②这种玄同是非的思想即是"齐是非"。蒋锡昌解释曰,"彼"是"那方面","是"是"这方面"。凡物有"那方面",即有"这方面",二者是相辅相成,若只关注一方面就会陷入片面。"如从'那方面'的观点去观察,则所见无非是'那方面';如从'这方面'去观察,则所见无非是'这方面'。见了那面,则不见这面。自己知道的一面,总认为是真的一面。故说:'那方面'是出于'这方面','这方面'亦由于'那方面'。"③蒋锡昌还说:"物之是非,起于对待,对待不破,是非无穷,乃儒墨病根所在也。"④在儒墨是非之争中,无论执"是"抑或执"非",都是事物的一个方面,是一种片面的真理。弗洛姆在其《爱的艺术》中强调任何思想、理论都不是终极真理,反映的只是事物的一个方面:

　　　　如果正确的思想并不是终极真理,也不是拯救的道路,那么就没有理由跟那些不同思想的人大打出手了。让几个人在黑暗中摸象并据此说出大象的相貌的故事,精妙地表达了这种宽容的态度:摸到象鼻子的人说:"这头动物像一个水管。"另一个摸到大象耳朵的人说:"这头动物像一把扇子。"第三个摸到了大象的腿,他把大象说成是一根柱子。⑤

正如《庄子・天下》用耳目鼻口感觉的不相通,比喻诸子百家是非理论的隔绝,批判百家这种孤立看问题的错误做法:

　　　　天下大乱,贤圣不明,道德不一,天下多得一察焉以自好。譬如耳目鼻口,皆有所明,不能相通。犹百家众技也,皆有所长,时有所用。虽然,不该不遍,一曲之士也。判天地之美,析万物之理,察古人之全,

①　(清)郭庆藩:《庄子集释》,王孝鱼点校,北京:中华书局,1961年,第66页。
②　(清)郭庆藩:《庄子集释》,王孝鱼点校,北京:中华书局,1961年,第67页。
③　蒋锡昌:《庄子哲学》,上海:商务印书馆,1937年,第128—129页。
④　蒋锡昌:《庄子哲学》,上海:商务印书馆,1937年,第129页。
⑤　(美)弗洛姆:《爱的艺术》,赵正国译,北京:国际文化出版公司,2004年,第84页。

寡能备于天地之美，称神明之容。是故内圣外王之道，暗而不明，郁而不发，天下之人各为其所欲焉以自为方。悲夫！百家往而不反，必不合矣！后世之学者，不幸不见天地之纯，古人之大体，道术将为天下裂。（《庄子·天下》）

劳思光陈言"是""非"对立是儒墨囿于己见，各是其所非，非其所是的结果，这种看法是一种很片面的观点：

> 一切理论系统相依相映而生，又互为消长，永远循环。如此，则理论系统之追求，永是"形与影竞走"，自溺于概念之游戏中。倘心灵超越此种执着，而一体平看，则一切理论系统皆为一概念下之封闭系统，彼此实无价值之分别。故续谓："是亦彼也，彼亦是也。彼亦一是非，此亦一是非。"前二语表一切封闭性理论系统皆无上下之别；后二语补释之，谓其所以无上下之别者，因 A 概念下系统有一套系统内之肯定与否定，非 A 概念之系统亦复如是。①

以"道"观之，"是"与"非"是毫无价值区别的概念符号。世人不明真相，自溺于概念游戏，从自我出发，囿于己见，物我不齐，把事物当成了自己的对立面，是以无法"得道"。只有取消是与非的对立才可以达到"道"的境界，即"彼是莫得其偶"，劳思光说：

> A 与非 A 之对立，何由而生与？庄子以为此乃心灵自身分别所生，非客观之存有，而心灵之觉醒则须超越此种认知中之分别。故又谓："果且有彼是乎哉？果且无彼是乎哉？彼是莫得其偶，谓之道枢。"前二语乃追问此种分别本身是"有"抑是"无"？虽不作答，其意已明。盖说有说无均有困难，因"彼是"之分别，本非客观中有，而乃认知活动中事，不可谓"有"或"无"也。故下接"彼是莫得其偶，谓之道枢"。"彼"与"是"互相为偶。超越此一对立，则二者皆无所依，于此乃见最

---

① 劳思光：《新编中国哲学史》第 1 卷，桂林：广西师范大学出版社，2005 年，第 201 页。

后之真相。①

世界本来浑然一整体，人把自身的烙印强加于自然万事万物，这是伤身残性，是对世界的异化，所以只有超越是与非的对立才可以"与道为一"，才可以"见最后之真相"。

冯友兰《中国哲学简史》从"道枢"的角度看"是""非"问题，只有超越有限，从更高的观点看问题，才能打破"是""非"的二元对立：

> "是"（此）和"彼"，在其是非的对立中，像一个循环无尽的圆。但是从道的观点看事物的人，好像是站在圆心上。他理解在圆周上运动着的一切，但是他自己则不参加这些运动。这不是由于他无所作为，听天由命，而是因为他已经超越有限，从一个更高的观点看事物。②

克服以有限的观点看问题而以"道"观之，犹如站在圆心以静观动，看"是"与"非"在圆周上无限运动，亦即《老子》云：

> 致虚极，守静笃。③（《老子道德经·十六章》）
> 夫物芸芸，各复归其根。归根曰静，是谓复命。复命曰常，知常曰明。④（《老子道德经·十六章》）

这也就是《庄子·齐物论》所言：

> 枢始得其环中，以应无穷。是亦一无穷，非亦一无穷也。故曰莫若以明。（《庄子·齐物论》）

蒋锡昌高度评价庄子用"枢始得其环中，以应无穷"的方法解构儒墨是非："'环'者乃门上下两横槛之洞；圆空如环，所以承受枢之旋转者也。枢一得

---

① 劳思光：《新编中国哲学史》第 1 卷，桂林：广西师范大学出版社，2005 年，第 201 页。
② 冯友兰：《中国哲学简史》，涂又光译，北京：北京大学出版社，2013 年，第 110—111 页。
③ （周）李耳撰，（魏）王弼注，（唐）陆德明音义：《老子道德经·十六章》，《二十二子》，第 2 页。
④ （周）李耳撰，（魏）王弼注，（唐）陆德明音义：《老子道德经·十六章》，《二十二子》，第 2 页。

环中，便可旋转自如，而应无穷。此谓今如以无对待之道为枢，使入天下之环，以对一切是非，则其应亦无穷也。"①"环"是"道"的隐喻，二者有两个共同点：第一，二者都有循环往复的特点。《老子道德经・四十章》曰："反者道之动。"②林希逸《老子口义》注曰："反者，复也。"③高亨《老子正诂》注云："反，旋也，循环之义。"④同样，"环"也是一个没有起点和终点无限循环的物体。郭象曰："夫是非反复，相寻无穷，故谓之环。"⑤林希逸《南华真经口义》云："如环之中，则无终无始而无穷矣。"⑥第二，二者都有虚空之意。对于"道"的虚空之意，《庄子・人间世》曰："唯道集虚。虚者，心斋也。"郭象注曰："虚其心则至道集于怀也。"⑦林希逸《南华真经口义》云："'虚'即为道矣。'虚者'，道之所在，故曰'唯道集虚'。即此虚字，便是心斋。"⑧钟泰《庄子发微》曰："无我无物，所谓虚也。"⑨又云："若夫子所云'一'，所云'虚'，则一空依傍，全出自然。"⑩所以"虚"是一种物我皆忘的自然状态，也是"道"的状态。钟泰亦曰："盖'唯道集虚'，亦惟虚而后能用夫道也。"⑪只有心态虚静、虚空方可达以"道"的状态，心态的虚静就是"心斋"。庄子以"环"喻"道"同样取其虚空之意。郭象注"枢始得其环中，以应无穷"曰："环中，空矣。"⑫林希逸注曰："环之中必虚，我得道之枢要，则方始如环中然。如环之中，则无终无始而无穷矣。'是亦无穷，非亦无穷'者，言听其自然也。如此，则为自然之天理。"⑬因此，庄子以"环"喻"道"就是用其无穷循环性和虚空性来解构"是""非"之争，以"道"观之，"是""非"是宇宙万物的两种可以相互转换的状态。二者本无分明界限，故"是""非"之争是没有任何意义和结果的概念游戏。

① 蒋锡昌：《庄子哲学》，上海：商务印书馆，1937年，第131页。
② （周）李耳撰，（魏）王弼注，（唐）陆德明音义：《老子道德经・四十章》，《二十二子》，第5页。
③ （宋）林希逸：《鬳斋老子口义》卷二，北京：国家图书馆藏明万历年间刻本，第3页。
④ 高亨：《老子正诂》，北京：国家图书馆藏中国书店影印开明书店本，1988年，第91页。
⑤ （清）郭庆藩：《庄子集释》，王孝鱼点校，北京：中华书局，1961年，第68页。
⑥ （宋）林希逸：《南华真经口义》，陈红映校点，昆明：云南人民出版社，2002年，第27页。
⑦ （清）郭庆藩：《庄子集释》，王孝鱼点校，北京：中华书局，1961年，第148页。
⑧ （宋）林希逸：《南华真经口义》，陈红映校点，昆明：云南人民出版社，2002年，第61页。
⑨ 钟泰：《庄子发微》，上海：上海古籍出版社，2002年，第84页。
⑩ 钟泰：《庄子发微》，上海：上海古籍出版社，2002年，第85页。
⑪ 钟泰：《庄子发微》，上海：上海古籍出版社，2002年，第85页。
⑫ （清）郭庆藩：《庄子集释》，王孝鱼点校，北京：中华书局，1961年，第68页。
⑬ （宋）林希逸：《南华真经口义》，陈红映校点，昆明：云南人民出版社，2002年，第27页。

和生死关系一样,这种对待之物的相互转化性可以参照拉康的莫比乌斯带理论。和拉康莫比乌斯带的两个边或两个面一样,"彼"和"此"是不存在对立的。正如一只蚂蚁在莫比乌斯带上爬动,自以为执着于一个方向,其实不过是做无意义的循环罢了。普通的人正如蚂蚁一般自以为明辨是非,真理在握,其实只不过是一种自欺欺人的短视而已,唯有得道之人,方能跳出事物本身来反观事物,得以知道事情的本来面目。尼采(Friedrich Wilhelm Nietzsche)在其《查拉斯图拉如是说》中借侏儒之口也表达了同样的观点:"一切真理是弯曲的;时间自己也是一个环。"① 正如杨柳桥《庄子译诂》所言:

> 《齐物论》的论点认为,天地之间,无所谓彼此、是非等等的对立现象,人的语言是根本又不能够表达天地之间变幻无穷的种种现象的。它说:"化声之相待,若其不相待;和之以天倪,因之以曼衍,所以穷年也。"根据《寓言》篇的解释,"天钧"(天均)和"天倪",涵养完全相同。(……"均"或"钧",就是制作陶器所用的转轮。"倪"和"均"或"钧",都是比喻旋转循环的。)它是表明万物以不同的形态向前进展,终始相续,轮转不已,人是不可能摸索出它们的真实情况的。因而,天地之间的彼此、是非以及其他一切对立现象,用人的语言(化声)是不可能把它们划分清楚的。人只要休止在"天钧(均)"或"天倪"的境界,把这些彼此、是非等等的对立现象,都看作是浑然一体(和)的,是模棱两可("两行")的,就可以一生受用不尽了。它又说,"是(此)亦彼也,彼亦是(此)也;彼亦一是非,此亦一是非。果且有彼是(此)乎哉?果且无彼是(此)乎哉?彼是(此)莫得其偶,谓之道枢。枢始得其环中,以应无穷。是亦一无穷也,非亦一无穷也"。"天倪"或"天钧",意思本是指的"循环的天道"。"彼是(此)莫得其偶"的"道枢",也就是"天倪"或"天钧"的中枢。"道枢"站在这个"天倪"或"天钧的圆环的中心环中",就可以运转自如地应付天地之间变幻无穷的现实事物。人如果站在这个"天倪"或"天钧"的圆环的中心,来观察天地之间的一切事物,这些事物只是往复循环,转瞬即逝,忽忽悠悠,永无固定,还有什么谁彼

---

① (德)尼采:《查拉斯图拉如是说》,尹溟译,北京:文化艺术出版社,1987年,第188页。

谁此、谁是谁非之可言呢？①

世间万物本无分立，是人把自己观念强加于它们，真正的得道之人以全面的、变化的观点看视万物，自然就没有了物我、是非之分。正是因为相对待双方可以相互转化，所以事物之间没有一个不变的客观统一标准，因此争辩也就没有了任何实际意义：

> 既使我与若辩矣，若胜我，我不若胜，若果是也，我果非也邪？我胜若，若不吾胜，我果是也，而果非也邪？其或是也，其或非也邪？其俱是也，其俱非也邪？我与若不能相知也，则人固受其黮暗。吾谁使正之？使同乎若者正之？既与若同矣，恶能正之！使同乎我者正之？既同乎我矣，恶能正之！使异乎我与若者正之？既异乎我与若矣，恶能正之！使同乎我与若者正之？既同乎我与若矣，恶能正之！然则我与若与人俱不能相知也，而待彼也邪？（《庄子·齐物论》）

世人既然不能窥见真理，那么一切争辩也就没有意义了。劳思光同样强调知识并不是绝对真理，依此对立的是非判断也就不足为凭了：

> 一切理论之建立，皆必受一定之限制。无论思考中之解析，或知觉中之综合，皆为永不完成者。故任何一项知识，皆为可补充者，可修正者，亦即无绝对性者。故每一理论皆表一有限之知识，亦为一未完成之知识，依此，每一理论既有所肯定，有所否定，而本身又为未完成者，则此种肯定及否定亦依此有限而未完成之知识而安立。此种知识既无绝对性，则依之而立之肯定与否定自亦无绝对性。故任何一理论成立时，所显示之"是非"（肯定与否定）皆不能与"最后之真"相符。理论建立是一"小成"，而如此之"小成"，正足使心灵局限于此，而不能观最后之真或全体之真。此即所谓"道隐于小成"。盖有一理论固是一"成"，但由此生一局限；此局限即使"道"蔽隐不显矣。②

---

① 杨柳桥：《庄子译诂》序，上海：上海古籍出版社，1991 年，第 8—9 页。
② 劳思光：《新编中国哲学史》第 1 卷，桂林：广西师范大学出版社，2005 年，第 198 页。

"是""非"不足为真理的依凭，更何况"是""非"本身也是变动不居的，由此可见儒墨固守"是""非"之争的陋端。

庄子眼中的世界是一个变化的世界。《庄子·田子方》曰："消息满虚，一晦一明，日改月化，日有所为，而莫见其功。生有所乎萌，死有所乎归，始终相反乎无端而莫知乎其所穷。非是也，且孰为之宗！"正是由于其变化性才使得对立走向统一，如果不变化这个世界也就到了尽头了。"一受其成形，不化以待尽。"（《庄子·齐物论》）因为相对待双方可以相互转化，所以事物之间没有一个不变的客观统一标准，是非之争也就没有了任何实际意义。

2."道"的不可分割性和无限循环性

在历史的长河中，"是""非"是一对相互转变中的无穷循环过程。时间的产生，是由于人对宇宙现象之流的分割，叶维廉《比较诗学》指出人感受世界的程度受到时间的分割和限制，叶氏曰：

> 现象本是川流不息，表里贯通，但人将之分割为无数的单位，然后从每一个单位中观察其中的变化及前因后果，如何某物引起某物，某事连带某事，这是人的智力的好胜，人为的分类；就是在这种分类的活动里，狭义的时间观念乃产生，"时间"被视为一件事进展的量器：过去、现在、将来。换言之，观者的视野只活动于有限的空间和时间，其对宇宙现象的了解是由分割了以后的现实拼成，受限于一个特定的地点，受限于一特定的时间（如：去年某月某日至今年某月某日）。这种活动产生理性至上主义，其发展的极致是科学精神，都是企图以人的智力给宇宙现象定秩序。①

庄子认为人以"时间"为量器，把宇宙现象分割，把事件从"道"的整体中孤立出来，是远离"道"的行为。把宇宙现象人为地划分出时空区别，这是"企图以人的智力给宇宙现象定秩序"，这也是儒墨是非观形成的原因和目的。庄子指出宇宙是个无穷循环，没有起点与终点，无法用时间来分割。《庄子·齐物论》云：

---

① 叶维廉：《比较诗学》，台北：台湾东大图书股份有限公司，1983 年，第 84 页。

> 有始也者，有未始有始也者，有未始有夫未始有始也者。有有也
> 者，有无也者，有未始有无也者，有未始有夫未始有无也者。（《庄子·
> 齐物论》）

宇宙现象本无法从自然整体中割裂开来，如果硬要分裂，就会造成损失。
《庄子·大宗师》用一个生动的例子说明宇宙的不可分割性：

> 夫藏舟于壑，藏山于泽，谓之固矣。然而夜半有力者负之而走，昧
> 者不知也。藏小大有宜，犹有所遁。若夫藏天下于天下而不得所遁，
> 是恒物之大情也。特犯人之形而犹喜之。若人之形者，万化而未始有
> 极也，其为乐可胜计邪！ 故圣人将游于物之所不得遁而皆存。（《庄
> 子·大宗师》）

"藏舟于壑"是一种受时空限制的视野，仍然会"有所遁"；而"藏天下于天
下"是一种对事物的整体观照，才会使其"不得所遁"，是"恒物之大情"。所
以抛弃时间对宇宙现象的分割，才可以认识到"恒物之大情"。

庄子在《养生主》里也表达了同样的观点："吾生也有涯，而知也无涯，
以有涯随无涯，殆已！ 已而为知者，殆而已矣！"（《庄子·养生主》）在时间
上，在广大里，"是""非"能有什么区别呢？ 时间将宇宙现象分割，在不同的
孤立的时间段中发生的事情成为无法理解的符号。对于这种世界本源的
不可穷究性，伊格尔顿用"滑动的能指"理论来解释：

> 语言是"空洞的"，因为它只是一个无穷无尽的区别与缺失的过
> 程：现在孩子只不过是沿着一条从潜在意义上看是无限的语言链从一
> 个能指向另一个能指运动，他已不能完美地占有任何物体。一个能指
> 蕴含着另一个能指，另一个又蕴含着下一个，以此类推直至无穷，……
> 意义或者所指将沿着这条能指的换喻链产生；但是没有任何物体或人
> 能够充分地"存在"于这一链条之内……①

———————————

① （英）特雷·伊格尔顿：《二十世纪西方文学理论》，伍晓明译，西安：陕西师范大学出版社，1987
年，第 183 页。

因此，语言以及各种事物的标准只是一个不断在能指链上滑动的能指，没有任何实际的意义。主体只是一个不断说话而不知自己在说些什么的主体，因此万物的是非区分也就没有任何意义。庄子极力反对那些执一己之偏以为占有绝对真理而擅生是非的人，称其为"巧伪人"：

> 尔作言造语，妄称文武，冠枝木之冠，带死牛之胁，多辞缪说，不耕而食，不织而衣，摇唇鼓舌，擅生是非，以迷天下之主，使天下学士不反其本，妄作孝弟而侥幸于封侯富贵者也。（《庄子·盗跖》）
>
> 今子修文武之道，掌天下之辩，以教后世，缝衣浅带，矫言伪行，以迷惑天下之主，而欲求富贵焉，盗莫大于子。天下何故不谓子为盗丘，而乃谓我为盗跖？（《庄子·盗跖》）

这里庄子借盗跖之口批判孔子，认为孔子鼓吹无益的学说，搬弄是非，迷惑人主，是比大盗更甚的罪过。

二、莫若以明：儒墨经典文本的解构

承前所述，儒墨所持有的善恶、是非、对错等价值判断皆本于该思想流派之"论"，而这一"论"是一种语言建构。从洒扫、应对、进退到齐家、治国、平天下①，从克己复礼到尊王攘夷等等，都在其内容涵盖之内。可以说，儒墨语境所涵盖的范围"造端乎夫妇，及其至也，察乎天地"②。

（一）作为传统的经典文本

儒家对话语权的占有，表现在以经典的形式为传统立法，并将其薪火相传，使之生生不息。"君子创业垂统，为可继也！"③（《孟子·梁惠王下》）

---

① 朱熹《大学章句序》："人生八岁，则自王公以下，至于庶人之子弟，皆入小学，而教之以洒扫、应对、进退之节，礼乐、射御、书数之文。及其十有五年，则自天子之元子、众子，以至公、卿、大夫、元士之适子，与凡民之俊秀，皆入大学，而教之以穷理、正心、修己、治人之道。"〔见（宋）朱熹：《四书章句集注》，北京：中华书局，1983 年，第 1 页〕

② （汉）郑玄注，（唐）孔颖达等正义：《礼记正义·中庸第三十一》，（清）阮元校刻：《十三经注疏》，第 1626 页。

③ （汉）赵岐注，（宋）孙奭疏：《孟子注疏·梁惠王章句下》，（清）阮元校刻：《十三经注疏》，第 2681 页。

朱熹解释："君子造基业于前，而垂统绪于后，但能不失其正，令后世可继续而行耳。"①后人将前人基业继承下来，并再传之于后，是为传统。关于传统，许慎《说文解字》曰："统，纪也。"②《淮南子·泰族训》曰："茧之性为丝，然非得工女煮以热汤而抽其统纪，则不能成丝。"③《史记·范雎蔡泽列传》："天下继其统，守其业，传之无穷。"④《史记·太史公自序》："今天子接千岁之统，封泰山，而余不得从行，是命也夫。"⑤《汉书·董仲舒传》："是以夙夜不皇康宁，永惟万事之统，犹惧有阙。"⑥由上可知，统本指丝线的头绪，后引申为事物的开端，一脉相承的系统、传统。

1. 道德习惯：传统的形成与经典的效用

对于"传统"内涵的考察，学者柯雄文的研究可引为借鉴。柯雄文考察"传统"概念显示它是一个"丛概念"（cluster concept），亦即一组显著的特征。任何关于传统的想法或理论，均包含四个最主要的特征：

> （一）传统就其为 traditum 一义而言，其存在具有某种时间上的延续性。（二）每一传统皆有守护者或楷模（exemplars）。（三）传统永远是诠释的对象，因此可能会有改变或更易。（四）拥有传统之材料（例如其典籍）的方式是选择性的，且此种方式典型地是专门研究的课题。⑦

柯雄文解释"每一个传统皆有其守护者或楷模"这一特征时指出，就儒家传统而言，儒家强调"君子"这一作为儒家礼教拥护者的典范人物形象，因为"君子"是"生命与操守皆能将传统精神作最好的呈现之楷模"⑧。对于儒家传统来说，"君子""士""大丈夫"等都是其典范人物，是世人的榜

---

① （宋）朱熹：《四书章句集注》，北京：中华书局，1983 年，第 224 页。
② （清）桂馥：《说文解字义证》，北京：中华书局影印湖北崇文书局刻本，1987 年，第 1128 页。
③ （汉）刘安撰，（汉）高诱注，（清）庄逵吉校：《淮南子·泰族训》，《二十二子》，第 1301 页。
④ （汉）司马迁：《史记·范雎蔡泽列传》，北京：中华书局，1959 年，第 2420 页。
⑤ （汉）司马迁：《史记·太史公自序》，北京：中华书局，1959 年，第 3295 页。
⑥ （汉）班固撰，（唐）颜师古注：《汉书·礼乐志》，北京：中华书局，1962 年，第 2495 页。
⑦ 柯雄文：《儒家伦理传统的性质》，（台北）《哲学杂志》1996 年第 17 期，第 138 页。
⑧ 柯雄文：《儒家伦理传统的性质》，（台北）《哲学杂志》1996 年第 17 期，第 138 页。

样。如：

> 君子食无求饱，居无求安，敏于事而慎于言。①（《论语·学而》）
>
> 富与贵，是人之所欲也；不以其道得之，不处也。贫与贱，是人之恶也；不以其道得之，不去也。君子去仁，恶乎成名。君子无终食之间违仁，造次必于是，颠沛必于是。②（《论语·里仁》）
>
> 可以托六尺之孤，可以寄百里之命，临大节而不可夺也。君子人与？君子人也。（《论语·泰伯》）
>
> 士不可以不弘毅，任重而道远。仁以为己任，不亦重乎？死而后已，不亦远乎？（《论语·泰伯》）
>
> 非礼勿视，非礼勿听，非礼勿言，非礼勿动。③（《论语·颜渊》）
>
> 居天下之广居，立天下之正位，行天下之大道。得志与民由之；不得志独行其道。富贵不能淫，贫贱不能移，威武不能屈，此之谓大丈夫。④（《孟子·滕文公下》）

对于儒家典范人物而言，奉行的是"克己"信条。相对于儒家典范人物的这一特点，道家传统之典范人物至人、神人及圣人的首要特点是"无己"。前文已述，此不赘言。

每一个传统都有其奉为经典的文本，经典文本反过来再为该传统立法。这一文本经典地位的确立是当时语境中众多文本竞争的结果，只有战胜其他文本才可以确立自己的权威性，从而具有权威性的约束力。柯雄文诠释曰："典籍的拥有具有高度的选择性，选择性的判断与抉择使某些典籍具有经典的地位；也就是说，给行为的既定目标提供一个权威性的参考点"；"在选择经典的过程中，情势危急和迫切需要所造成的压力，具有决定性的影响。无论如何，我们相信传统的拥护者会参与论辩，以化解他们各自对当下困惑及志向之不同认定间的冲突"；"某些典籍成为权威，则可能

---

① （魏）何晏等注，（宋）邢昺疏：《论语注疏·学而第一》，（清）阮元校刻：《十三经注疏》，第 2458 页。
② （魏）何晏等注，（宋）邢昺疏：《论语注疏·里仁第四》，（清）阮元校刻：《十三经注疏》，第 2471 页。
③ （魏）何晏等注，（宋）邢昺疏：《论语注疏·颜渊第十二》，（清）阮元校刻：《十三经注疏》，第 2502 页。
④ （汉）赵岐注，（宋）孙奭疏：《孟子注疏·滕文公章句下》，（清）阮元校刻：《十三经注疏》，第 2710 页。

是代表一个由排斥到接受之过程的顶点"①。因为典籍的经典地位一旦确立，就有了权威性，可以给"既定目标提供一个权威性的参考点"，"化解他们各自对当下困惑及志向之不同认定间的冲突"，所以各家极力想确立自己思想理论的经典地位，以拥有经典的权威性。一种思想一旦在理论上成为经典，在生活中就自然会成为行为规范，成为一个时期的传统。经典的确立是一个"由排斥到接受之过程"，诸子为了使自己的思想在百家争鸣中胜出，相互产生激烈的论辩，于是产生了"是"与"非"的纷争。

"典"是一种具有神圣性、权威性和法则意义的文本。许慎《说文解字》曰："典：五帝之书也。"②《尔雅·释言》曰：

典，经也；威，则也。（郭璞注曰）："威仪，可法则。"（邢叔明）疏曰："典，经也。威，则也。"释曰：《周礼》"大宰之职掌建邦之六典"，郑注云："典，常也，经也，法也。王谓之礼，经常所秉，以治天下也。邦国官府谓之礼，法常所以守，为法式也。常者，其上下通名。"郭云："威仪，可法则。"《诗》曰："敬慎威仪，维民之则。"③

为自己的文本确立经典地位是儒家一以贯之的追求，这种确立也是一个与其他学派斗争胜利的结果。如上文所言，经典的确立是一个"由排斥到接受之过程"，这个过程就是一个一种思想与其他思想的斗争过程。

在春秋战国时期，儒家与其他各家斗争的表现就是孔子删六经的行为。司马迁在《史记·太史公自序》中阐释孔子思想时，指出孔子"追修经术"是为了"垂六艺之统纪于后世"，也即成为"传统"：

周室既衰，诸侯恣行。仲尼悼礼废乐崩，追修经术，以达王道，匡乱世反之于正，见其文辞，为天下制仪法，垂《六艺》之统纪于后世。④

儒家经典一旦确立便被尊崇为世人从重大活动到日常生活必须遵循且不

① 柯雄文：《儒家伦理传统的性质》，（台北）《哲学杂志》1996 年第 17 期，第 136—151 页。
② （清）桂馥：《说文解字义证》，北京：中华书局影印湖北崇文书局刻本，1987 年，第 402 页。
③ （晋）郭璞注，（宋）邢昺疏：《尔雅注疏·释言第二》，（清）阮元校刻：《十三经注疏》，第 2585 页。
④ （汉）司马迁：《史记·太史公自序》，北京：中华书局，1959 年，第 3310 页。

可超越的最高规范，并且这一影响会渗透进儒家传统思想语境中每一位主体的灵魂深处，使其对各种现象的阐释与批判自觉采取儒家的道德伦理标准，不但遵守而且维护儒家思想传统。如《论语·八佾》曰："八佾舞于庭，是可忍，孰不可忍也！"①

班彪搜集前史遗事，评论前代得失时，指陈司马迁在创作上虽然"善述序事理，辩而不华，质而不野，文质相称"，但是在创新旨趣上应该"依《五经》之法言，同圣人之是非"②。王逸在评价屈原《离骚》的审美价值取向时，认为"《离骚》之文，依经立义"③。颜之推在讨论文学的文体起源问题时声言："夫文章者，原出《五经》：诏命策檄，生于《书》者也；序述论议，生于《易》者也；歌咏赋颂，生于《诗》者也；祭祀哀诔，生于《礼》者也；书奏箴铭，生于《春秋》者也。"④经典论著具有极强的号召力和引领作用，这是一种非暴力的强制性。

儒家要以"礼"为手段使人养成"徙善远罪而不自知"的道德习惯，就是要把"徙善远罪"变成一种传统，一种"道德习惯"。

2. 立言：儒家经典文本的建构

美国学者赫伯特·芬格莱特（Herbert Fingarette）把经典分为描绘性典范（depictive model）和圆满的典范（consummate model）："如果我们说到某人作为一个典范或楷模而行动，而起作用，那么，我们意在阐明的一件事情是这样的：这个人在发挥典范的作用时，他能够很好地启发其他人要做什么或者要成为什么样的人。而向典范学习的人需要知道或希望要知道的就是如何行为或如何做人，并且，他们观察着典范人物，目的就是要通过仿效典范人物而去学习。……我要把这种可以复制或模仿的典范称作描绘性典范（depictive model），这种典范具有工具性的价值。"⑤在"典范"的这种实用层面意义上，"典范"最主要的价值是在工具论的意义上发挥作用。儒家经典就是这种具有教诲色彩的描绘性典范：

---

① （魏）何晏等注，（宋）邢昺疏：《论语注疏·八佾第三》，（清）阮元校刻：《十三经注疏》，第2465页。
② （南朝宋）范晔撰，（唐）李贤等注：《后汉书》，北京：中华书局，1965年，第1325页。
③ （宋）洪兴祖：《楚辞补注》，白化文等点校，北京：中华书局，1983年，第52页。
④ （宋）颜之推：《颜氏家训》，上海：上海书店影印世界书局编印版，1980年，第19页。
⑤ （美）赫伯特·芬格莱特：《孔子：即凡而圣》，彭国翔、张华译，南京：江苏人民出版社，2002年，第127页。

为政以德，譬如北辰居其所而众星共之。① （《论语·为政》）

默而识之，学而不厌，诲人不倦，何有于我哉？② （《论语·述而》）

德之不修，学之不讲，闻义不能徙，不善不能改，是吾忧也。③ （《论语·述而》）

子欲善，而民善矣。君子之德风，小人之德草。草上之风，必偃。④ （《论语·颜渊》）

赫伯特·芬格莱特用棒球比赛来比喻描绘性典范和圆满的典范之区别。他说，一场精彩的棒球比赛，其中充满了各种各样的悬念（suspense）和变化多端的技巧，乃至兴奋激动的心情、超水平的发挥和机运的转折等等一系列能刻画棒球达到最佳状态的特征。就此而言，棒球的各种可能性完全实现了。于是我们说，这就是棒球比赛应该达到的最高水平的一个典范，这一典范叫圆满的典范。这一典范不是一场有益于仿效的比赛，因为我们并不是想要赛手们试图重复同样的一场比赛。对于一场典范的棒球赛来说，恰恰是其不可重复的独特性，使该场比赛成为典范。但是如果这场棒球比赛按照规则把比赛进行到底，但却打得糟糕透顶，缺乏棒球独特的优美精妙的打法和悬念迭起的情境，无论是对于球迷还是对于新手来说，这种比赛同样是索然寡味、沉闷无趣的。不过这场比赛每一个动作都中规中矩，堪称棒球教程的典范，可以让新手来学习棒球的打法，那么这样的典范叫作描绘性典范⑤。因此经典有两种：一种是目的性的经典，如棒球教程，这种经典的特点是具有功利性；一种是无目的性的经典，如一场高水平的比赛，这种经典的特点是审美性。儒家经典具有功利性，所以是描绘性经典；道家经典具有审美性，所以属于完美的经典。

对于儒家经典来说，其目的在其活动和行为之外，因而具有工具性；而对于道家经典来说，其目的在其活动和行为之内，所以具有审美性。这也就是康德自由的艺术和雇佣的艺术。

---

① （魏）何晏等注，（宋）邢昺疏：《论语注疏·为政第二》，（清）阮元校刻：《十三经注疏》，第2461页。
② （魏）何晏等注，（宋）邢昺疏：《论语注疏·述而第七》，（清）阮元校刻：《十三经注疏》，第2481页。
③ （魏）何晏等注，（宋）邢昺疏：《论语注疏·述而第七》，（清）阮元校刻：《十三经注疏》，第2481页。
④ （魏）何晏等注，（宋）邢昺疏：《论语注疏·颜渊第十二》，（清）阮元校刻：《十三经注疏》，第2504页。
⑤ （美）赫伯特·芬格莱特：《孔子：即凡而圣》，彭国翔、张华译，南京：江苏人民出版社，2002年，第130页。

道家典范的这种审美性正是对儒家经典工具性的解构:"道家诗学为了拆解儒家诗学在经典文本上设立的最高诗学批评原则及其话语权力,为了拒斥东方诗学文化传统整体生成和发展中的经学中心主义倾向,把颠覆和瓦解儒家主体及其诗学体系栖居和存在的语言家园作为操作的重要策略之一。"①

儒家努力建构其文本的经典地位,是为拥有话语权力。因为文本一旦以经典的形式出现,便具有了权威性,经典语言便有了极大的力量。《周易·系辞上》言:

> 君子居其室,出其言善,则千里之外应之,况其迩者乎?居其室,出其言不善,则千里之外违之,况其迩者乎?言出乎身,加乎民;行发乎迩,见乎远;言行君子之枢机,枢机之发,荣辱之主也。言行,君子之所动天地也,可不慎乎!②

《申子》把君子之"言"称之为导致天下安定与动乱的话语权力:"明君治国,三寸之机运而天下定,方寸之谋正而天下治。一言正而天下定,一言倚而天下靡。"③

儒家对话语权力的推崇,在儒家经典文本《左传》中有鲜明呈现。《左传·襄公二十四年》载:

> 穆叔如晋。范宣子逆之,问焉,曰:"古人有言曰:'死而不朽',何谓也?"……穆叔曰:"……鲁有先大夫曰臧文仲,既没,其言立,其是之谓乎!豹闻之,太上有立德,其次有立功,其次有立言,虽久废,此之谓不朽。"④

① 杨乃乔:《悖立与整合——东方儒道诗学与西方诗学的本体论、语言论比较》,北京:文化艺术出版社,1998 年,第 103 页。
② (魏)王弼、(晋)韩康伯注,(唐)孔颖达等正义:《周易正义·系辞上》,(清)阮元校刻:《十三经注疏》,第 79 页。
③ (宋)李昉等:《太平御览》卷三百九十引《申子》,北京:中华书局影印宋本,1960 年,第 1804 页。
④ (晋)杜预注,(唐)孔颖达等正义:《春秋左传正义·襄公二十四年》,(清)阮元校刻:《十三经注疏》,第 1979 页。

杨乃乔《悖立与整合——东方儒道诗学与西方诗学的本体论、语言论比较》申明，在儒家诗学文化传统中，立德和立功这种取向于功利性的价值最终必须要落实在立言上，才可能超越主体自我，归向不朽的永恒：

> 儒家诗学在对"立德"、"立功"和"立言"的价值追寻中，从表述的逻辑序例上来看，其首先崇尚"立德"，其次是"立功"，再次是"立言"。但是，"立德"和"立功"作为两种抽象的精神价值只有转型为语言，负载于"立言"的文本形式中，才可能在历史的发展历程上存留下去，以兑现"立德"和"立功"的不朽。[1]

曹丕的《典论·论文》对这种立言的渴望有着再度的阐释。《典论·论文》在对经典文本的作用和价值进行评估时，把语言推举到可以使"情态我"永恒的高度：

> 盖文章，经国之大业，不朽之盛事。年寿有时而尽，荣乐止乎其身，二者必至之常期，未若文章之无穷。是以古之作者，寄身于翰墨，见意于篇籍，不假良史之辞，不托飞驰之势，而声名自传于后。[2]

儒家把立德、立功建立在立言的基础上，儒家教义一旦确立经典地位，以文本形式确立下来，就可以在历史中流传下来，具有时空的穿透性，这也就是前文所述："传统就其为 traditum 一义而言，其存在具有某种时间上的延续性。"

（二）立身之教与立言之教

儒家君子所追求的终极理想是立言。司马迁含羞忍辱完成《史记》后，给朋友任安写了一封信。信中一诉衷肠，可视为儒家君子对立言的标准观点：

---

[1] 杨乃乔：《悖立与整合——东方儒道诗学与西方诗学的本体论、语言论比较》，北京：文化艺术出版社，1998 年，第 10 页。

[2] （三国）曹丕：《典论·论文》，《全上古三代秦汉三国六朝文》下册，（清）严可均校辑，北京：中华书局 1958 年影印本，第 1098 页。

古者富贵而名摩灭,不可胜记,唯倜傥非常之人称焉。盖文王拘而演《周易》;仲尼厄而作《春秋》;屈原放逐,乃赋《离骚》;左丘失明,厥有《国语》;孙子膑脚,《兵法》修列;不韦迁蜀,世传《吕览》;韩非囚秦,《说难》《孤愤》;《诗》三百篇,大底圣贤发愤之所为作也。①(《报任安书》)

"富贵而名摩灭"者恒河沙数,只有"倜傥非常之人"才被世人称道,其"不朽"的原因自然是因为其有立言之功业,而儒家立言的载体与明证则是其文本经典地位的确立。经典文本为这个世界立法,移风易俗,化民成俗。

1. 学以致其道

儒家经典文本为社会立法,被世人奉为圭臬,成为行为准则:"不学《诗》,无以言"②,"不学礼,无以立"③。经典文本的教化功能不仅仅表现在对个体的影响,而是规物范世,打造群体的共同社会属性:

孔子曰:"入其国,其教可知也。其为人也,温柔敦厚,《诗》教也;疏通知远,《书》教也;广博易良,《乐》教也;洁静精微,《易》教也;恭俭庄敬,《礼》教也;属辞比事,《春秋》教也。"④(《礼记·经解》)

进入一个国家,可以看出这个国家对民众的教化是怎样的,也就是说可以看出其国民的整体气质。对于儒家来说,"温柔敦厚""疏通知远""广博易良""洁静精微""恭俭庄敬""属辞比事"这些品格皆由儒家"六经"浸润而成。很明显,这是儒家所想要的国民性。

儒家经典文本如"六经"者,其教化为立言之教,这是最高的教化方式。次之为贤达之人的身教。如:

---

① (南朝梁)萧统编,(唐)李善注,李培南等校点:《文选》卷四十一,上海:上海古籍出版社,1986年,第1864—1865页。
② (魏)何晏等注,(宋)邢昺疏:《论语注疏·季氏第十六》,(清)阮元校刻:《十三经注疏》,第2522页。
③ (魏)何晏等注,(宋)邢昺疏:《论语注疏·季氏第十六》,(清)阮元校刻:《十三经注疏》,第2522页。
④ (汉)郑玄注,(唐)孔颖达等正义:《礼记正义·经解第二十六》,(清)阮元校刻:《十三经注疏》,第1609页。

> 樊迟请学稼。子曰："吾不如老农。"请学为圃。曰："吾不如老
> 圃。"樊迟出。子曰："小人哉，樊须也！上好礼，则民莫敢不敬；上好
> 义，则民莫敢不服；上好信，则民莫敢不用情。夫如是，则四方之民襁
> 负其子而至矣，焉用稼？"①（《论语·子路》）

"上"，即君子，是执政者或者贵族阶层，只需要"好礼""好义""好信"，建立
一个君子国，民众自然扶老携幼辐辏而来。劳动力因此千倍万倍于一人，
焉用樊迟亲为稼穑！关于君子不稼而食的这个问题，孟子做了进一步的
阐明：

> 公孙丑曰："《诗》曰：'不素餐兮！'君子之不耕而食，何也？"孟子
> 曰："君子居是国也，其君用之，则安富尊荣；其子弟从之，则孝悌忠信。
> '不素餐兮！'孰大于是？"②（《孟子·尽心上》）

由"樊迟问稼"与"孟子答君子不耕而食"可以看出，作为儒家传统守护者或
楷模的君子之所以可以不耕而食，是因为其奉行"好礼""好义""好信"的身
教而让一个国家和人民能够"安富尊荣""孝悌忠信"。

君子"好礼""好义""好信"而"焉用稼"，这也就是孔子所言"君子谋道
不谋食"③（《论语·卫灵公》）。类似的还有"百工居肆以成其事，君子学以
致其道"④（《论语·子张》）等。

下面我们来论述"谋道"与"致道"两个概念，以明辨君子立身之教与经
典文本的立言之教。

首先，关于"谋道"。儒家君子所"谋"之"道"，自然是"大学之道"：

> 大学之道，在明明德，在亲民，在止于至善。⑤（《礼记·大学》）

---

① （魏）何晏等注，（宋）邢昺疏：《论语注疏·子路第十三》，（清）阮元校刻：《十三经注疏》，第 2506 页。
② （汉）赵岐注，（宋）孙奭疏：《孟子注疏·尽心章句上》，（清）阮元校刻：《十三经注疏》，第 2769 页。
③ （魏）何晏等注，（宋）邢昺疏：《论语注疏·卫灵公第十五》，（清）阮元校刻：《十三经注疏》，第
　2518 页。
④ （魏）何晏等注，（宋）邢昺疏：《论语注疏·颜渊第十二》，（清）阮元校刻：《十三经注疏》，第 2532 页。
⑤ （汉）郑玄注，（唐）孔颖达等正义：《礼记正义·大学第四十二》，（清）阮元校刻：《十三经注疏》，
　第 1673 页。

朱熹与程子释"亲"为"新"。关于"明德""新民""至善"，朱熹阐释曰：

> 明德者，人之所得乎天，而虚灵不昧，以具众理而应万物者也。但
> 为气禀所拘，人欲所蔽，则有时而昏；然其本体之明，则有未尝息者。
> 故学者当因其所发而遂明之，以复其初也。……新者，革其旧之谓也，
> 言既自明其明德，又当推以及人，使之亦有以去其旧染之污也。……
> 至善，则事理当然之极也。言明明德、新民，皆当至于至善之地而不
> 迁。盖必其有以尽夫天理之极，而无一毫人欲之私也。①

君子通过"明德""新民"，而达到"至善"，这里既有修己的功夫，格物致知，
诚意正心；也有安人、安百姓的功效，齐家，治国，平天下。

> 古之欲明明德于天下者，先治其国；欲治其国者，先齐其家；欲齐
> 其家者，先修其身；欲修其身者，先正其心；欲正其心者，先诚其意；欲
> 诚其意者，先致其知；致知在格物。物格而后知至，知至而后意诚，意
> 诚而后心正，心正而后身修，身修而后家齐，家齐而后国治，国治而后
> 天下平。②（《礼记·大学》）

通过格致诚正、修齐治平的修养功夫，从而实现"尽夫天理之极，而无
一毫人欲之私"的"至善"境界，也即儒家的理想国——大同世界。

> 大道之行也，天下为公。选贤与能，讲信修睦，故人不独亲其亲，
> 不独子其子，使老有所终，壮有所用，幼有所长，鳏寡孤独废疾者皆有
> 所养，男有分，女有归。货恶其弃于地也，不必藏于己；力恶其不出于
> 身也，不必为己。是故谋闭而不兴，盗窃乱贼而不作，故外户而不闭，
> 是谓大同。③（《礼记·礼运》）

---

① （宋）朱熹：《四书章句集注》，北京：中华书局，1983 年，第 3 页。
② （汉）郑玄注，（唐）孔颖达等正义：《礼记正义·大学第四十二》，（清）阮元校刻：《十三经注疏》，
　　第 1673 页。
③ （汉）郑玄注，（唐）孔颖达等正义：《礼记正义·礼运第九》，（清）阮元校刻：《十三经注疏》，第
　　1414 页。

　　君子"谋道"的逻辑链条就是,君子通过"明明德""新民"的功夫让整个社会达到"至善"之境,即儒家理想状态下的大同世界。在这一修己安人的"谋道"过程中,《大学》强调:"自天子以至于庶人,壹是皆以修身为本。"①本句可以作为君子"谋道"以修己为主的明证。因此"君子谋道不谋食","谋道"更多强调君子的自我修行。

　　再说说"致道"。"百工居肆以成其事,君子学以致其道。"②(《论语·子张》)若要理解本句,准确把握"学"字至关重要。其实,"学"既有我们理解的传统意义上的"学习"之义,也有"教化""教育"之义。

　　《广雅》:"学,教也。"③王念孙《广雅疏证》曰:"'学'与'教'同。《盘庚》云:'盘庚教于民。'《学记》引《兑命》云:'学学半。'"④"学"字,是篆文"教"的省略写法。在"学学半"中,前一个"学"字为"教"字省略写法,意为"教育",后一个"学"字为"学习",整句话的意思是教学相长。

　　"学"还有"觉悟"的意思。"学,觉也。"⑤王念孙《广雅疏证》云:

　　　　"学"者,《说文》:"教,觉悟也,篆文作'学'。"《白虎通义》云:"学之为言觉也,以觉悟所不知也。"《淮南子·说山训》:"人不小学,不大迷。"《文子·上德篇》"学"作"觉"。⑥

"学"在"觉悟"层面的意义,可以说是"教化"和"学习"两层涵义的总括。"学"为"自觉",动作主体为学习者;"教"为通过教化让别人觉悟,动作主体为施教者。故"学然后知不足","教学相长"。

　　所以,我们可以说,"学以致其道",不仅包含君子自修,也包括教化民众,化民成俗。正如《诗经·卫风·淇奥》之君子所为:

　　　　瞻彼淇奥,绿竹猗猗。有匪君子,如切如磋,如琢如磨。瑟兮僩

①　(汉)郑玄注,(唐)孔颖达等正义:《礼记正义·大学第四十二》,(清)阮元校刻:《十三经注疏》,第1673页。
②　(魏)何晏等注,(宋)邢昺疏:《论语注疏·子张第十九》,(清)阮元校刻:《十三经注疏》,第2532页。
③　(清)王念孙:《广雅疏证》,张靖伟等点校,上海:上海古籍出版社,2016年,第618页。
④　(清)王念孙:《广雅疏证》,张靖伟等点校,上海:上海古籍出版社,2016年,第618页。
⑤　(清)王念孙:《广雅疏证》,张靖伟等点校,上海:上海古籍出版社,2016年,第627页。
⑥　(清)王念孙:《广雅疏证》,张靖伟等点校,上海:上海古籍出版社,2016年,第628页。

兮，赫兮咺兮。有匪君子，终不可谖兮。①（《诗经・卫风・淇奥》）

《礼记・大学》阐发曰：

> 如切如磋者，道学也；如琢如磨者，自修也；瑟兮僩兮者，恂栗也；赫兮咺兮者，威仪也；有匪君子，终不可谖兮者，道盛德至善，民之不能忘也。②（《礼记・大学》）

君子有精益求精的治学态度，还有乐善不倦的自我修养功夫，用自己的所作所为教化民众，让大家永远铭记在心而难以忘怀。

儒家非常重视统治者或君子个人修身和以身作则的表率作用，认为可以用在治国问题上。

> 季康子问政于孔子。孔子对曰："政者，正也。子帅以正，孰敢不正？"③（《论语・颜渊》）
> 一家仁，一国兴仁；一家让，一国兴让；一人贪戾，一国作乱。其机如此。④（《礼记・大学》）

关于道德表率起的教化作用，类似的案例还有：

> 子路治蒲三年。孔子过之，入其境，曰："善哉由也！恭敬以信矣。"入其邑，曰："善哉由也！忠信而宽矣。"至庭曰："善哉由也！明察以断矣。"子贡执辔而问曰："夫子未见由之政，而三称其善，其善可得闻乎？"孔子曰："吾见其政矣。入其境，田畴尽易，草莱甚辟，沟洫深治，此其恭敬以信，故其民尽力也。入其邑，墙屋完固，树木甚茂，此其

---

① （汉）毛亨传，（汉）郑玄笺，（唐）孔颖达等正义：《毛诗正义・卫风・淇奥》，（清）阮元校刻：《十三经注疏》，第 320 页。
② （汉）郑玄注，（唐）孔颖达等正义：《礼记正义・大学第四十二》，（清）阮元校刻：《十三经注疏》，第 1675 页。
③ （魏）何晏等注，（宋）邢昺疏：《论语注疏・颜渊第十二》，（清）阮元校刻：《十三经注疏》，第 2504 页。
④ （汉）郑玄注，（唐）孔颖达等正义：《礼记正义・大学第四十二》，（清）阮元校刻：《十三经注疏》，第 1674 页。

忠信以宽，故其民不偷也。至其庭，庭甚清闲，诸下用命，此其言明察以断，故其政不扰也。以此观之，虽三称其善，庸尽其美矣。"（《孔子家语·辩政》）

孔子通过国境之内的状态以及国人的所作所为，从而判断子路治蒲卓有成效，因此大加赞赏，并不禁慨叹曰："三称其善，庸尽其美。"

总结以上，"入其国，其教可知"故事中，施教主体为《诗》《书》《乐》《易》《礼》《春秋》，是以儒家经典为施教主体；而"子路治蒲"等故事中，施教主体为子路或者其他主人公个人，子路以仁德治理蒲邑，做到了"恭敬以信""忠信而宽""明察以断"，所以民众"尽力""不偷""用命"。

以身作则的教育，我们可以称其为"立身之教"，身为榜样才有可信度和感召力，最大的榜样是圣人。"天下君王至于贤人众矣，当时则荣，没则已焉。孔子布衣，传十余世，学者宗之。自天子王侯，中国言《六艺》者折中于夫子，可谓至圣矣！"[1]同样，立言之教，则必须是"重言"[2]，最重之言莫过于被立为经典的圣人之言。

> 是以圣人之治于世也，不人告也，不户说也。[3]（《管子·水地》）
> 君子之教以孝也，非家至而日见之也。[4]（《孝经·广至德》）

相比于"立身之教"，经典文本的立言教化作用不受时空的限制，具有很好的延续性，也即能够形成传统，因此远胜于个人施政者，哪怕他是政事科高才生子路。

所以我们说和"谋道不谋食"相比，"君子学以致其道"，是通过"学"与"教"两个层面实现"致道"的，学以修身，教以安人；而且"教"的极致是超越

---

[1]　司马迁：《史记·孔子世家》，北京：中华书局，1959 年，第 1947 页。

[2]　这里我们借用庄子的"重言"概念，意谓那些德高望重为世人所尊者的话语，也即圣人之言，如尧、舜、禹、汤、文王、武王、孔子等。《庄子·寓言》："寓言十九，重言十七。"郭象注曰："世之所重，则十言而七见信。"成玄英疏曰："重言，长老乡闾尊重者也。老人之言，犹十信其七也。"陆德明释文曰："重言，谓为人所重者之言也。"见（清）郭庆藩：《庄子集释》，王孝鱼点校，北京：中华书局，1961 年，第 947 页。

[3]　（周）管仲撰，（唐）房玄龄注，（明）刘绩增注：《管子·水地》，《二十二子》，第 148 页。

[4]　（唐）玄宗明皇帝御注，（宋）邢昺疏：《孝经注疏·广至德章》，（清）阮元校刻：《十三经注疏》，第 2557 页。

时空的"不言之教"。

2.正名与为政

如前所述，儒家立言成功的标志是儒家文本经典地位的确立，从而以此实现话语权的掌握。事实上，世上一切规章制度、绳墨规矩都是主流意识形态在掌握了话语权之后的语言建构。

用自己掌握的话语权为时代立法，首先做的事情就是"正名"。

> 子路曰："卫君待子而为政，子将奚先？"子曰："必也正名乎！"子路曰："有是哉，子之迂也！奚其正？"子曰："野哉，由也！君子于其所不知，盖阙如也。名不正，则言不顺；言不顺，则事不成；事不成，则礼乐不兴；礼乐不兴，则刑罚不中；刑罚不中，则民无所措手足。"①（《论语·子路》）

在孔子的为政理念中，"正名"是政治活动的起点。名分上同词不当，言语就不能顺理成章；言语不顺理成章，工作就不可能搞好；工作搞不好，国家的礼乐制度也就举办不起来；礼乐制度举办不起来，刑罚也就不会得当；刑罚不得当，百姓就会惴惴不安得连手脚都不晓得摆在哪里才好②。

关于"正名"，杨伯峻认为这两个字的解释，从汉以来便异说纷纭。杨伯峻梳理"正名"的内涵说：

> 皇侃义疏引郑玄的注云："正名谓正书字也，古者曰名，今世曰字。"这说恐不合孔子原意。《左传》成公二年曾经载有孔子的话，说："唯器（礼器）与名（名义、名分）不可以假人。"《论语》这一"名"字应该和《左传》的这一"名"字相同。《论语》中有孔子"觚不觚"之叹。"觚"而不像"觚"，有其名，无其实，就是名不正。孔子对齐景公之问，说，"君君，臣臣，父父，子子"，也就是正名。③

---

① （魏）何晏等注，（宋）邢昺疏：《论语注疏·子路第十三》，（清）阮元校刻：《十三经注疏》，第 2506 页。
② 孔子"正名"之说参照了杨伯峻先生的译文，参见杨伯峻：《论语译注》，北京：中华书局，1980 年，第 134 页。
③ 杨伯峻：《论语译注》，北京：中华书局，1980 年，第 134—135 页。

　　"正名"为每个人在社会中划分出边界与畛域，要求大家"思不出其位"。各安其位，各司其职，各尽其能，各得其所，从而达到"君君，臣臣，父父，子子"的有序状态，从而上下尊卑，名实相符。

　　"正名"规定出来事物的边界和畛域。事实上，与其说这个边界和畛域是"名"的边界，不如说是权力之范围。每一个"名"的背后都有对应的与"名"相匹配的权力诉求。

　　　　孔子侍坐于季孙，季孙之宰通曰："君使人假马，其与之乎？"孔子曰："吾闻：君取于臣曰取，不曰假。"季孙悟，告宰通曰："今以往，君有取谓之取，无曰假。"孔子曰："正假马之言而君臣之义定矣。"①

"取马"和"假马"一字之差，维护的是君权不被僭越，以定君臣之义，以别上下之分，从而"有粟"，君王"得而食诸"：

　　　　齐景公问政于孔子，孔子对曰："君君，臣臣，父父，子子。"公曰："善哉！信如君不君，臣不臣，父不父，子不子，虽有粟，吾得而食诸？"②（《论语·颜渊》）

　　程树德《论语集释》："至晋时鲁胜注《墨辨》一书，深论名理，谓：'名者所以别同异明是非，道义之门，政化之准绳也。'"③也就是，伦理、道德、政治都是建立在"名"的基础之上，以"正名"为前提。而言、论、名都是语言建构出来的，是语言的一种形态，"立德""立功""立言"都在语言的建构之内，所以儒家对语言文字的使用格外谨慎。

　　　　书曰："郑伯克段于鄢。"段不弟，故不言弟；如二君，故曰克；称郑伯，讥失教也；谓之郑志。不言出奔，难之也。④（《春秋左传正义·隐

---

① （汉）韩婴：《韩诗外传集释》，许维遹校释，北京：中华书局，1980年，第200页。
② （魏）何晏等注，（宋）邢昺疏：《论语注疏·颜渊第十二》，（清）阮元校刻：《十三经注疏》，第2503—2504页。
③ 程树德：《论语集释》，程俊英、蒋见元点校，北京：中华书局，2013年，第1022页。
④ （晋）杜预注，（唐）孔颖达等正义：《春秋左传正义·隐公元年》，（清）阮元校刻：《十三经注疏》，第1716页。

公元年》)

　　一字之褒,宠逾华衮之赠;片言之贬,辱过市朝之挞。① (《春秋穀
梁传·序》)

　　儒家为政,必先正名,然后为事物明确畛域边界和制定规矩准绳,从而
确定人际关系内容。

　　故朝觐之礼,所以明君臣之义也。聘问之礼,所以使诸侯相尊敬
也。丧祭之礼,所以明臣子之恩也。乡饮酒之礼,所以明长幼之序也。
昏姻之礼,所以明男女之别也。② (《礼记·经解》)

　　"明君臣之义""使诸侯相尊敬""明臣子之恩""明长幼之序""明男女之别",
这里的"明"乃明确等级制度下每个人的职分所在,从而"素富贵,行乎富
贵;素贫贱,行乎贫贱;素夷狄,行乎夷狄;素患难,行乎患难。君子无入而
不自得焉"③(《礼记·中庸》)。

　　在其基础之上,逐渐形成一种道德习惯,也即人人遵守的道德传统,从
而达到最高的教化效果,这也是最高的为政之道。

　　故礼之教化也微,其止邪也于未形,使人日徙善远罪而不自知也,
是以先王隆之也。④ (《礼记·经解》)

3.莫若以明:解构儒墨经典文本

　　儒家"正名",首先,最重要也最基本的是为万物立言,也即孔子之"必
先正名乎"。诸家解读如下:

----

① (晋)范宁注,(唐)杨士勋疏:《春秋穀梁传注疏》序,(清)阮元校刻:《十三经注疏》,第 2359 页。
② (汉)郑玄注,(唐)孔颖达等正义:《礼记正义·经解第二十六》,(清)阮元校刻:《十三经注疏》,
第 1610 页。
③ (汉)郑玄注,(唐)孔颖达等正义:《礼记正义·中庸第三十一》,(清)阮元校刻:《十三经注疏》,
第 1627 页。
④ (汉)郑玄注,(唐)孔颖达等正义:《礼记正义·经解第二十六》,(清)阮元校刻:《十三经注疏》,
第 1610—1611 页。

旧注引马融曰："正名者，正百事之名也。"考《祭法》："黄帝正名百物，以明民共财。"而《汉艺文志》谓："名家者流，盖出于礼官。古者名位不同，礼亦异数。孔子曰：'必也正名乎！'"凡辨名所在，不可苟为瓜析。①

皇疏：所以先须正名者，为时昏礼乱，言语翻杂，名物失其本号，故为政必以正名为先也。②

郑注云：正名，谓正书字也。古者曰名，今世曰字。《礼记》曰："百名已上，则书之于策。"孔子见时教不行，故欲正其文字之误。③

《礼记·祭法》云："黄帝正名百物。"而苍颉制文字即于其时。名即文也，物即事也，文不正则言不顺而事不成。④

立言即为事物确立"能指"。正如张岱年在讨论中国古代哲学中所谓"名"与"字"时申论说：

"概念""范畴"都是翻译名词。范畴二字虽然出自《尚书·洪范》所谓"洪范九畴"，但是古代并不以范畴二字连为一词。在中国古代哲学著作中，与今所谓概念、范畴相当的，是"名"和"字"。孔子提出"正名"，他说："名不正则言不顺。"（《论语·子路》）《管子·心术上》论形名云："物固有形，形固有名，名当谓之圣人。"庄子说："名者实之宾也。"（《庄子·逍遥游》）公孙龙说："夫名，实谓也。"（《公孙龙子·名实论》）《墨子·小取》云："以名举实。"各家所谓名都是指事物的称谓。⑤

张岱年意在强调：和各家一样，孔子将事物之"名"看作是其"能指"，所谓"正名"意指确定事物名称的含义，规定事物的正确名称。

"正名"后即可循名责实，因任授官，也就是为立言确立相应的"所指"。从而"明君臣之义""使诸侯相尊敬""明臣子之恩""明长幼之序""明男女之

① 程树德：《论语集释》，程俊英、蒋见元点校，北京：中华书局，2013 年，第 1022 页。
② 程树德：《论语集释》，程俊英、蒋见元点校，北京：中华书局，2013 年，第 1025 页。
③ 程树德：《论语集释》，程俊英、蒋见元点校，北京：中华书局，2013 年，第 1025 页。
④ 程树德：《论语集释》，程俊英、蒋见元点校，北京：中华书局，2013 年，第 1025 页。
⑤ 张岱年：《中国古典哲学概念范畴要论》，北京：中华书局，2017 年，第 1 页。

别"。这里的"明"乃明确等级制度下的职分所在,以利于社会治理。孔子之后学荀子做了进一步的发挥:

> 故王者之制名,名定而实辨,道行而志通,而慎率民则一焉。故析辞擅作名以乱正名,使民疑惑,人多辨讼,则谓之大奸;其罪犹为符节、度量之罪也。故其民莫敢托为奇辞以乱正名,故其民悫,悫则易使,易使则公。其民莫敢托为奇辞以乱正名,故壹于道法而谨于循令矣,如是则其迹长矣。迹长功成,治之极也,是谨于守名约之功也。① (《荀子·正名》)

"名"一旦被"正",或者说处于"正"的位置,那么就获得了话语权。其他语言则被判定为"奇辞"而被驱逐,于是民众就"壹于道法而谨于循令"了。显然,"道法"与"循令"是"正名"建构出来的经典文本,以之治国("守名约之功")则可以达到治理国家的极致("治之极")。经典文本之治,是通过其建构出来的"礼义"来完成。若能"克己复礼",则可以"天下归仁"。

以礼治国的前提,是将礼置于至高无上的位置,从而顺理成章地实现其治理作用。

> 在天者莫明于日月,在地者莫明于水火,在物者莫明于珠玉,在人者莫明于礼义。② (《荀子·天论》)

天上最明亮的是日月,地上最明亮的是水火,万物中最明亮的是珠玉,人世间最明亮的则是礼义。而礼义最主要的作用则是"明贵贱""辨同异":

> 异形离心交喻,异物名实玄纽,贵贱不明,同异不别。如是则志必有不喻之患,而事必有困废之祸。故知者为之分别,制名以指实,上以明贵贱,下以辨同异。贵贱明,同异别。如是则志无不喻之患,事无困废之祸,此所为有名也。③ (《荀子·正名》)

---

① (周)荀况撰,(唐)杨倞注,(清)卢文弨、(清)谢墉校:《荀子·正名》,《二十二子》,第342—343页。
② (周)荀况撰,(唐)杨倞注,(清)卢文弨、(清)谢墉校:《荀子·天论》,《二十二子》,第328页。
③ (周)荀况撰,(唐)杨倞注,(清)卢文弨、(清)谢墉校:《荀子·正名》,《二十二子》,第343页。

　　总而言之，正名然后百物畛域分明，从而礼仪尊卑确定，然后同异以辨，贵贱以明，天下有定，和而不同。人人各安其位，各司其职，各尽所能，各得其所，于是乎，大同世界至矣。其"根本点是确立统治秩序、区分上下尊卑"①。

　　在儒家语境内，语言打开世界的大门，为社会立法，让世界澄明有序。所以，从功能的角度，我们可以说，"名"者，"明"也。

　　"明"字在儒家经典中甚为常见，且内涵深远。学者劳悦强通过考察早期儒家经典文献，如《尚书》《诗经》《左传》《周易》《礼记》《论语》《孟子》等，指出在儒家语境中，"明"具有很强的道德寓意："在这些经典中，'明'几乎是统治阶级特有的道德专利，而它的描述又经常与政治相关，因此，'明'可说具有一种贵族的性质。具体而言，'明'往往指称统治者对被统治者的道德影响，因此，'明'之光源与受照者之间便隐然存在着一重道德等序。"②

　　原始要终，这一切皆因"正名"：用语言细分这个世界，从而让其条分缕析，层级分明。先明于百物，再明于礼义，再明于是非，最终克己复礼，徙善远罪。

　　和儒家思想不同，庄子视这种将大道逐步细分的过程为堕落过程：

　　　　古之人，其知有所至矣。恶乎至？有以为未始有物者，至矣，尽矣，不可以加矣。其次以为有物矣，而未始有封也。其次以为有封焉，而未始有是非也。是非之彰也，道之所以亏也。道之所以亏，爱之所以成。（《庄子·齐物论》）

　　"未始有物"状态为大道本身的样子，"无物之象，无状之象"，所以"至矣，尽矣，不可以加矣"。"封，界域也。"③所以有物但未始有封的状态下，语言还没有形成，还没有为万物命名。万物没有畛域界限之分别，所以"道通为一"。

---

① 金良年：《论语译注》，上海：上海古籍出版社，2004年，第138页。
② （新加坡）劳悦强：《以明乎 已明乎——释〈庄子〉的"明"义》，《诸子学刊》，2009年第12期，第175—193页。
③ （清）王先谦：《庄子集解》，沈啸寰点校，北京：中华书局，1987年，第17页。

> 故为是举莛与楹，厉与西施，恢诡谲怪，道通为一。(《庄子·齐物论》)

语言产生后，一家之言占据话语权，经典文本建构的礼义决定着价值取向，从而有了是与非、对与错、成与毁的判断。庄子强调，是非之心，即为"成心"，是对体道的遮蔽和伤害：

> 是非之彰也，道之所以亏也。见是非，则道之浑然者伤矣。(《庄子·齐物论》)

因为语言将大道割裂，人们执于一己之得，自以为得到真理，自以为明道，其实全是囿于自身的偏见。这种片面的认知为"成心"，其见解为"小知"：

> 夫随其成心而师之，谁独且无师乎？(《庄子·齐物论》)

跳出小我，破除"成心"，达到"大知"的办法是"以明"：

> 夫言非吹也，言者有言。其所言者特未定也。果有言邪？其未尝有言邪？其以为异于鷇音，亦有辩乎？其无辩乎？道恶乎隐而有真伪？言恶乎隐而有是非？道恶乎往而不存？言恶乎存而不可？道隐于小成，言隐于荣华。故有儒墨之是非，以是其所非而非其所是。欲是其所非而非其所是，则莫若以明。(《庄子·齐物论》)
> 物无非彼，物无非是。自彼则不见，自知则知之。故曰彼出于是，是亦因彼。彼是方生之说也，虽然，方生方死，方死方生；方可方不可，方不可方可；因是因非，因非因是。是以圣人不由，而照之于天，亦因是也。是亦彼也，彼亦是也。彼亦一是非，此亦一是非。果且有彼是乎哉？果且无彼是乎哉？彼是莫得其偶，谓之道枢。枢始得其环中，以应无穷。是亦一无穷，非亦一无穷也。故曰莫若以明。(《庄子·齐物论》)

关于"以明"的内涵，古今学者解释众多，各有所见。学者劳悦强以"冥"释"明"，颇有创新性。因庄子思想的解构倾向，劳悦强宣称："庄子所赞赏的'明'，其极致却反讽地是'冥'，而非明亮。""根据《庄子》一书对儒家一贯的揶揄和嘲讽，我们似乎有理由相信，道家对'明'的非道德阐释也许正是针对儒家道德诠释的一种反动。而对'冥'的强调更像是一种刻意的挑战。以'冥'来对应'明'或许可视作庄子的幽默表达。"①

我们先不说"以明"确义为何，至少从文本本身可以知道，庄子"以明"是从"语言"和"是非"两个角度解构儒家思想。

先说语言解构。朱得之解释曰：语言并不能起到"名定实辨""道行志通"的效果，语言只是没有意义的鸟叫，若想平息是非之争只有回归"天理"，即"道"：

> 鷇者，鸟之初出卵者也。鷇之为音，未有所知；汝之有言，亦不自知，与鷇音同也。大道本无真伪，至言本无是非。真伪起于偏见，是非起于自夸、小成、一偏之见也。荣华，自相夸诩也，自是而后始有儒墨相是非之论。若欲一定其是非，则须归之自然之天理。明者，天理也，故曰莫若以明。②

叶维廉诠释儒家经典是一种语言建构活动，服务于权力，为权力圈定势力范围。庄子从儒家经典存在的基础——语言的角度对其进行质疑与解构：

> 道家对语言的质疑，对语言与权力关系的重新考虑，完全是出自这种人性危机的警觉。所以说，道家精神的投向，既是美学的也是政治的。政治上，他们要破解封建制度下圈定的"道"（王道、天道）和名制下种种不同的语言建构，好让被压抑、逐离、隔绝的自然体（天赋的本能本样）的其他记忆复苏，引向全面人性、整体生命的收复。道家无形中提供了另一种语言的操作，来解除语言暴虐的框限；道家（或有道

---

① （新加坡）劳悦强：《以明乎 已明乎——释〈庄子〉的"明"义》，《诸子学刊》，2009 年第 12 期，第 175—193 页。

② （明）朱得之：《庄子通义》卷二，北京：国家图书馆藏明嘉靖三十九年朱得之浩然斋刻本，第 24 页。

家胸襟的人）通过语言的操作"颠覆"权力宰制下刻印在我们心中的框架并将之爆破，还给我们一个若即若离若虚若实活泼泼的契道空间。道家最重要的精神投向，就是要我们时时质疑我们已经内在化的"常"理，得以活出活进地跳脱器囚的宰制，走向断弃私我名制的大有大无的境界。①

在一种功利性经典所建构的语境中，人们使用语言、概念这些限定性工具时，就会失去和具体现象生成活动的接触。解构这种工具性经典的方法，也即"以明"的方法就是解构语言，只有"齐语言"才能真正实现庄子"无言"之美的逍遥境界。

再说是非解构。是非之辨是语言的衍生，庄子曰："道隐于小成，言隐于荣华。故有儒墨之是非，以是其所非而非其所是。"学者金白铉强调：

> "言隐于荣华"即指明玩弄语言所引起之名过其实的情形。这也是说，在有名活动当中渗透了自我为中心的"成心"，而后才有"是非"的固定意义。因此，有时在有名活动当中，有一些并不关涉"实"之真伪如何，只是人们各自将固定化的"名"执为"是非"之准绳而已。
>
> 名，公器也，不可多取。仁义，先王之蘧庐也，止可以一宿而不可久处，觏而多责。（《庄子·天运》）
>
> 此地所说之"仁义"，不是一个人的真切体验，而是已经成为公共化的仁义圣迹，如史䲡之忠、曾参之孝。公共化的圣迹正如旅馆般，不应长驻久留其中。这也是说，"仁义"通过"名"而固定化，成为公器。因此，"仁义"之"实"和"名"之间有所入，而固定化之"名"喧宾夺主，反变成人们争逐的对象。如此，庄子批评儒家将道德施行"名目化"（itemization），巧立仁义礼智诚信忠孝等德目（moral items），遂令众生毫无真情实感地驰骛攀援那堆外在化、僵固化、教条化（dogmatise）的德目。而处于实际状态的人正是把固定化的"名"执为真实而争逐之。②

---

① 叶维廉：《道家美学与西方文化》，北京：北京大学出版社，2002年，第1—2页。
② （韩）金白铉：《庄子哲学中"天人之际"研究》，台北：文史哲出版社，1986年，第52页。

语言将"名"固定化，使"是非""仁义"成为"准绳""公器"，实现从"一个人的真切体验"到"公共化的仁义圣迹"的转变，从而成为人们驰骛攀援的对象。"公共化的仁义圣迹"也即前文所引柯雄文解释"传统"时强调的"每一个传统皆有其守护者或楷模"。就儒家传统而言，"公共化的仁义圣迹"作为儒家礼教拥护者的典范人物形象，是"生命与操守皆能将传统精神作最好的呈现之楷模"①。这一"楷模"乃儒家所正之"名"，一旦"榜样"之"名"确立，则"匹夫而为百世师，一言而为天下法，是皆有以参天地之化，关盛衰之运"（《潮州韩文公庙碑》）。殊不知，"名"乃伤心残性的"凶器"：

> 且若亦知夫德之所荡而知之所为出乎哉？德荡乎名，知出乎争。名也者，相轧也；知也者，争之器也。二者凶器，非所以尽行也。（《庄子·人间世》）

破除语言及其建构物对人心的挟裹以及对人性的残害，庄子强调"莫若以明"。劳悦强在以"冥"释"明"的基础上，又考虑到在上古文献中，"以"与"已"虽然同音异义，但常可通用的事实。劳悦强宣称："与其说是'以明'，毋宁说是'已明'。"在这里庄子提醒人们要"已"之"明"为耳目之明，也就是《养生主》中庖丁所讲的"官知"。

> 耳目之明逐外，所知有限，而且惯于区别与争辩。所以，庖丁解牛，"官知止而神欲行"。在庄子看来，耳目之明将破坏"道"的整体合一。因此，他提倡以"坐忘"或"心斋"的修炼，务求"离形去知"。在外篇《骈拇》中，作者以"骈拇枝指"来比喻仁义之"明"，认为这样的"明"将导致"擢德塞性"的后果。②

因此，劳悦强宣称："以明"就是将人的精神境界复归一种原初的"浑沌"状态，而这种原初的"浑沌"状态就是"道"最初的样子。

劳悦强的解释可通，庄子用浑沌之死的故事警示世人，始于"视听食

---

① 柯雄文：《儒家伦理传统的性质》，(台北)《哲学杂志》1996年第17期，第136—151页。
② （新加坡）劳悦强：《以明乎 已明乎——释〈庄子〉的"明"义》，《诸子学刊》2009年第12期，第183页。

息"之"明"伤心残性，需要"以冥"来"已明"：

> 南海之帝为儵，北海之帝为忽，中央之帝为浑沌。儵与忽时相与遇于浑沌之地，浑沌待之甚善。儵与忽谋报浑沌之德，曰："人皆有七窍以视听食息，此独无有，尝试凿之。"日凿一窍，七日而浑沌死。（《庄子·应帝王》）

数十年后，韩非提出"显学"一词："世之显学，儒、墨也。儒之所至，孔丘也。墨之所至，墨翟也。"①（《韩非子·显学》）《广雅·释诂》："显，明也。"②或许，庄子"以明"思想，已经包含解构显学之义。

需要说明的是，"已明"并不是说要处于暗处，而应该是"其上不皦，其下不昧"的最初状态，这是"道"最初的状态，是复归于无物的状态。这个"物"不是物我两分的"物"，而是空无一物，甚至语言也是不存在的，是一种"无言"之状态。当然连"我"也是不存在的，无论"情态我"还是"形态我"。

总之，我们可以得出的结论是，"以明"就是要求人们停止语言建构出来的一切争辩，回归到最初的大道状态。因此，"以明"一词可从两个意义不同而又互相关涉的层面加以解读：

> 就知识论而言，"以明"意味着一种判断庄子时代诸子百家思想的是非的方法，在这个意义上言，"以明"也可说是一种探索真理的方法。其次，在行为实践层面，"以明"也可具体指示一个弃黜聪明知觉的精神修养过程，以达致庄子所谓"与道为一"的"玄冥"境界。③

所以，从"探索真理的方法"的角度说，"以明"可以理解为"已明"，意为停止不断细分这个世界；从"精神修养过程"的角度来说，"以明"可以理解为"以冥"，意为回归大道最初状态。两个角度并行不悖，可以相互补充。

---

① （周）韩非撰，（清）顾广圻识误：《韩非子·显学》，《二十二子》，第1185页。
② （清）王念孙：《广雅疏证》，张靖伟等点校，上海：上海古籍出版社，2016年，第586页。
③ （新加坡）劳悦强：《以明乎 已明乎——释〈庄子〉的"明"义》，《诸子学刊》，2009年第12期，第175—193页。

三、精神分析视野下之儒道语言主体

孔子要求主体"克己"用以"为仁"，以求皈依社会整体；庄子要求主体"无己"用以"逍遥"，以求融合自然整体。本节以拉康精神分析的主体理论会通儒道主体思想，旨在窥视儒道主体思想的深层无意识内涵。

王小章、郭本禹《潜意识的诠释——从弗洛伊德到后弗洛伊德主义》从发生学和结构学两个角度阐述拉康主体理论："拉康的主体理论是从发生学和结构学两个层次同时展开的。从发生学的角度而言，它包括'镜像阶段'论和'俄底浦斯情结'论。从结构学角度出发，拉康又把人的主体性分为三个层次：想象界、符号界和实在界。在不同的层次，主体亦处于不同的发展阶段。发生学和结构学两个层次的分析恰似两条时而平行时而交叉的河流，既区别又互相补充。"①下文我们试图从发生学和结构学两个角度以精神分析的主体理论考量儒道主体思想无意识内涵。

（一）俄狄浦斯情结期之儒道主体

主体的形成过程，从发生学的角度可以分为"镜像阶段"（mirror stage）和"俄狄浦斯情结期"（Oedipus complex phase）两个阶段。波微在其专著《拉康》中言称"镜像阶段"是拉康精神分析理论大厦的起点，拉康通过"在人的生活境遇中寻找那个体人性处于完全危机的早期时刻，为精神分析的道德戏剧寻找一个新的开端。拉康对这种'特殊'时刻的思考为自我提供了它的创造神话和它的颓落原因"②。这场"道德戏剧"（moral drama）就是从婴儿的镜像阶段开始的。拉康认为相对于其他动物，人是早产的动物。在出生后很长的一段时间内，婴儿不能自立，必须依赖他人的照顾。在这一段时期内，婴儿不能把自己和周围世界分开，充分体验到由自身功能的不健全不协调引起的不安和焦虑。直到婴儿六个月时，也就是他进入镜像阶段时，婴儿在镜中首次发现自己是一个独立的整体，此时"婴儿发展出一种想象的能动性和完整性，初步确认了自己身体的同一性与整体

---

① 王小章、郭本禹：《潜意识的诠释——从弗洛伊德到后弗洛伊德主义》，北京：中国社会科学出版社，1998年，第207页。

② （英）玛尔考姆·波微：《拉康》，牛宏宝、陈喜贵译，北京：昆仑出版社，1999年，第24页。

性，并对这个镜像产生自恋的认同。这就是镜像阶段中婴儿对自我的辨认"①。这一自我是"理想自我"（ideal ego）。"理想自我"是庄子追求至人、神人和圣人理想人格及"至德之世"，与儒家追求其理想人格"君子"及理想社会的心理基础。

在"镜像阶段"这个"人性处于完全危机的早期时刻"，婴儿对自我的整体性有了一个想象性的虚幻认识。但是此时的婴儿仍然是个没有主体地位的小生命，只有经过俄狄浦斯情结期，婴儿才能成为一个主体。

对拉康而言，俄狄浦斯情结期是儿童通过意识到自己、他者和外界的区别而逐渐使自身获得主体性的时期。儿童开始服从由"父亲"注入生活中的"法规"（law），进入由语言符号组成的符号界（symbolic order，也可译为符号域、符号秩序、象征界、象征域或象征秩序）。

符号界是这个世界先于婴儿而存在的文化系统，婴儿出生伊始，就毫无选择地被抛入符号界的文化网络之中。文化是先于主体的一种客观存在，人从其诞生伊始就存身于文化符号网络。文化符号包括各种规章制度、行为礼仪及道德仁义等等，主体的一切思维、意识、无意识全由文化符号塑造而成。儒家重视符号界"法规"对人的约束作用，以维护儒家有序的理想社会：

> 君子博学于文，约之以礼，亦可以弗畔矣夫！②（《论语·雍也》）
> 子以四教：文，行，忠，信。③（《论语·述而》）
> 礼之用，和为贵。先王之道，斯为美；小大由之。有所不行，知和而和，不以礼节之，亦不可行也。④（《论语·学而》）

冯达文《中国哲学的本源——本体论》论述庄子反对这种把人制造成文化主体的做法，这是丧失人性的表现："所谓人作为文化的存在，指的是人之被'文'化，或人之被德性化与知性化。人的道德承担亦即角色的自觉

---

① 王小章、郭本禹：《潜意识的诠释——从弗洛伊德到后弗洛伊德主义》，北京：中国社会科学出版社，1998年，第209页。
② （魏）何晏等注，（宋）邢昺疏：《论语注疏·雍也第六》，（清）阮元校刻：《十三经注疏》，第2479页。
③ （魏）何晏等注，（宋）邢昺疏：《论语注疏·述而第七》，（清）阮元校刻：《十三经注疏》，第2483页。
④ （魏）何晏等注，（宋）邢昺疏：《论语注疏·学而第一》，（清）阮元校刻：《十三经注疏》，第2458页。

扮演，人的理知分判亦即角色的清醒意识。故人之被'文'化与被社会化是同一的。道家对人作为文化的存在的反省，便是指的对人在被德性化与知性化，即人在角色的自觉与清醒的扮演中，人的本真丧失之可悲性的反省。"①冯达文还强调社会文化加予人的，是各种各样的等级统治及各种先设的行为规范，这些都为每个人预设了本质。只有否弃社会文化加予人的社会角色才可得以凸显人的本真，才可实现人在选择与发展上的充分自由。"社会文化为人预设了本质，又必要求有相应的理智（操作理性）以判认之、约束之。否弃社会文化加予人的操作理性而凸显的，诚然即是人感性生命的活泼泼呈现。"②对这种"文"化之人的反省，道家思想中非常多见：

> 小国寡民，使有什佰之器而不用，使民重死而不远徙。虽有舟舆，无所乘之；虽有甲兵，无所陈之；使人复结绳而用之。甘其食，美其服，安其居，乐其俗。邻国相望，鸡犬之声相闻，民至老死不相往来。③（《老子道德经·八十章》）
>
> 故绝圣弃知，大盗乃止；擿玉毁珠，小盗不起；焚符破玺，而民朴鄙；掊斗折衡，而民不争；殚残天下之圣法，而民始可与论议。擢乱六律，铄绝竽瑟，塞瞽旷之耳，而天下始人含其聪矣；灭文章，散五采，胶离朱之目，而天下始人含其明矣；毁绝钩绳而弃规矩，攦工倕之指，而天下始人有其巧矣。故曰："大巧若拙。"削曾史之行，钳杨墨之口，攘弃仁义，而天下之德始玄同矣。（《庄子·胠箧》）

《庄子·天地》用江阴丈人和孔子的故事做对比来揭示"文"化对人性本真的伤害：

> 子贡南游于楚，反于晋，过汉阴，见一丈人方将为圃畦，凿隧而入井，抱瓮而出灌，搰搰然用力甚多而见功寡。子贡曰："有械于此，一日浸百畦，用力甚寡而见功多，夫子不欲乎？"为圃者卬而视之曰："奈何？"曰："凿木为机，后重前轻，挈水若抽，数如泆汤，其名为槔。"为圃

---

① 冯达文：《中国哲学的本源——本体论》，广州：广东人民出版社，2001年，第104页。
② 冯达文：《中国哲学的本源——本体论》，广州：广东人民出版社，2001年，第194—195页。
③ （周）李耳撰，（魏）王弼注，（唐）陆德明音义：《老子道德经·八十章》，《二十二子》，第8—9页。

者忿然作色而笑曰:"吾闻之吾师,有机械者必有机事,有机事者必有机心。机心存于胸中,则纯白不备;纯白不备,则神生不定;神生不定者,道之所不载也。吾非不知,羞而不为也。"(《庄子·天地》)

儒家在俄狄浦斯情结期顺应社会法规的约束力,以丧失自然本性为代价,顺利地确立了主体性;而庄子为了保有人自然天放的本性,拒斥接受仁义道德、经式仪度的约束,不愿成为社会机器中那温顺的主体符号。

(二)符号界之儒道主体

从结构学角度看,拉康主体理论分为想象界(imaginary order)、符号界(symbolic order)和实在界(real order)三个层面,主体是符号界的一部分:"主体和自我不同,自我是想象界的一部分,主体是符号界的一部分"①,"俄狄浦斯情结期是从想象界走向符号界的通道"②,主体是在从想象界走向符号界的过程中确立主体地位的。波微陈述精神分析研究的是人怎样成为人,以及在与他人的关系中言说的主体构成问题:"如果一个人不得不弄清楚人(man)是什么时候才成为人(man),我们可以告诉说,是在这样的时刻,即当他进入符号性关系的时候,而不管这关系是多么的细微。"③人是在符号界成为主体的。

符号界先于主体而存在,主体毫无选择地降生在这个文化社会领域,受符号界各种"法规"的控制和摆布。这种符号界主体也就是拉康所说的社会法规下温顺的"驼鸟"。这种主体是儒家主体,要求一切行为完全符合社会法规,也就是符合儒家之"礼"的要求,每一个主体只是"礼"上的一个符号:

> 凡人之所以为人者,礼义也。礼义之始,在于正容体,齐颜色,顺辞令。……故曰:"冠者,礼之始也。"……已冠而字之,成人之道也。

---

① Dylan Evans, *An Introductory Dictionary of Lacanian Psychoanalysis*, London and New York:Routledge, 1996. p. 195.

② Dylan Evans, *An Introductory Dictionary of Lacanian Psychoanalysis*, London and New York:Routledge, 1996. p. 127.

③ (英)玛尔考姆·波微:《拉康》,牛宏宝、陈喜贵译,北京:昆仑出版社,1999 年,第 17—18 页。

见于母，母拜之；见于兄弟，兄弟拜之；成人而与为礼也。玄冠玄端，奠
挚于君，遂以挚见于乡大夫、乡先生，以成人见也。成人之者，将责成
人礼焉。责成人礼焉者，将责为人子、为人弟、为人臣、为人少者之
礼行焉。将责四者之行于人，其礼可不重与？故孝弟忠顺之行立，而
后可以为人。[1]（《礼记·冠义》）

八佾舞于庭，是可忍也，孰不可忍也？[2]（《论语·八佾》）

非礼勿视，非礼勿听，非礼勿言，非礼勿动。[3]（《论语·颜渊》）

"成人"，亦即进入社会扮演"为人子、为人弟、为人臣、为人少者"之角色，
"成人"须行"成人礼"，意味人将离开自然而被"文"化。和儒家不同，道家
向往一种人性未被文明改变的本真状态：

专气致柔，能婴儿乎？[4]（《老子道德经·十章》）

知其雄，守其雌，为天下溪。为天下溪，常德不离，复归于婴儿。[5]
（《老子道德经·二十八章》）

庄子认为用文明的手段统治世界的做法是"灭天""灭命""殉名"：

牛马四足，是谓天；落马首，穿牛鼻，是谓人。故曰：无以人灭天，
无以故灭命，无以得殉名。谨守而勿失，是谓反其真。（《庄子·秋
水》）

　　冯达文评价儒家主体性使人远离自然："人之主体性是通过人与自然
拉开距离，使人成为有知性（知识主体）或有德性（道德主体）的一族而确立
的。庄子以'浑沌初开'和'大冶铸金'为譬，说明人一旦成为有知识有教养
有主动性一族从而与自然分立，即意味着不祥，由之，庄子完全消解了人的

① （汉）郑玄注，（唐）孔颖达等正义：《礼记正义·冠义》,（清）阮元校刻：《十三经注疏》，第 1679 页。
② （魏）何晏等注，（宋）邢昺疏：《论语注疏·八佾第三》,（清）阮元校刻：《十三经注疏》，第 2465 页。
③ （魏）何晏等注，（宋）邢昺疏：《论语注疏·颜渊第十二》,（清）阮元校刻：《十三经注疏》，第 2502 页。
④ （周）李耳撰，（魏）王弼注，（唐）陆德明音义：《老子道德经·十章》,《二十二子》，第 1 页。
⑤ （周）李耳撰，（魏）王弼注，（唐）陆德明音义：《老子道德经·二十八章》,《二十二子》，第 3 页。

主体性追求。"①和儒家不同，庄子向往与宇宙浑外不分的最初状态。《庄子・应帝王》曰：

> 南海之帝为儵，北海之帝为忽，中央之帝为浑沌。儵与忽时相与遇于浑沌之地，浑沌待之甚善。儵与忽谋报浑沌之德，曰："人皆有七窍以视听食息，此独无有，尝试凿之。"日凿一窍，七日而浑沌死。(《庄子・应帝王》)

《庄子・大宗师》曰：

> 今之大冶铸金，金踊跃曰"我且必为镆铘"，大冶必以为不祥之金。今一犯人之形，而曰"人耳人耳"，夫造化者必以为不祥之人。今一以天地为大炉，以造化为大冶，恶乎往而不可哉！(《庄子・大宗师》)

冯达文指出"造化者"即自然之谓，儒家学者皆以为离开自然进入社会才能成为"人"。在庄子看来，人一旦进入社会即为种种矛盾对待关系所肢解，所折磨，由之不再有自我与自由，这是不祥之事："'人耳人耳'，这种追求显示人有意识地、自觉地要把自己与自然分开。日常观念也以此标识'人'。但庄子却以为人一旦离开自然变得有意识、有目的、有作为，人也就由之蜕变成怪物。'造化者'即自然—本然。庄子特别强调未经'犯形'（范型）的自然—本然存在，同样表现了对'文'化的鄙弃。"②

　　符号界先于主体而存在，主体毫无选择地降生在这个文化社会领域，受符号界游戏规则的控制和摆布。在符号界起主要作用的力量是语言，语言是先于主体而在的东西。主体的确立过程就是掌握儒家经典语言的过程，这个过程将婴儿引入社会文化关系之中。儒家重视人在形成主体过程中语言的作用，把语言作为人社会存在的基础，是建构主体性的前提：

---

① 冯达文：《中国哲学的本源——本体论》，广州：广东人民出版社，2001年，第59—60页。
② 冯达文：《中国哲学的本源——本体论》，广州：广东人民出版社，2001年，第191页。

> 人之所以为人者，言也。人而不能言，何以为人？①

人确立主体性时所操持的言说是一种对礼仪的尊崇和诠释，只有被纳入礼制的规范才是真正的人：

> 凡人之所以为人者，礼义也。②

　　和儒家观点相同，海德格尔（Martin Heidegger）在讨论"思想的诗人和诗意的思者"时，他同意洪堡的观点，也把语言看作人建构主体性的前提："人是能言说的生命存在。这一陈述并非意味着人只是伴随着其他能力而也拥有语言的能力。它是要说，唯有言说使人成为作为人的生命存在。作为言说者的人是人。"③因此，儒家的言说是对制度的服从，人确立主体性就是掌握儒家语言，融入儒家礼教语境。

　　拉康对于语言的重视，其理论来源于索绪尔和雅各布森的结构主义语言学。索绪尔认为，语言的基本单位是由一个概念与一个声音形象联结而成的，概念是所指，声音是能指。能指和所指的关系是约定俗成的，也就是说他们之间没有必然的内在联系。

　　拉康对索绪尔的语言观进行了修正，认为能指和所指并不是像索绪尔所说的那样是一张纸的两面而彼此依存，能指和所指的纽带已经被切断，它们之间没有必然的联系，彼此成为孤立的存在。能指什么也不表示，只是自由地飘浮着，成为"飘浮的能指"。因此，处于所指地位的无意识只有在我们对能指进行分析的过程中才得以显现。

　　拉康把主体看作是语言的等价物。苏联学者尼·格·波波娃在《法国的后弗洛伊德主义》中阐释拉康"主体"概念曰："拉康研究人，把'个体'概念和'主体'概念区分开来。他把注意力集中在研究主体上，甚至避而不用'个体'这个概念。他所说的主体，是指个体的言语的、语言的等价物。主

---

① （晋）范宁注，（唐）杨士勋疏：《春秋穀梁传注疏·僖公二十二年》，（清）阮元校刻：《十三经注疏》，第 2400 页。
② （汉）郑玄注，（唐）孔颖达等正义：《礼记正义·冠义第四十三》，（清）阮元校刻：《十三经注疏》，第 1679 页。
③ （德）M.海德格尔：《诗·语言·思》，彭富春译，北京：文化艺术出版社，1991 年，第 165 页。

体是在精神分析治疗中提供给精神分析学家的文本。"[①]语言本来无一物，故而等价于语言的主体也就没有意义可言了。对主体性的争夺以及对主体所持是非的辩论，还有什么可在意的呢！

　　和儒家尊崇语言不同，庄子一直对语言抱有警惕态度。《庄子·齐物论》云：

> 　　夫言非吹也，言者有言，其所言者特未定也。果有言邪？其未尝有言邪？其以为异于鷇音，亦有辩乎，其无辩乎？（《庄子·齐物论》）
>
> 　　既使我与若辩矣，若胜我，我不若胜，若果是也，我果非也邪？我胜若，若不吾胜，我果是也，而果非也邪？其或是也，其或非也邪？其俱是也，其俱非也邪？我与若不能相知也，则人固受其黮暗。吾谁使正之？使同乎若者正之？既与若同矣，恶能正！使同乎我者正之？既同乎我矣，恶能正之！使异乎我与若者正之？既异乎我与若矣，恶能正之！使同乎我与若者正之？既同乎我与若矣，恶能正之！（《庄子·齐物论》）

语言是一串没有意义的音符，故儒墨之间有关是是非非的口舌之争也就毫无意义了。解构儒墨思想的最根本方法就是：齐语言。

---

① （苏）尼·格·波波娃：《法国的后弗洛伊德主义》，李亚卿译，北京：东方出版社，1988年，第141—142页。

第四章　语言层面逍遥:无言最是逍遥

本章探讨逍遥的最高境界:"无名"逍遥的获得。世界分化秩序是:无—物—是非,这是一个远离世界本原,远离"道"的过程,现代语言哲学断言它的催生物就是语言。

一、无名逍遥的获得:齐语言

现代语言哲学认为,语言对人的思维有重大影响,决定着人与世界的关系。人生活于其中的各种道德规范、经式仪度以及社会制度等等是各种理论的派生物,理论又是语言的产物。庄子暗示,只有齐语言才能实现最终的无待逍遥。

(一)儒道之雅言与无言

如前文所述,在拉康精神分析理论中,"镜像阶段"在个体的成长过程中是一个重要阶段,是主体无意识心理形成的起点和基础。在"镜像阶段",婴儿与世界的关系是直接的,中间并无其他中介成分。婴儿与母亲之间是一个交融未分化的统一体。婴儿吮吸母亲的乳汁,安然地接受母亲的爱抚,欲求从母亲那里得到满足。另一方面,他自己也处于一种匮乏状态,因为他还没有掌握语言,还未能成为一个主体。这个婴儿还没有为自身争取到语言上的替代身份,他还缺少自己的个性特性,缺少自己的主体性,缺少应有的社会位置。这个时期,可以说是一个想象的占有时期,通过在想象中认同镜像而塑立一个完美的自我形象。这一阶段属于原发性自恋阶段。在先秦诸子的自恋性想象中,不同学派都设想出自己的"镜像",即各自的理想社会。对于孔子来说,这一理想社会是周朝。

> 周监于二代,郁郁乎文哉! 吾从周。①(《论语·八佾》)
>
> 周之德,其可谓至德也已矣。②(《论语·泰伯》)

孔子生活的时代礼坏乐崩,孔子要重整纲纪,制度化比较完备的周代自然成为孔子效仿的蓝本。

庄子却把容成氏等圣人时期的社会看作理想社会:

> 子独不知至德之世乎? 昔者容成氏、大庭氏、伯皇氏、中央氏、栗陆氏、骊畜氏、轩辕氏、赫胥氏、尊卢氏、祝融氏、伏牺氏、神农氏,当是时也,民结绳而用之,甘其食,美其服,乐其俗,安其居,邻国相望,鸡狗之音相闻,民至老死而不相往来。(《庄子·胠箧》)

无论孔子还是庄子,在他们的想象中,其理想社会都存在于上古社会,是一个只存在于过去,现在已经失落的社会。二者不同的是,他们所设想的理想社会性质不同,并且想要回归各自那个理想社会的方法不同。如前所论,孔子追求社会和谐,庄子向往宇宙自然和谐。依拉康精神分析理论看视,孔子对社会和谐的追求在俄狄浦斯情结期通过对制度的依附而顺利实现,庄子和孔子不同,对自然和谐的追求是通过反制度而实现的。

儒家设想的理想境界是人人成为制度下顺从的一员。拉康强调人只有获得主体性才可能成为社会中顺从制度管理的一分子。主体性的获得是在俄狄浦斯情结期。在儿童成长到三岁时,会感受到来自父亲的压力。此时,父亲以阻挠者的身份出现,强迫母子分离,形成一种儿童、父亲以及母亲的三角情感关系。父亲的出现,既是一个男人,也是"法规"的代表。儿童在与父亲或父亲的法规接触时,便遇到了阉割的威胁,这就是认同法规,付出成为主体的代价——心理上受到阉割。这时如果母亲承认并服从了父亲的法规,儿童(主体)也不得不接受父亲的法规,把父亲认同为满足母亲欲望的人,儿童原来所想象的作为母亲匮乏的补充这一作用,则被剥夺了。父亲将他和母亲强行分隔开来。父亲是象征的父亲,"父亲的名字"

---

① (魏)何晏等注,(宋)邢昺疏:《论语注疏·八佾第三》,(清)阮元校刻:《十三经注疏》,第2467页。

② (魏)何晏等注,(宋)邢昺疏:《论语注疏·泰伯第八》,(清)阮元校刻:《十三经注疏》,第2487页。

是法规和社会的制度的象征。因而，儿童对"父亲的名字"的认识，实际上就是对文明社会的一套先他而存在的法规的认识。

在这种认识过程中，拉康强调语言所起的作用。即父亲只能通过他的一套法规来体现他的存在，而这套法规就是他的言语。儒家同样重视语言对人主体性的规范作用：

> 子路问"成人"。子曰："若臧武仲之知，公绰之不欲，卞庄子之勇，冉求之艺，文之以礼乐，亦可以为成人矣！"曰："今之成人者，何必然？见利思义，见危授命，久要不忘平生之言，亦可以为成人矣！"[1]（《论语·宪问》）
>
> 君子有三畏：畏天命，畏大人，畏圣人之言。[2]（《论语·季氏》）
>
> 不知命，无以为君子也。不知礼，无以立也。不知言，无以知人也。[3]（《论语·尧曰》）

这种"平生之言""君子之言"即是儒家经典文本所规定的言论，亦即是儒家之"礼"。只有对儒家之言接受并铭记，才可以成为主体。孔子强调的"言"是一种儒家之"雅言"，"雅言"是儒家礼仪制度的呈现方式，而一般的泛泛之言不包含儒家仁义的内容，并不为孔子所看重：

> 巧言令色，鲜矣仁！[4]（《论语·学而》）
>
> 子所雅言，《诗》、《书》、执礼，皆雅言也。[5]（《论语·述而》）

孔子之所以重视"雅言"，是因为这种语言可以做儒家礼制的代表，对人的行为有很大的约束作用，是人成为主体的标准，只有习得"雅言"才可以成为儒家主体。

"父亲的名字"对儿童的压抑以及儿童对"父亲的名字"的认同即为弗洛姆"语言过滤功能"。弗洛姆强调语言是先于个体存在的文化系统，对存

---

① （魏）何晏等注，（宋）邢昺疏：《论语注疏·宪问第十四》，（清）阮元校刻：《十三经注疏》，第2511页。
② （魏）何晏等注，（宋）邢昺疏：《论语注疏·季氏第十六》，（清）阮元校刻：《十三经注疏》，第2522页。
③ （魏）何晏等注，（宋）邢昺疏：《论语注疏·尧曰第二十》，（清）阮元校刻：《十三经注疏》，第2536页。
④ （魏）何晏等注，（宋）邢昺疏：《论语注疏·学而第一》，（清）阮元校刻：《十三经注疏》，第2457页。
⑤ （魏）何晏等注，（宋）邢昺疏：《论语注疏·述而第七》，（清）阮元校刻：《十三经注疏》，第2482页。

身于其中的个体思想、意识有着节制和引导的作用，从而使社会个体抛弃个体意识而拥有共同的社会意识。个体意识是人的自然本性的表现，而社会意识则突出表现社会的规定性，把人格式化、模式化，使人失去自然天放、放德而行的自然本性。弗洛姆《在幻想锁链的彼岸》宣称语言是一种重要的社会过滤器，节制着社会中人的意识形态和思维方式："语言通过它的词汇、语法和句法，通过固定在其中的整个精神来决定哪些经验能进入我们的意识之中。"[①]儒家强调"雅言"就是推举语言对个体的压抑，把个体的自然本性压抑进不能被明确认知的无意识领域，而把对权威的屈服留存在意识层面，使人能自然自觉地服从法规的制约：

> 礼云礼云，贵绝恶于未萌，而起敬于微眇，使民日徙善远罪而不自知也。[②]

赫伯特·芬格莱特《孔子：即凡而圣》宣称抽象的言辞一旦和某种礼仪相结合就会产生具体的约束力。赫伯特·芬格莱特指出："正是通过言辞以及通过以言辞为其组成部分之一的礼仪，我才以某种方式把自己约束住。对一个'克己复礼'的人来说，这种方式比策略或者强迫更有力量、更加无可逃避。"[③]儒家对"雅言"的强调是因为雅言比儒礼更适合于做儒家思想的代言工具，这种语言有效地过滤掉个体的自我意识而将个人观念融入社会无意识之中，起到比策略更有效的人心统治作用。

　　庄子认识到语言是先于个体的客观存在，人毫无选择地降生于社会语言系统之中，不自觉地受语言的影响：

> 婴儿生无石师而能言，与能言者处也。（《庄子·外物》）

成玄英疏曰："夫婴儿之性，其不假师匠，年渐长而自然能言者，非有心学

---

① （美）埃里希·弗洛姆：《在幻想锁链的彼岸——我所理解的马克思和弗洛伊德》，张燕译，长沙：湖南人民出版社，1986年，第110—125页。
② 《大戴礼记·礼察》，北京：国家图书馆藏上海商务印书馆缩印无锡孙氏小渌天藏明嘉趣堂本，第7页。
③ （美）赫伯特·芬格莱特：《孔子：即凡而圣》，彭国翔、张华译，南京：江苏人民出版社，2002年，第12页。

之，与父母同处，率其本性，自然能言。是知世间万物，非由运知，学而成之也。"①林希逸《南华真经口义》云："婴儿之能言，不待求师而自能者，与能言者同处，则自然能言。"②正因为认识到语言对人的这种潜移默化的影响力，庄子对语言抱有极大的警惕性。

在儒家语境中，人极易受儒家学说的影响，人一旦接受了儒家语言法规的制约，就会成为社会大机器中的一员，成为一个毫无个性的"人原子"。庄子也意识到语言的这种约束力，用"不言"解构儒家之"言"，用"至言"解构儒家之"雅言"：

> 固有不言之教，无形而心成者邪！（《庄子·德充符》）
>
> 大声不入于里耳，《折杨》《皇荂》，则嗑然而笑。是故高言不止于众人之心，至言不出，俗言胜也。（《庄子·天地》）
>
> 天地有大美而不言，四时有明法而不议，万物有成理而不说。（《庄子·知北游》）

儒家语言是一种约束性语言，希望在主体的形成过程中，把主体纳入儒家礼教的规范之中。对庄子来说，包括儒家之"言"在内的一切世俗言论都是"俗言"，只有"高言""至言"才是真正的得"道"之言，才能获得无名逍遥的最高境界。

（二）言说的欲望：欲望是对体制的欲望

在儿童成为主体的过程中，以法规形式出现的"父亲的名字"强迫儿童接受语言文化的约束。儿童只有接受了"父亲的名字"的约束，才可以成为社会中一个温顺的符号，成为一个主体。对于儒家而言，则是要接受"礼"的约束：

> 君子博学于文，约之以礼，亦可以弗畔矣夫！③（《论语·雍也》）

---

① （清）郭庆藩：《庄子集释》，王孝鱼点校，北京：中华书局，1961年，第935页。
② （宋）林希逸：《南华真经口义》，陈红映校点，昆明：云南人民出版社，2002年，第397页。
③ （魏）何晏等注，（宋）邢昺疏：《论语注疏·雍也第六》，（清）阮元校刻：《十三经注疏》，第2479页。

不学礼，无以立！① (《论语·季氏》)

主体对儒家语言的认同，就是对儒家礼制的臣服，就是向这个组织的归顺，《论语·子路》曰：

> 名不正则言不顺，言不顺则事不成，事不成则礼乐不兴，礼乐不兴则刑罚不中，刑罚不中则民无所措手足。② (《论语·子路》)

儿童在掌握了语言之后，便会以语言为手段自觉地向法规靠近，企图依附于社会法规，成为社会体制中温顺的一员。否则，一旦无"法"可依，主体就会"无所措手足"。

在春秋时代，由于社会的动荡，"礼坏乐崩"，名存实亡的现象非常严重。侯外庐评议儒家之"正名"与"礼制"的关系，指出孔子从保守主义立场出发，提出了"正名"的主张，要求复兴西周礼乐制度：

> "正名"是和"兴礼乐"联系一起的。"名"就是西周礼乐制度所规定的等级名分。在孔子看来，传统的"名分"是不可变更的，而现在名实背离，不合古制，因此，君君臣臣、父父子子的传统秩序都被搞乱了，致使"天下无道"，只有通过"正名"才能把传统的社会秩序恢复过来。③

正名和礼乐以及刑罚是联系在一起的，但最终是和居于统治地位的制度相一致的，对"名"（语言）的认同欲望也就是对儒家制度的认同欲望。

如前文所述，拉康把主体生理层面的要求称为需要（need）。"需要是一种纯粹的生物本能，是一种欲望（如食欲），根据生物有机体的需要而出现，得到满足就完全消失（纵然是暂时消失）。"④"尽管他者能提供主体要的用以满足自己需要的客体，他者却难以提供主体渴望的那种无条件的

---

① （魏）何晏等注，（宋）邢昺疏：《论语注疏·季氏第十六》，（清）阮元校刻：《十三经注疏》，第2522页。
② （魏）何晏等注，（宋）邢昺疏：《论语注疏·子路第十三》，（清）阮元校刻：《十三经注疏》，第2506页。
③ 侯外庐主编：《中国思想史纲》上册，北京：中国青年出版社，1980年，第47页。
④ Dylan Evans, *An Introductory Dictionary of Lacanian Psychoanalysis*, London and New York: Routledge, 1996，p. 37.

爱,因此,即使需要得到满足,要求的另一方面,对爱的渴求,仍然没有得到满足,这一残留就是欲望。"①这种对爱的渴望就是"需求"(demand)。"需求"是一种区别于生理需要的心理精神层面上的要求。

　　人生是一个不断企图弥补分裂、填补匮乏的过程。在这一过程中,在不断产生的需要与需求分裂处产生了欲望。欲望不断变化,永远不能得以满足。"欲望"这一范畴在拉康理论体系中极为重要。"如果有什么概念可称得上处于拉康思想中心的话,那么就是欲望这一概念了。拉康追随斯宾诺莎,认为'欲望是人的本质',欲望同时是人类存在的核心,也是精神分析的关注中心。"②

　　欲望的本质是对他者欲望的欲望,既指欲望成为别人欲望的客体,也指欲望是被别人承认的欲望。所以,"欲望是一社会产物。欲望并不像所显示的那样是个人事情,而常常在和其他主体欲望(这一欲望是已知的)的辩证关系中组成"③。也就是说,"只有一个人的欲望不是肉体而是他者(other)的欲望时,这一欲望才是人的欲望……换言之,所有人为的欲望,最终是想要被别人认同的机制"④。所以,一个人对自己的要求其实是为了达到令其他人满意的目的,准确地说一个人对自己的要求是以别人的标准来衡量自己,是别人对自己的要求,自己的标准也是他者的标准。儒家"克己"是为了达到"礼"和"仁"的目的。

　　拉康指出,语言是先于主体的一种存在。主体的确立过程就是掌握语言的过程,这个过程逐渐将儿童引入社会文化关系之中。语言既是我们表述生活经验和进行思考的工具,也使我们不断"压抑"着自己的生活经历,使思维与我们生活经验的分歧越来越大。

　　拉康强调儿童通过掌握语言成为主体、进入符号界是对人性的异化。儿童通过掌握语言,明确了"我"在家庭中应有的地位。伴随着俄狄浦斯情

① Dylan Evans, *An Introductory Dictionary of Lacanian Psychoanalysis*, London and New York: Routledge, 1996, p. 37.

② Dylan Evans, *An Introductory Dictionary of Lacanian Psychoanalysis*, London and New York: Routledge, 1996, p. 36.

③ Dylan Evans, *An Introductory Dictionary of Lacanian Psychoanalysis*, London and New York: Routledge, 1996, p. 39.

④ Dylan Evans, *An Introductory Dictionary of Lacanian Psychoanalysis*, London and New York: Routledge, 1996, p. 38.

结的衰退，儿童在符号界中的主体性地位得以确立。语言产生了"我"，语言创造了人的主体性。人成为真正的人的那一刻，就是他进入符号界的瞬间。但是，自从人进入语言的关系网络之后，他自身也被语言异化了。语言造成了物与词之间即生活经验和语言符号经验之间难以弥补的分裂。语言符号的主要特征之一，在于它只是指称事物而非事物本身，这也就是词与物或能指与所指的区别。

需求（demand）这一名词在此的含义是拉康所独创的，"它是由社会文化所产生的人的本能，它是人的欲望在意识中再现对于外部世界权威的依附性……欲望处于需要与要求之间，它是人的自我和现实之间最基本的联系方式"①。欲望超越了这种生理的感性需求，产生这种超越的原因在于对他者的归附。这是问题的关键所在，由于这种对他人的认同，才会产生真正的人类的欲望。"主体的欲望是对他人欲望的欲望"，这里的"他人"（other）不是一个实实在在的事物（如面包），也不是一个实实在在的人（如真实的父母），而是一个具有象征意义的"他人"（俄狄浦斯情结中的"母亲""比喻性的父亲"等）。因此，欲望具有了象征性意义。欲望属于象征界，具有社会意义，是对权威和法规的欲望。人这种依附权威和法规的欲望，归根结底是屈从于语言的欲望。

二、言与道的关系

本节我们通过探讨庄子之"道"与语言（"名"）的本质特点，诠释"道"与儒墨之"言"的两种相互悖立的关系：一种是道不可言，另一种是言不及道。考察两者关系，我们发现欲达庄子之"道"，只有放弃儒墨之"小言"。而用庄子"卮言"言道才是与道一体的唯一途径。在"道"与"言"的关系中，"言"不能达"道"，究其原因有二：一是"道不可言"。"道不可言，言而非也。"（《庄子·知北游》）二是言不及道。"言者，风波也；行者，实丧也。夫风波易以动，实丧易以危。"（《庄子·人间世》）

（一）道不可言

庄子哲学思想的核心——"道"有如下特征：

---

① 方汉文：《后现代主义文化心理：拉康研究》，上海：上海三联书店，2000年，第256—257页。

　　　　夫道，有情有信，无为无形；可传而不可受，可得而不可见；自本自
　　根，未有天地，自古以固存；神鬼神帝，生天生地；在太极之先而不为
　　高，在六极之下而不为深，先天地生而不为久，长于上古而不为老。
　　（《庄子·大宗师》）

从"道"的本体论角度看视，"道"本身具有不可言说性。"道"是先于万事万
物的存在，"先天地生"，"长于上古"，是一种不生不息的永恒。因为"道"先
于语言的存在，所以从这一本源的角度论，"道"无法用语言来描述。如果
硬要用语言描述"道"，就会把大道这种无始无终的整体性，这种混一状态
分割。《庄子·齐物论》曰：

　　　　有始也者，有未始有始也者，有未始有夫未始有始也者。有有也
　　者，有无也者，有未始有无也者，有未始有夫未始有无也者。……天地
　　与我并生，而万物与我为一。既已为一矣，且得有言乎？既已谓之一
　　矣，且得无言乎？一与言为二，二与一为三。自此以往，巧历不能得，
　　而况其凡乎！（《庄子·齐物论》）

　　庄子哲学思想的终极目标是与道合一，也即"体道"。"体道"就是与道
一体，回到道最初的统一状态。因为语言分割大道，故体道必须去除语言
对认知的干扰。《庄子·知北游》指出"体道"是圣人的追求，同时也指出道
不可言的原因：

　　　　夫体道者，天下之君子所系焉。今于道，秋豪之端万分未得处一
　　焉，而犹知藏其狂言而死，又况夫体道者乎！视之无形，听之无声，于
　　人之论者，谓之冥冥，所以论道，而非道也。（《庄子·知北游》）

真正的"体道"之人是"藏其狂言"之人。郭象注曰："明夫至道非言之所得
也，唯在乎自得耳"；"冥冥而犹复非道，明道之无名也"[1]。成玄英疏云：
"夫玄道虚漠，妙体希夷，非色非声，绝视绝听。故学人论者，论曰冥冥而

―――――――――――――――――

① （清）郭庆藩：《庄子集释》，王孝鱼点校，北京：中华书局，1961年，第756页。

谓之冥冥,犹非真道也。"①和郭象、成玄英一样,林希逸也指出道不可言的
特点:

> 有体道之人,则天下之君子皆归而宗之,今神农于道未有所见,而
> 亦知老龙之死为藏其狂言,况其体道与老龙同者乎?"狂言",即大言
> 也。其意盖谓道在不言,藏其言而死,所以为道。神农未造此境,而亦
> 为此言,况高神农者乎!"秋毫之端",至小矣,于此而未有万分之一,
> 少之又少,可知矣。……道本无声,形不可视,听若论说,于人以冥冥,
> 而名其道,是特强名而已,实非道也,故曰"所以论道而非道也",即言
> 者不知之意。②

道没有名字,一旦用语言谈论道,则所谈论的就是道以外的东西。语言的
描述行为是对道的分裂,是对世界的一种否定,这也即弗洛姆所言:"人只
能认识终极实在的否定方面,而不能认识终极实在的肯定方面。'人根本
不可能知道上帝是什么,即使人也许能知道一些上帝不是什么……'"③
《庄子·知北游》里谈到道不可言的原因:

> 道不可闻,闻而非也;道不可见,见而非也;道不可言,言而非也。
> 知形形之不形乎! 道不当名。(《庄子·知北游》)

林希逸声称道没有和自己相称的名字:"有道之名,则名与道对立,即离其
本然之真矣,故曰'道不当名'。"④成玄英则宣言道不该有名:"道无声,不
可以耳闻,耳闻非道也;道无色,不可以眼见,眼见非道也;道无名,不可以
言说,言说非道也。"⑤

　　道因其无形无声,而不能被当作直接感觉对象来获得;又因其不能透
过言说来论述,也不能被当作间接对象来获得。那么,"道"究竟有没有一

① (清)郭庆藩:《庄子集释》,王孝鱼点校,北京:中华书局,1961年,第756页。
② (宋)林希逸:《南华真经口义》,陈红映校点,昆明:云南人民出版社,2002年,第319—320页。
③ (美)弗洛姆:《爱的艺术》,赵正国译,北京:国际文化出版公司,2004年,第82页。
④ (宋)林希逸:《南华真经口义》,陈红映校点,昆明:云南人民出版社,2002年,第321页。
⑤ (清)郭庆藩:《庄子集释》,王孝鱼点校,北京:中华书局,1961年,第757—758页。

种可以获得的方法呢？《庄子·则阳》通过发现"道"与"名"的关系而找到一种可以达道的言说方式：

> 道之为名，所假而行。或使莫为，在物一曲，夫胡为于大方？言而足，则终日言而尽道；言而不足，则终日言而尽物。道物之极，言默不足以载；非言非默，议有所极。（《庄子·则阳》）

钟泰释曰："言固不足以载道，默亦不足以载道。如是，则道不在言，道亦不在不言，故曰'非言非默，议其有极'。"[①]成玄英疏曰："苟能忘言会理，故曰言未尝言，尽合玄道也。如其执言不能契理，既乖虚通之道，故尽是滞碍之物也。"[②]既然"道不在言，道亦不在不言"，体道岂不成了一种不可能？庄子在这里想要表达的不是体道之不可能，而是要提出一种在"言"与"不言"之间的言说方式。这种言说方式亦如成玄英所云能"忘言会理""尽合玄道"，其不是鸟鷇般的普通世俗之言，而是一种能随物宛转的生存、体道方式。这种非同寻常的言说，或者说这种生存、体道方式即是"卮言"。

（二）言不及道

语言隔绝了人与道的关系，把人从世界中隔离出来。因为从语言本身来说，语言是对"道"的分割；从作为认识主体的人来说，由于一己之私，对世界的认识带有偏见，各是其所非，各非其所是，没有一定的标准，人越是刻意去说，离"道"就越远。

1. 语言分裂侵害"道"

如前文所言，"道"是一个无始无终、没有分裂的整体。普通的言说把自然整体分割，是对"道"的远离：

> 夫道未始有封，言未始有常，为是而有畛也，请言其畛：有左，有右，有伦，有义，有分，有辩，有竞，有争，此之谓八德。六合之外，圣人

---

① 钟泰：《庄子发微》，上海：上海古籍出版社，2002 年，第 626 页。
② （清）郭庆藩：《庄子集释》，王孝鱼点校，北京：中华书局，1961 年，第 919 页。

存而不论；六合之内，圣人论而不议。春秋经世先王之志，圣人议而不辩。故分也者，有不分也；辩也者，有不辩也。曰：何也？圣人怀之，众人辩之以相示也。故曰辩也者有不见也。（《庄子·齐物论》）

对于语言异化人性、分割宇宙整体性这一事实，叶维廉从语言和思维的关系中寻找原因。叶氏《比较诗学》强调一切思维都是在语言中的思维，思维是一种选择，是一种否定行为，这种选择和否定把万物从宇宙中孤立出来，因此造成了对自然整体的分割：

> 在注意及决定事物的状态和关系之"前"的一瞬，亦即"指义前"的一瞬，是属于原来的、真实的世界。这个世界是超乎人的接触、超乎概念、超乎语言的；"指义"的行为，则是属于以语、义运思的我们（观、感的主体），居中调度和裁定事物的状态、关系和意义。指义行为，是从原来没有关系决定性的存在事物里，决定一种关系，提出一种说明。原来的存在事物，在我们做了选择与决定之前，是无所谓"关系"的。也可以这样说，它们的关系是多重的；观者从不同的角度去接触它们，可以有多种不同的空间关系，多种不同的理解与说明。换言之，指义行为亦包括和事物接触后所引发出来的思考行为。这种行为，基本上是对直现事物的一种否定，一种减缩，一种变异。①

庄子用昭氏鼓琴的例子告诉世人，语言所表达的只是道的一部分，是世界的片段：

> 有成与亏，故昭氏之鼓琴也；无成与亏，故昭氏之不鼓琴也。（《庄子·齐物论》）

郭象注曰："夫声不可胜举也。故吹管操弦，虽有繁手，遗声多矣。而执籥鸣弦者，欲以彰声也，彰声而声遗，不彰声而声全。故欲成而亏之者，昭文

---

① 叶维廉：《比较诗学》，台北：台湾东大图书股份有限公司，1983 年，第 88 页。

之鼓琴也；不成而无亏者，昭文之不鼓琴也。"①成玄英疏云："夫昭氏鼓琴，虽云巧妙，而鼓商则丧角，挥宫则失徵，未若置而不鼓，则五音自全。亦犹有成有亏，存情所以乖道；无成无亏，忘智所以合真者也。"②

钟泰和成玄英观点相同，认为昭氏的鼓琴是声音的分裂："其鼓琴也，宫起而商止，角起而徵止，是有成亏也。其不鼓琴也，宫商不奏，而五音厘然，则是无成亏也。"③林希逸同样把昭氏鼓琴看作是对时空之流的切割："既说成亏之理，却以鼓琴喻之，最为亲切。且如有琴于此，用而鼓之，则一操之曲，自有终始，此终始生于既鼓之后。若不鼓，则安有终始哉？"④人越是刻意去说，离"道"就越远，因为"道隐于小成，言隐于荣华"（《庄子·齐物论》）。

语言为万有命名，这个社会立法，为万物之间确立关系，语言是"功""名"的真正根源。儒家"立功""立名"基本上是对直观事物的一种否定、一种减缩、一种变异，唯有"无功""无名"才可以保持万有的自然本性。正如《庄子·齐物论》所言：

> 既已为一矣，且得有言乎？既已谓之一矣，且得无言乎？一与言为二，二与一为三。自此以往，巧历不能得，而况其凡乎！故自无适有以至于三，而况自有适有乎！无适焉，因是已。（《庄子·齐物论》）

语言是一个概念范畴，表述的是事物的一种特性、一种联系，所以只是一种片面的本真，而不是自然之道的整体。威廉·詹姆士（William James）论述世界的本真秩序和语言造成的人为秩序的差别时，也表达了语言对自然整体分割的观点：

> 宇宙世界向我们每人分别呈现其内容时显出的秩序和我们的主观兴趣是如此相异，我们一时无法想象出它实际的形状。我们往往要把这个秩序完全打破，然后将关及我们自己的事物选出，再和相离甚

---

① （清）郭庆藩：《庄子集释》，王孝鱼点校，北京：中华书局，1961年，第76页。
② （清）郭庆藩：《庄子集释》，王孝鱼点校，北京：中华书局，1961年，第76页。
③ 钟泰：《庄子发微》，上海：上海古籍出版社，2002年，第45页。
④ （宋）林希逸：《南华真经口义》，陈红映校点，昆明：云南人民出版社，2002年，第31页。

远的其他事物串连起来,并称说它们"互属",如此来建立起某些序次的线索和倾向……但此时此刻实际经验不偏分地相加起来的总和,不是全然混乱吗?……我们没有感官或能力可以欣赏这个如此平白无辨地呈现的秩序。此刻客观地呈现的真实世界,是此刻所有存在物所有事件的总和,但这一个总和,我们可以思考吗?特定时间里全部存在横切面的面貌,我们可以体现出来吗?当我现在说话的同时,有一只苍蝇在飞,亚马孙河口一只海鸥正在啄获一条鱼,在亚德隆达荒原上一棵树正在倒下,一个人在法国正在打喷嚏,一匹马在鞑靼尼亚正在死去,法国有一双胞胎正在诞生。这告诉了我们什么?这些事件,和无千无万其他的事件,各不相连地同时发生,但它们之间可以形成一个理路昭然联结而相合为一个我们可以称之为世界的东西吗?但事实上,这个"并行的同时性"正是世界的真秩序;对于这个秩序,我们不知如何是好而尽量与之疏远。正如我们所说的,我们将之打破,分化为种种历史,分化为种种艺术,分化为各种科学……我们制造出一万种串连性序次性的秩序……在部分与部分之间找出许多串连的关系——一些隔于我们感觉经验的关系……从这些无尽的串连关系之中,我们宣称某些是"精要的",某些是"可依的律理",其他的便一概忽视、放弃……并坚持感官所得的印象一定要"屈服于"或一定要"减缩为"某些我们切要的形状。①

　　冯达文《中国哲学的本源——本体论》也陈述了语言把自然整体分裂的观点,冯氏言称认知总与语言、词谓有关,总需借助语言、词谓去指称、表诠与疏理。但语言、词谓系统在把握"本真"方面并不具备可靠性,原因在于:

　　　　语言、词谓其实是通过指称与人有关、为人所选取的事物的某一特性、某一联系而成立的。既只指称某一特性、某一联系,即便疏离了事物的全体与本真。王弼说:"名必有所分,称必有所由。有分则有不

---

① William James, *The Will to Believe and Other Essays in Popular Philosophy*, Massachusetts: Harvard University Press, 1979, pp. 95-96.(本段译文参考了叶维廉的译法,见叶维廉:《比较诗学》,台北:台湾东大图书股份有限公司,1983 年,第 95—97 页。)

兼,有由则有不尽。不兼则大殊其真,不尽则不可以名。"王弼这里的
"分",即指把某一选定的特性从全体中分出,"由"即把某一选定的联
系从众多联系中析离。依某一选定的特性、联系去命名,则必然是不
顾及全体的("不兼"),故也必然地无"本真"意义,王弼此处对语言的
性质与功能的介说,岂可辩驳?①

道家为要保持或印证未被解割重组前的真秩序,特别重视"概念、语
言、觉识发生前"的无言世界的历验。在这个最初的接触里,万物万象,质
样俱真地自由兴发,自由涌现。

2.语言没有一定的标准

因为言说是一种欲望的表达,而欲望之言是一种囿于己见的片面之
词,是非之争不但不能辩明事理反而让人不分真相:"道昭而不道,言辩而
不及。"(《庄子·齐物论》)庄子强调语言没有一定的标准,人说话和自然界
万物发出的声音没有区别。《庄子·齐物论》载:

> 夫言非吹也,言者有言,其所言者特未定也。果有言邪? 其未尝
> 有言邪? 其以为异于鷇音,亦有辩乎? 其无辩乎?(《庄子·齐物论》)

郭象注曰:"夫言与鷇音,其致一也,有辩无辩,诚未可定也。天下之情不必
同而所言不能异,故是非纷纭,莫知所定。"②成玄英疏云:"鸟之欲出卵中
而鸣,谓之鷇音也,言亦带壳曰鷇。夫彼此偏执,不定是非,亦何异鷇鸟之
音,有声无辩! 故将言说异于鷇音者,恐未足以为别者也。"③和郭象、成玄
英一样,罗勉道也强调语言的无意义性:

> 夫人之言,非如天籁之吹万物,一以无心也,乃言者之人有言耳。
> 既出于人,则宁免无私,故其言特未定,不可为准。言既未定,则人视
> 之亦如无有,故曰:"果有言邪,其未尝有言邪?"鷇,鸟初出卵者。人闻

---

① 冯达文:《中国哲学的本源——本体论》,广州:广东人民出版社,2001 年,第 179—180 页。
② (清)郭庆藩:《庄子集释》,王孝鱼点校,北京:中华书局,1961 年,第 63 页。
③ (清)郭庆藩:《庄子集释》,王孝鱼点校,北京:中华书局,1961 年,第 63—64 页。

禽鸟之音，如鹊则报喜，鸦则报凶，鹳鸣知雨，布谷鸣催耕，可听之为准。鷇音未定，则不为准矣。人言之未定，亦犹是也。①

朱德之在其《庄子通义》中明确语言的无意义原因在于言说表达的是一己之偏：

> 鷇者，鸟之初出卵者也。鷇之为音，未有所知；汝之有言，亦不自知。与鷇音同也，大道本无真伪，至言本无是非。真伪起于偏见，是非起于自夸、小成、一偏之见也。②

正因为各家各派以自己立场和标准出发看问题，而相互是非，于是天下也就没有了是非标准可言。庄子认为传达语言，必然有得有失，人与人之间的忿怒误解，都因花言巧语而起，且人们容易"两喜必多溢美之言，两怒必多溢恶之言"（《庄子·人间世》），表达与交际的困顿尚且难以避免，遑论达"道"了。"言者，风波也；行者，实丧也。夫风波易以动，实丧易以危。故忿设无由，巧言偏辞。"（《庄子·人间世》）

三、卮言：与道往来之言

在儒家主体的生成过程中，一方面主体生存的语境要求主体顺从于法规的制约，另一方面主体的言说也正是向法规的依附。所以无论主体外部的话语还是主体自身的言说，都是一种欲望之言，都有一定的目的性。普通世俗之言传达的是欲望而不能传达"道"，欲望之言使人对世界的认识与大道分离，而庄子"三言"则与道一体，是体道之言。

人类描述和解释世界需要借助于语言，可语言同时又成了人们认识世界的一道屏障。语言总有一种把一切东西都固定下来的欲望，人们的思维习惯又难以摆脱这种束缚，因而陷入"语言的牢笼"。对语言的轻信，是由于没有从根本上理解语言的符号本质。和儒家言说方式不同，庄子采用

---

① （宋）罗勉道：《南华真经循本》卷二，《正统道藏》，上海：商务印书馆影印上海涵芬楼本，1924 年，第 21 页。
② （明）朱得之：《庄子通义》卷二，北京：国家图书馆藏明嘉靖三十九年朱得之浩然斋刻本，第 24 页。

"卮言"的言说方式论述"道"。庄子的"卮言"是一种超越欲望之情的无心之言,是一种体道之言。

庄子深刻地意识到"道不可言"与不得不说的矛盾,正如其在《庄子·齐物论》所云:"天地与我并生,而万物与我为一。既已为一矣,且得有言乎? 既已谓之一矣,且得无言乎? 一与言为二,二与一为三。自此以往,巧历不能得,而况其凡乎!"所以庄子努力寻求一种能达"大美"之"不言"之言,寻求一种"其心未尝言"(《庄子·则阳》)的言说方式。

成玄英曰:"夫至理虽复无言,而非言无以诠理。"①语言能否达"道",关键在于如何"言"。《庄子·则阳》云:"言而足,则终日言而尽道;言而不足,则终日言而尽物。"成玄英疏云:"足,圆遍也。不足,遍滞也。苟能忘言会理,故曰言未尝言,尽合玄道也。如其执言不能契理,既乖虚通之道,故尽是滞碍之物言。"②也即是说,若真正找到一种"不言"之言或"忘言"之言,那么言是可以达"道"的。《庄子·外物》曰:

> 荃者所以在鱼,得鱼而忘荃;蹄者所以在兔,得兔而忘蹄;言者所以在意,得意而忘言。吾安得夫忘言之人而与之言哉!(《庄子·外物》)

成玄英解释曰:"意,妙理也。夫得鱼兔本因荃蹄,而荃蹄实异鱼兔,亦(由)〔犹〕玄理假于言说,言说实非玄理。鱼兔得而荃蹄忘,玄理明而名言绝。"③这种"忘言"之言即是庄子的体道之言。

朱立元诠释"不言"之言、"忘言"之言即是《庄子》所说的"大言""至言""高言"等言说方式,相对于"小言""俗言",它们是超验世界的语言。"大言""至言""高言"等概念与形而上的本体世界相对应,可以达"道";而一般的言是"小言""俗言",只适应于形而下的名理世界:

> "至道"与"大言"相对应,表明"大言"通"至道",与"小言"不可得道、反而蔽道正好相反;……至道"无所不在",不逃于物,它可包容世

---

① (清)郭庆藩:《庄子集释》,王孝鱼点校,北京:中华书局,1961年,第79页。
② (清)郭庆藩:《庄子集释》,王孝鱼点校,北京:中华书局,1961年,第919页。
③ (清)郭庆藩:《庄子集释》,王孝鱼点校,北京:中华书局,1961年,第946页。

界万物，又可在一切物中体现出来，这是"至道"的"周"（全）、"遍"（普遍）、"咸"（共同），即"道"的普遍性、一般性、共性、完整性，而"大言亦然"，亦是"周""遍""咸"的；而"小言"则局限于具体、局部、特殊、个别之事物，是以不能与道相通。可见"大言"是纯粹的普遍性、一般性、共性、完整性，因此能与道相并立、相对应、相沟通。①

关于"大言""至言""高言"等可以达"道"，庄子多有论及，如《庄子·齐物论》曰："大言炎炎，小言詹詹。"成玄英疏云："夫诠理大言，犹猛火炎燎原野，清荡无遗。儒墨小言，滞于竞辩，徒有词费，无益教方。"②"詹詹"，多言貌，说话烦琐，不得要领，成玄英疏曰："词费也。"③可见，"大言"能直通"道"境；而"小言"远离"道"，亦即所谓"可言可意，言而愈疏"（《庄子·则阳》）。《庄子·天地》亦云："高言不止于众人之心，至言不出，俗言胜也。"成玄英疏"高言"曰："至妙之谈，超出俗表，故谓之高言。适可蕴群圣之灵府，岂容止于众人之智乎！"④因此，与一般的言论即"小言""俗言"相对，"大言""至言""高言"等是体道之言、至道之言。

关于"至言"等与"道"的关系，庄子在答东郭子问"道"时，说"言"与"道"一样，充满宇宙万物，无所不在：

> 汝唯莫必，无乎逃物。至道若是，大言亦然。周遍咸三者，异名同实，其指一也。（《庄子·知北游》）

"大言""至言""高言"等语言之所以能达"道"，是因为这种语言具有和"道"一样的无所不在性及无限循环性。正因为庄子的"大言""至言""高言"等语言具有无所不在性及无限循环性，亦即二者都具有整体性与流变性，所以能以一种全面的不孤立的方式言"道"，从而与"道"一体，与"道"往来。这种"大言""至言""高言"就是"卮言"的言说方式。

如前文所示，欲望之言从二元对立的角度看待物我是非，而"道"则具

---

① 朱立元、王文英：《试论庄子的言意观》，《学术季刊》，1994 年第 4 期，第 170—179 页。

② （清）郭庆藩：《庄子集释》，王孝鱼点校，北京：中华书局，1961 年，第 52 页。

③ （清）郭庆藩：《庄子集释》，王孝鱼点校，北京：中华书局，1961 年，第 52 页。

④ （清）郭庆藩：《庄子集释》，王孝鱼点校，北京：中华书局，1961 年，第 450 页。

有无穷循环的性质，所以世俗的欲望之言不可能达"道"。"大言""至言""高言"等具体说来就是"卮言"。庄子"卮言"具有与道一体、可以与道往来的特点：第一，"卮言"不是限定人的思维而是拓展人对宇宙的认识空间；第二，"卮言"和世俗的欲望之言不同，"卮言"是无欲望之言。

（一）卮言的流变性

"卮言"是对庄子之"道"流变性的言说。"卮言"的流变性指"卮言"不局限于是非之争，因为"是"与"非"是毫无价值区别的概念符号。世人不明真相，自溺于概念游戏，从自我出发，囿于己见，物我不齐，把事物当成了自己的对立面，是以无法"得道"。只有取消"是"与"非"的对立才可以达到"道"的境界，即"彼是莫得其偶"。

关于庄子"卮言"的特征，《庄子·寓言》解释曰："卮言日出，和以天倪，因以曼衍，所以穷年。"郭象注"卮言"曰：

> 夫卮，满则倾，空则仰，非持故也。况之于言，因物随变，唯彼之从，故曰日出。日出，谓日新也，日新则尽其自然之分，自然之分尽则和也。[1]

正因为"卮言"有"因物随变"的特点，所以"卮言"不执着于"是"与"非"的二元对立之争；又因为"卮言"有"尽其自然之分"的特点，所以"卮言"不会用一种语言来框限事物的本性，从而不会影响万物"放德而行"的自然天性。

林希逸注曰："'曼衍'者，游衍自得也。"[2]"曼衍"是一种逍遥自由的状态，也就是一种与道为一的状态。

对"卮言""和以天倪"的特点，可以参照《庄子·齐物论》。《齐物论》解释"天倪"曰："何谓和之以天倪？曰：是不是，然不然。是若果是也，则是之异乎不是也亦无辩；然若果然也，则然之异乎不然也亦无辩。化声之相待，若其不相待。和之以天倪，因之以曼衍，所以穷年也。忘年忘义，振于无竟，故寓诸无竟。"这是对"卮言"最好的注脚，"卮言"即"是不是，然不然"这

---

① （清）郭庆藩：《庄子集释》，王孝鱼点校，北京：中华书局，1961年，第947页。
② （宋）林希逸：《南华真经口义》，陈红映校点，昆明：云南人民出版社，2002年，第405页。

类超然于是非彼此的矛盾语式,是对世俗辩语的二元对立观点的解构。

同样,《庄子·寓言》亦曰:"物固有所然,物固有所可,无物不然,无物不可。非卮言日出,和以天倪,孰得其久!万物皆种也,以不同形相禅,始卒若环,莫得其伦,是谓天均。天均者天倪也。"林希逸解释曰:

> "非卮言日出,和以天倪,孰得其久者",言我非以自然之言而调和众口,若与之同为是非,则岂能要诸久远哉!盖谓自然之理,千古万古,跌不破也。[①]

只有用"自然之理"超越世俗之是非,才可以拥有时空的穿透力。

(二)卮言是一种无欲望之情的语言

"卮言"的流变性不但表现在对二元对立的解构,还表现在"卮言"是一种无心之言,是主体言说的自然流露,不含欲望之情。这种语言不会把自然界分割,不会远离"道"。《庄子·寓言》曰:"寓言十九,重言十七,卮言日出,和以天倪。"成玄英疏曰:

> 卮,酒器也。日出,犹言日新也。天倪,自然之分也。和,合也。夫卮满则倾,卮空则仰,空满任物,倾仰随人。无心之言,即卮言也,是以不言,言而无系倾仰,乃合于自然之分也。[②]

"卮言"是无心之言,与自然之物自在地相通,因此也就与"道"相通。陈鼓应解释曰:"'卮'是酒器,卮器满了,自然向外流溢,庄子用'卮言'来形容他的言论并不是偏漏的,乃是无心而自然的流露。"[③]

张默生解释"卮言"的言说方式正如卮器的满则溢,是一种合乎自然规律的现象。合乎自然规律就是与"道"相合:

> "卮"是漏斗,"卮言"就是漏斗式的话。漏斗之为物,是空而无底

---

① (宋)林希逸:《南华真经口义》,陈红映校点,昆明:云南人民出版社,2002年,第405页。
② (清)郭庆藩:《庄子集释》,王孝鱼点校,北京:中华书局,1961年,第947页。
③ 陈鼓应注译:《庄子今注今译》,北京:中华书局,1983年,第728页。

的，你若向里注水，它便立刻漏下，若连续注，便连续漏……庄子卮言的取义，就是说，他说的话，都是无成见之言，正有似于漏斗。他是替大自然宣泄声音的，也可说是大自然的一具传音机。①

一般语言是欲望之言，而"卮言"是无心之言，其中欲望的有无是决定二者分别的关键。《庄子·大宗师》曰："古之真人……惂乎忘其言也。"成玄英疏云："惂，无心貌也。放任安排，无为虚淡。"②"惂"是不用心机的意思。真人之"言"是绝尘脱俗的无欲望之言。

因此，"卮言"就是不囿于一己之偏的无心之言，正是由于不囿于一己之私，才可能全面地把握"道"，而不是将"道"分割。庄子正是以"卮言"为其言说方式才真正把握了"道"。

(三)能指与所指视野下的言意关系

本小节以现代语言学能指与所指的学理关系为思考平台，讨论庄子关于概念("名"或"言")和与之对应的事物("实"或"意")相对存在的问题，指出这种存在的两种性质：或以概念为是而以事物为非，或以事物为是而以概念为非。并且进一步讨论这两种是非之争在能指与所指的关系链中，呈现为一种非必要性。指出这种非必要性主要是为了取消能指与所指之间的对立，即"以非指喻指之非指"，"以非马喻马之非马"(《庄子·齐物论》)的问题。然后讨论这种能指与所指之间的关系就是在滑动的能指中寻找所指的意义，最终论证正是由于语言的不确实性，不停地言说着的主体就是一个不知所云的主体。

道家认为，世界分化秩序是：无—物—是非。这个产生过程中是一个远离"道"的过程，其催生物就是语言，因此庄子对语言抱有警惕态度，《庄子·齐物论》曰：

夫言非吹也，言者有言，其所言者特未定也。果有言邪？其未尝有言邪？其以为异于鷇音，亦有辩乎？其无辩乎？(《庄子·齐物论》)

① 张默生：《庄子新释》，张翰勋校补，济南：齐鲁书社，1993年，第15—16页。
② (清)郭庆藩：《庄子集释》，王孝鱼点校，北京：中华书局，1961年，第238页。

道恶乎隐而有真伪？言恶乎隐而有是非？道恶乎往而不存？言恶乎存而不可？道隐于小成，言隐于荣华。故有儒墨之是非，以是其所非而非其所是。（《庄子·齐物论》）

陈鼓应解释人间是非论争并不是事实的争论，而是语言文字之争，究其因是人希望透过语言文字表达自己的意见。由于主体在使用语言的过程中会不自觉地渗入主观意愿，使对象丧失了其客观性：

语言文字常带有人所赋予的目的性。因而人们一经使用语言文字，便渗入自己的意愿。这样一来，语言文字的功能又受到了限制。许多的争论，并不是事实的争论（Factual Dispute），而仅仅是字面的争论（Verbal Dispute）或语言的争论（Semantic Dispute）；文字的含混与歧义，常使它的意义失去了明确性，而引起许多无谓的争执，再加上发言的人，各执己见，生是生非，所以大家议论纷纷，却得不出定论来。①

金惠敏分析言词与意义的不对称关系，强调言词永远无法与意义实现一一对应：

言词与意义即作者意图之间，假若只是一词一义的对应关系，言说者可以逻辑地畅所欲言，如早期分析哲学家所苦苦寻求的纯净的技术语言（technical language），又如孔老夫子的"正名"理想，那么交流的情景将是"知无不言""言无不尽"了。而事实上这纯粹是一个不切实际的幻想，"技术语言"至多只能有限地表达事物之间或事物内部的某些抽象的关系，此君子（集团）的"正名"范例未必能够得到彼君子（集团）无论何时何地的绝对遵从，对于具体的意义喧闹的变动不居的现实生活，不管多么技术的语言，多么恰当的"名"都将是捉襟见肘的。分析哲学后来转向对日常语言的重视，以及孔老夫子以"正名"为理想

---

① 陈鼓应：《〈齐物论〉的理论结构之开展》，见张松如等：《老庄论集》，济南：齐鲁书社 1987 年，第208 页。

而现实中总是充斥着"名不正"现象，例如他对"觚不觚"的愤愤然溢于言表，都在证明着寻找"技术语言"或"正名"的失败，言词与意义之间的关系，从来且永远是不对称的。①

我们用现代语言学观点来分析庄子的语言观，语言文字"是否能和它所描述的对象产生一一对应的关系"就是能指与所指、名与实及言与意是否一一对应的关系。失去了所指的语言和小鸟叽叽喳喳的叫声没有任何区别，无法与世界建立对应关系。

索绪尔在其《普通语言学教程》中把语言学中的"能指"（signifier）与"所指"（signified）现象作为研究的对象，从中探讨语言符号的构成及意义的生成。索绪尔将语言整体看作一种系统，语言符号由两部分组成：概念和音响形象，并用所指和能指分别代替概念和音响形象。"能指"指语言的音响形象，即语言的语音形式；而"所指"则是指形式所指代的内容，即语言要表达的概念。对二者的关系索绪尔有个著名的比喻："语言还可以比作一张纸：思想是正面，声音是反面。我们不能切开正面而不同时切开反面，同样，在语言里，我们不能使声音离开思想，也不能使思想离开声音。"②在东方学者对于能指与所指的这种关联性思考中，儒家学者董仲舒的观点颇有代表性：

> 名生于真，非其真，弗以为名。名者，圣人之所以真物也，名之为言真也。③

董氏强调物体的"真"是通过"名"而见的，所以名与真是不可分的，也即是名与实不可分。

索绪尔强调能指与所指之间的联系是"约定俗成"的，能指与所指的关系是任意的，只有二者关系确立之后才有相对的稳定性。先秦时期儒家学者荀子也把名实关系看作是一种约定俗成的关系。《荀子·正名》曰："名

---

① 金惠敏：《后现代性与辩证解释学》，北京：中国社会科学出版社，2002年，第34—35页。

② （瑞士）费尔迪南·德·索绪尔：《普通语言学教程》，高名凯译，北京：商务印书馆，2009年，第153页。

③ （汉）董仲舒：《春秋繁露·深察名号》，《二十二子》，第791页。

无固宜，约之以命。约定俗成谓之宜，异于约则谓之不宜。名无固实，约之以命实，约定俗成谓之实名。名有固善，径易而不拂，谓之善名。"①

拉康吸收了索绪尔的这种观点，赋予能指以优越性。他将"能指"与"所指"割裂开来，并赋予"能指"以优越性，在能指与所指的关系中，能指占统治地位，侵占并任意篡改着所指。所指在能指的下方悄悄滑变，形成"漂浮的能指"，因此拉康说"言语是事物的谋杀者"②。这也正如许慎《说文解字》曰："名，自命也。从口，从夕。夕者，冥也。冥不相见，故以口自名。"③故而，名是在实物隐去后的出场。

拉康曾用"漂浮的能指"这一概念阐释爱伦坡的小说《被窃的信》，这封信的内容始终没有在小说中出现，在拉康的笔下，信的内容作为所指已无关紧要，而那个漂浮的能指——信的本身，其意义取决于它在流落和漂浮过程中的位置和动作。这封被窃的信隐喻着语言的功能，作为所指的语言，其本身具体内容已失去了实际意义，只在从一个能指滑向另一个能指的过程中由其所处的位置彰显其意义。言说的能指链构成一条项链的环，而这条项链只是另一条项链中的一环。"我常用的能指连环这个名称说出了个大概：项链上的一环，而这项链又是合拢在由环组成的另一条项链的一个环上的。"④

如前所述，主体的言说过程不仅是对当下语境的被动认同，同时也是对言说集团的主动皈依。主体掌握语言，一方面可以说是主体被能指之网捕捉的过程，另一方面也表现为主体参与能指游戏的过程。所以说，参与能指游戏是主体性的一种展现，而且正是能指游戏创造了言说主体。能指语言位置的变换决定了语言所表达意义的不断流变性、不确定性以及言说着的主体之言说的无效性。

对于能指与所指的关系，《庄子·齐物论》曰：

　　　　以指喻指之非指，不若以非指喻指之非指也；以马喻马之非马，不

① （周）荀况撰，（唐）杨倞注，（清）卢文弨、（清）谢墉校：《荀子·正名》，《二十二子》，第343页。
② Dylan Evans, *An Introductory Dictionary of Lacanian Psychoanalysis*, London and New York: Routledge, 1996. p.31.
③ （清）桂馥：《说文解字义证》，北京：中华书局影印湖北崇文书局刻本，1987年，第124页。
④ （法）拉康：《拉康选集》，褚孝泉译，上海：上海三联书店，2001年，第432页。

若以非马喻马之非马也。(《庄子·齐物论》)

"指"与"马"是先秦名家争论名实关系的重要论题。公孙龙提出"指非指"
的命题，前"指"是与概念相应的事物，后"指"是概念本身，两者有具体与抽
象之别。他又提出"白马非马"的命题，"白马"是具体的马，"马"是抽象的
马的概念。《齐物论》没有彻底反对公孙龙的命题，而是认为，概念和与之
对应的事物相对存在，或以概念为是而以事物为非，或以事物为是而以概
念为非，这种是非之争，都没有必要。重要的是取消两者的对立，这就是
"以非指喻指之非指"，"以非马喻马之非马"。在这里前"指"是所指，后
"指"是能指。公孙龙的观点与索绪尔的观点相近，公孙龙认为，能指和所
指是不可分割的，但也是对立的，由这种二元对立他提出了"白马非马"
观。而庄子则认为应在滑动的能指中寻找所指的意义，《庄子·齐物论》曰："古
之人，其知有所至矣。恶乎至？有以为未始有物者，至矣，尽矣，不可以加
矣。其次以为有物矣，而未始有封也。"

关于这种分裂的能指与所指之间的不确定关系，拉康用一个笑话言简
意赅地将其表达清楚："'为什么你对我说谎？'那人气急败坏地叫道，'为什
么你对我说谎，说你是去克拉科夫，这使我以为你是去朗伯格，而事实上你
是去克拉科夫？'"①正是经过对索绪尔的能指和所指关系的改造，拉康让
"所指从能指下面滑脱"，把能指解放出来，成为"飘浮的能指"，从而证明了
语言的不确定性。

庄子同样认为语言是一种不确定的能指，能指是一种骗人的游戏，正
如"朝三而暮四"和"暮四而朝三"一样：

狙公赋芧，曰："朝三而暮四"，众狙皆怒。曰："然则朝四而暮三"，
众狙皆悦。名实未亏而喜怒为用，亦因是也。(《庄子·齐物论》)

狙公分果子给猴子们，让它们早上吃三个晚上吃四个，猴子们愤愤不平；改
让它们早上吃四个晚上吃三个，猴子们欢天喜地。"名实未亏"，指同样是
那些事物，"而喜怒为用"，表明语言能指给人造成欺骗性。语言的不确实

---

① (法)拉康：《拉康选集》，褚孝泉译，上海：上海三联书店，2001年，第11页。

性具有欺骗性，因而不停地言说着的主体就是一个不知所云的主体。

　　庄子把语言比喻成"风波"，正暗示了语言的不确定性，能指像风吹起的波纹一样，没有一个固定的形式，总是从一个波纹传递到另一个波纹，能指同样总是从一个能指滑向另一个能指。

> 言者，风波也；行者，实丧也。夫风波易以动，实丧易以危。故忿设无由，巧言偏辞。(《庄子·人间世》)

正是语言的这种流变性给了"巧伪之人"机会，他们以语言为手段，混淆是非，惹得天下大乱。《庄子·盗跖》狠狠抨击了这种做法：

> 此夫鲁国之巧伪人孔丘非邪？为我告之："尔作言造语，妄称文武，冠枝木之冠，带死牛之胁，多辞缪说，不耕而食，不织而衣，摇唇鼓舌，擅生是非，以迷天下之主，使天下学士不反其本，妄作孝弟而侥幸于封侯富贵者也。子之罪大极重，疾走归！"(《庄子·盗跖》)

　　庄子对人类语言本质的揭示，体现了他作为一位古代思想家的深刻性。《天道》中庄子借老子之口表达了对语言的体认："昔者之呼我牛也而谓之牛，呼我为马也而谓之马。"(《庄子·天道》)语言的变动不居使能指远离所指，"名"远离"实"。越是孜孜追求"名"，越会远离"实"，所以也就无从达"道"。只有采用"无名"即"齐语言"的方法，才可能与"道"为一。

四、用心若镜：一种齐语言的状态

　　庄子把人与自然相谐、物我齐一的状态看作自由逍遥状态。取消物我对立，以达到人与自然、人与"道"相融合的具体方法是"心斋"：

> 颜回曰："吾无以进矣，敢问其方。"仲尼曰："斋，吾将语若！有心而为之，其易邪？易之者，暤天不宜。"颜回曰："回之家贫，唯不饮酒不茹荤者数月矣。如此，则可以为斋乎?"曰："是祭祀之斋，非心斋也。"回曰："敢问心斋。"仲尼曰："若一志，无听之以耳而听之以心，无听之

以心而听之以气！听止于耳，心止于符。气也者，虚而待物者也。唯道集虚。虚者，心斋也。"（《庄子·人间世》）

通过"心斋"，排除思想中的杂念和欲望，使自己的精神达到一种虚空澄静、纯净旷达的状态。"心斋"就是一种"虚"的状态，"虚"是"心斋"的本质表现。"虚"与"道"相关联——"唯道集虚"。郭象注曰："虚其心则至道集于怀也"；成玄英疏云："唯此真道，集在虚心。故如虚心者，心斋妙道也。"[①]实现"心斋"就能物我齐一，心灵不受外物干扰，精神超然物外。此时万物融合没有界分，正是那没有匮乏的最初状态。

徐复观在其《中国艺术精神》中陈述"心斋""坐忘"都是一种虚空澄静的状态，只有超越欲望之情，才能与万物相通，人只有全盘呈现其性情，才能实现精神自由：

> 庄子以虚无言德，以虚静言性言心，只是要从欲望心知中解脱出来；而虚无虚静的自身，并不是没有作用。正相反的，从超脱出来之心所直接发出的作用，这是与天地万物相通的作用。庄子的忘知去欲，正因为知与欲是此一作用的障蔽。他所追求的精神自由，实际乃是由性由心所流出的作用的全般呈现。[②]

忘知去欲可以让主体与天地万物相通，叶维廉解释这种相通是区别于"以我观物"的"以物观物"，二者有以下区别：

> 前者以自我来解释"非我"的大世界，观者不断以概念、观念加诸具体现象事物之上，设法使物象配合先定的意念；在后者，自我溶入浑一的宇宙现象里，化作眼前无尽演化生成的事物整体的推动里。去"想"，就是去应和万物素朴的、自由的兴现。前者"倾向于"用分析性、演绎性、推论性的文字或语态，"倾向于"用直线串连、因果律的时间观，由此端达到彼端那样刻意使意义明确地发展和明确地界定。后者

---

① （清）郭庆藩：《庄子集释》，王孝鱼点校，北京：中华书局，1961年，第148页。
② 徐复观：《中国艺术精神》，沈阳：春风文艺出版社，1987年，第78页。（按：着重号为原文所有。）

"倾向于"非串连性的、戏剧出场的方式，任事物并发直现，保持物物间（使读者能自由换位换观点的）多重空间关系，避免套入先定的思维系统和结构里。重视"以物观物"的道家美学，是要尽量消除由"我"决定的类分和解说，而同时肯定事物原样的自足，诗人仿佛已化作事物的本身。①

"以物观物"就是排除概念、观念对人的框限，避开知识、欲望对人的干扰，让人与物相谐。"诗人仿佛已化作事物的本身"，使万物自然自由地呈现，以这种空明、虚无的心态观物就可以物我齐一。庄子把心斋以后心的状态比作镜，有时又以水作喻。对于映在镜的万物来说，万物是"齐"的。老子就把人心喻为镜，观察世界像镜照外物一样方能客观公正。《老子道德经·十章》曰："涤除玄览，能无疵乎！"②高亨注："览、鉴古通用……玄者，形而上也，鉴者镜也……玄鉴者，内心之光明，为形而上之镜。能照察事物，故谓之玄鉴。"③

庄子同样把圣人体道之心看作是"天地之鉴""万物之镜"。《庄子·应帝王》曰："至人之用心若镜，不将不迎，应而不藏，故能胜物而不伤。"郭象注"至人之用心若镜"曰："鉴物而无情。"④成玄英疏云："夫悬镜高堂，物来斯照，至人虚应，其义亦然。"⑤郭象注"应物而不藏"曰："来即应，去即止。"⑥成疏曰："夫物有去来而镜无迎送，来者即照，必不隐藏。亦犹圣智虚凝，无幽不烛，物感斯应，应不以心，既无将迎，岂有情于隐匿哉！"⑦郭象注"胜物而不伤"曰："物来乃鉴，鉴不以心，故虽天下之广，而无劳神之累。"⑧成疏曰："夫物有生灭，而镜无隐显，故常能照物而物不能伤。亦犹圣人德合二仪，明齐三景，鉴照遐广，覆载无偏。用心不劳，故无损害，为其胜物，是以不伤。"⑨总之，圣人睹道不以一己之私心分割宇宙整体，宇宙万

① 叶维廉：《比较诗学》，台北：台湾东大图书股份有限公司，1983年，第100—101页。
② （周）李耳撰，（魏）王弼注，（唐）陆德明音义：《老子道德经·十章》，《二十二子》，第1页。
③ 高亨：《老子正诂》，北京：国家图书馆藏中国书店影印开明书店本，1988年，第24页。
④ （清）郭庆藩：《庄子集释》，王孝鱼点校，北京：中华书局，1961年，第309页。
⑤ （清）郭庆藩：《庄子集释》，王孝鱼点校，北京：中华书局，1961年，第309页。
⑥ （清）郭庆藩：《庄子集释》，王孝鱼点校，北京：中华书局，1961年，第309页。
⑦ （清）郭庆藩：《庄子集释》，王孝鱼点校，北京：中华书局，1961年，第309页。
⑧ （清）郭庆藩：《庄子集释》，王孝鱼点校，北京：中华书局，1961年，第309页。
⑨ （清）郭庆藩：《庄子集释》，王孝鱼点校，北京：中华书局，1961年，第309页。

物在至人心中的感受如同物像在镜中的自然映象，将外物在心中原样呈现。

圣人观照万物，能"胜物而不伤"的前提是"静"。《庄子·天道》云："水静则明烛须眉，平中准，大匠取法焉。水静犹明，而况精神！圣人之心静乎！天地之鉴也，万物之镜也。"成玄英疏云："夫水，动则波流，止便澄静，悬鉴洞照，与物无私，故能明烛须眉，清而中正，治诸邪枉，可为槷的，纵使工倕之巧，犹须放水取平"；"夫圣人德合二仪，智周万物，岂与夫无情之水同日论邪！水静犹明烛须眉，况精神圣人之心静乎！是以鉴天地之精微，镜万物之玄赜者，固其宜矣。"[1]庄子以水作喻，水可以明烛须眉，清而中正，圣人精神则可以鉴天地之精微，镜万物之玄赜，其前提条件都是"静"。庄子以物质论精神，指出二者异曲同工之妙。

以镜观物就是让事物的本然状态呈现，这是一种不被搅扰的状态，照出的是一个未被语言分割的世界。以镜观物和圣人睹道有两点相通："虚"与"静"。

首先，镜像的特点是"虚"。万物呈现在镜中的像都是一个虚空的像。对于镜子来说，区别万物及其像的高下没有任何意义。同样，"道"的特点也是"虚"。如前文所述，"虚"与"道"相关联——"唯道集虚"。郭象注曰："虚其心则至道集于怀也"；成玄英疏云："唯此真道，集在虚心。故如虚心者，心斋妙道也。"[2]镜像与实物等大，隐喻了圣人观物对外物没有分割，这是圣人体道的效果。

其次，镜的特点是"静"。庄子以水喻镜，如果水不能静止则不能成像，静止的水面是一个平面。如若不是一个平面的镜子，则不能正确呈现外界事物。"平"也暗示出圣人观物睹道之心的公平中正，没有情欲扰怀，没有一己之偏，这是圣人体道的状态。

> 人莫鉴于流水而鉴于止水，惟止，能止众止。（《庄子·德充符》）
> 至人之用心若镜，不将不迎，应而不藏，故能胜物而不伤。（《庄子·应帝王》）

---

① （清）郭庆藩：《庄子集释》，王孝鱼点校，北京：中华书局，1961年，第459页。
② （清）郭庆藩：《庄子集释》，王孝鱼点校，北京：中华书局，1961年，第148页。

　　圣人之静也,非曰静也善,故静也;万物无足以铙心者,故静也。水静则明烛须眉,平中准,大匠取法焉。水静犹明,而况精神! 圣人之心静乎! 天地之鉴也,万物之镜也。(《庄子·天道》)

　　彻志之勃,解心之谬。……贵富显严名利六者,勃志也。……此四六者不荡胸中则正。正则静,静则明,明则虚,虚则无无则无为而无不为也。(《庄子·庚桑楚》)

徐复观分析在静的精神状态下知物,可以知物而不为物所扰动,知物而不为物所扰动的情形,正如镜之照物,可以做到"不将不迎":

　　"不将不迎",这恰是说明知觉直观的情景。其所以能"不将不迎",一是不把物安放在时空的关系中去加以处理。因为若果如此,便是知识追求因果的活动。二是没有自己的利害好恶的成见,加在物的身上;因为若果如此,便使心为物所扰动,物亦为成见所歪曲。心既不向知识方面歧出,又无成见的遮蔽,心的虚静的本质便可以呈显出来。虚静的自身,是超时空而一无限隔的存在;故当其与物相接,也是超时空而一无限隔的相接。有迎有将,即有限隔。不将不迎,应而不藏,这是自由地心,与此种自由地天地万物,两无限隔地主客两忘的照面。"胜物而不伤"的胜,不是战胜的胜;应当作平声读,乃是对任何物皆能(胜)作不迎不将的自由而平等的观照之意。驰心于知识的人,精心于此一物,即不能精心于彼一物,这即是不胜物。夺情于好恶的人,匿情于此一物,即会抗拒其他之物,这即是不胜物。应而不藏,即能无所不藏,即能"官天地,府万物",此之谓"胜物"。所谓"不伤",应从两方面说:若万物挠心,这是己伤。屈物以从己的好恶,这是物伤。不迎不将,主客自由而无限隔地相接,此之谓不伤。在这种心的本来面目中呈现出来的对象,不期然而然地会成为美地对象;因为由虚静而来的明,正是彻底地美地观照的明。①

---

① 徐复观:《中国艺术精神》,沈阳:春风文艺出版社,1987年,第71—72页。(按:着重号为原文所有。)

虚静之心是一种自然而然的明，是不被知识、语言侵害的宇宙本原状态。这种宇宙的本原状态是"其上不皦，其下不昧"的"冥"的状态。所以这种"明"为虚静之明，是一种与宇宙万物相通的能力，能洞悉宇宙万物之本质。

　　庄子追求的是万物万象质样俱真地自由兴发、自由涌现的"至德之世"，这是一个未被语言分割的物我混一的无言世界。之所以庄子对"未知有物"的"古之人"极力赞扬，以及老子大力呼吁"复归于婴"，就是想回归那个已失落的人与外物相谐的"至德之世"。因为"'古之人'，在浑然不分、在对立与分极的意识未成立之前，儿童，在天真未凿的情况里，都可以直接地感应宇宙现象中的具体事物，不假思索，不借抽象概念化的程序，而有自然自发的相应和"[1]。普通人因为受语言的局限，把抽象的思维系统强加在其自然天放的本性之上，便失去了"放德而行"的能力。人类只有破除语言的牢笼，打破知识的羁绊，才可以保持自由自在的天性，才可以逍遥而行。钱锺书曾把知识、范畴及概念等比喻成"鱼化石"，这些概念由最初的物我齐一渐渐变成统治人心的异己力量：

　　　　人类最初把自己沁透了世界，把心钻进了物，建设了范畴概念；这许多概念慢慢地变硬变定，失掉了本来的人性，仿佛鱼化了石。到自然科学发达，思想家把初民的认识方法翻了过来，把物来统制心，把鱼化石的科学概念来压塞养鱼的活水。[2]

鱼化石的比喻揭示了各种范畴概念是最初人们对世界的诗意的认识，人类诗意地栖居在这些比喻、象征之中。但语言又将这些认识固定化、模式化，使之形成僵化的制度，最终成为统治人自身的异己力量。

　　因此，要想真正呈现整个宇宙自然的本性，只有"齐语言"，也就是忘掉被知识、语言固化的各种范畴、概念以及规章制度，透过"心镜"去观望、把握这个宇宙，才可以与"道"为一，让宇宙的自然本真状态活泼泼地呈现，即进入无名逍遥之境。

---

[1] 叶维廉：《比较诗学》，台北：台湾东大图书股份有限公司，1983年，第98页。
[2] 钱锺书：《钱锺书散文》，杭州：浙江文艺出版社，1997年，第404页。

参考文献

（魏）王弼、（晋）韩康伯注，（唐）孔颖达等正义：《周易正义》，（清）阮元校刻：《十三经注疏》，北京：中华书局影印世界书局缩印本，1980。

（汉）孔安国传，（唐）孔颖达等正义：《尚书正义》，（清）阮元校刻：《十三经注疏》，北京：中华书局影印世界书局缩印本，1980。

（汉）毛亨传，（汉）郑玄笺，（唐）孔颖达等正义：《毛诗正义》，（清）阮元校刻：《十三经注疏》，北京：中华书局影印世界书局缩印本，1980。

（汉）郑玄注，（唐）贾公彦疏：《周礼注疏》，（清）阮元校刻：《十三经注疏》，北京：中华书局影印世界书局缩印本，1980。

（汉）郑玄注，（唐）孔颖达等正义：《礼记正义》，（清）阮元校刻：《十三经注疏》，北京：中华书局影印世界书局缩印本，1980。

（晋）杜预注，（唐）孔颖达等正义：《春秋左传正义》，（清）阮元校刻：《十三经注疏》，北京：中华书局影印世界书局缩印本，1980。

（晋）范宁注，（唐）杨士勋疏：《春秋穀梁传注疏》，（清）阮元校刻：《十三经注疏》，北京：中华书局影印世界书局缩印本，1980。

（魏）何晏等注，（宋）邢昺疏：《论语注疏》，（清）阮元校刻：《十三经注疏》，北京：中华书局影印世界书局缩印本，1980。

（唐）玄宗明皇帝御注，（宋）邢昺疏：《孝经注疏》，（清）阮元校刻：《十三经注疏》，北京：中华书局影印世界书局缩印本，1980。

（晋）郭璞注，（宋）邢昺疏：《尔雅注疏》，（清）阮元校刻：《十三经注疏》，北京：中华书局影印世界书局缩印本，1980。

（汉）赵岐注，（宋）孙奭疏：《孟子注疏》，（清）阮元校刻：《十三经注疏》，北京：中华书局影印世界书局缩印本，1980。

（汉）戴德：《大戴礼记》，北京：国家图书馆藏商务印书馆缩印无锡孙氏小渌天藏明嘉趣堂本。

（宋）朱熹：《四书章句集注》，北京：中华书局，1983。

（汉）司马迁：《史记》，北京：中华书局，1959。

（汉）班固撰，（唐）颜师古注：《汉书》，北京：中华书局，1962。

（南朝宋）范晔撰，（唐）李贤等注：《后汉书》，北京：中华书局，1965。

（晋）陈寿撰，（宋）裴松之注：《三国志》，北京：中华书局，1959。

（元）脱脱等：《宋史》，北京：中华书局，1977。

（清）张廷玉等：《明史》，北京：中华书局，1974。

（周）李耳撰，（魏）王弼注，（唐）陆德明音义：《老子道德经》，《二十二子》，上海：上海古籍出版社缩印浙江书局光绪初年汇刻本，1986。

（周）管仲撰，（唐）房玄龄注，（明）刘绩增注：《管子》，《二十二子》，上海：上海古籍出版社缩印浙江书局光绪初年汇刻本，1986。

（周）墨翟撰，（清）毕沅校注：《墨子》，《二十二子》，上海：上海古籍出版社缩印浙江书局光绪初年汇刻本，1986。

（周）荀况撰，（唐）杨倞注，（清）卢文弨、（清）谢墉校：《荀子》，《二十二子》，上海：上海古籍出版社缩印浙江书局光绪初年汇刻本，1986。

（秦）吕不韦撰，（汉）高诱注，（清）毕沅校：《吕氏春秋》，《二十二子》，上海：上海古籍出版社缩印浙江书局光绪初年汇刻本，1986。

（汉）董仲舒：《春秋繁露》，《二十二子》，上海：上海古籍出版社缩印浙江书局光绪初年汇刻本，1986。

（周）韩非撰，（清）顾广圻识误：《韩非子》，《二十二子》，上海：上海古籍出版社缩印浙江书局光绪初年汇刻本，1986。

（汉）刘安撰，（汉）高诱注，（清）庄逵吉校：《淮南子》，《二十二子》，上海：上海古籍出版社缩印浙江书局光绪初年汇刻本，1986。

（宋）王雱：《南华真经新传》，上海：商务印书馆影印上海涵芬楼本，1924。

（宋）林希逸：《南华真经口义》，陈红映校点，昆明：云南人民出版社，2002。

（宋）罗勉道：《南华真经循本》，《正统道藏》，上海：商务印书馆影印上海涵芬楼本，1924。

（明）朱得之：《庄子通义》，北京：国家图书馆藏明嘉靖三十九年朱得之浩然斋刻本。

（明）陆西星：《南华真经副墨》，北京：国家图书馆藏明万历六年刻本。

（明）释德清：《庄子内篇注》，北京：国家图书馆藏清光绪十四年金陵刻经处刻本。

（明）陈深：《诸子品节·庄子》，北京：国家图书馆藏明万历间刻本。

（清）宣颖：《南华经解》，北京：国家图书馆藏善成堂藏版。

（清）孙嘉淦：《南华通》，北京：国家图书馆藏线装刻本。

（清）胡文英：《庄子独见》，北京：国家图书馆藏清乾隆十六年三多斋刊本。

（清）胡文蔚：《南华经合注吹影》，李波、彭时权点校，北京：人民出版社，2020。

（清）刘凤苞：《南华雪心编》，北京：国家图书馆藏清光绪二十三年晚香堂刊本。

（清）俞樾：《诸子平议·庄子》，北京：国家图书馆藏双流李氏念劬堂刻本，1922。

（清）王先谦：《庄子集解》，沈啸寰点校，北京：中华书局，1987。

（清）郭庆藩：《庄子集释》，王孝鱼点校，北京：中华书局，1961。

（南朝宋）刘义庆：《世说新语》，上海：上海古籍出版社影印光绪十七年思贤讲舍刻本，1982。

（唐）陆德明：《经典释文》，上海：上海古籍出版社影印北京图书馆藏宋刻本，1985。

（宋）洪兴祖：《楚辞补注》，白化文等点校，北京：中华书局，1983。

（宋）王应麟：《困学纪闻》，上海：上海书店 1985 年影印上海涵芬楼影印江安傅氏双鉴楼藏本。

（清）王夫之：《庄子解》，王孝鱼点校，北京：中华书局，1964。

（清）桂馥：《说文解字义证》，北京：中华书局影印湖北崇文书局刻本，1987。

（清）王念孙：《广雅疏证》，张靖伟等点校，上海：上海古籍出版社，2016。

安继民、高秀昌、王守国：《道家双峰——老庄思想合论》，开封：河南大学出版社,2001。

白本松、王利锁:《逍遥之祖——〈庄子〉与中国文化》,开封:河南大学出版社,1995。

包兆会:《庄子生存论美学研究》,南京:南京大学出版社,2004。

曹受坤:《庄子哲学》,台北:文景书局,2002。

曹智频:《庄子自由思想研究》,合肥:安徽大学出版社,2010。

陈德和:《从老庄思想诠诂庄书外杂篇的生命哲学》,台北:文史哲出版社,1983。

陈鼓应:《庄子的开放心灵与价值重估——庄子新论》,北京:中华书局,2015。

陈鼓应:《庄子人性论》,北京:中华书局,2021。

陈鼓应注译:《庄子今注今译》,北京:中华书局,1983。

陈少明:《〈齐物论〉及其影响》,北京:北京大学出版社,2004。

陈绍燕、孙功进:《庄子哲学的批判》,济南:山东大学出版社,2009。

陈启天:《庄子浅说》,台北:台湾中华书局,1978。

陈赟:《庄子哲学的精神》,上海:上海人民出版社,2016。

陈知青:《老庄思想粹讲》,台北:顶渊文化事业公司,1989。

成云雷:《庄子:逍遥的寓言》,上海:上海古籍出版社,2009。

程习勤、毛茵:《老庄生态智慧与诗艺——"态观"视角的文艺理论》,武汉:武汉出版社,2002。

程兆熊:《道家思想:老庄大义》,台北:明文书局,1985。

崔大华:《庄学研究——中国哲学一个观念渊源的历史考察》,北京:人民出版社,1992。

崔大华等:《道家与中国文化精神》,郑州:河南人民出版社,2003。

崔宜明:《从鹏扶摇到蝶蹁跹:〈逍遥游〉〈齐物论〉通释》,上海:上海人民出版社,2018。

崔宜明:《生存与智慧——庄子哲学的现代阐释》,上海:上海人民出版社,1996。

戴俊霞、阮玉慧:《〈庄子〉文学的跨文化研究》,北京:光明日报出版社,2020。

邓晓波等:《庄子寓言的认知隐喻研究》,成都:四川大学出版社,2020。

刁生虎:《庄子的生存哲学》,北京:中国传媒大学出版社,2007。

东方桥:《读庄子的方法学》,台北:玄同文化企业有限公司,2003。

董晓红:《庄子生命哲学的酿生及其社会效应》,合肥:安徽师范大学出版社,2019。

董晓玲评析:《沉思在路上——老庄智慧》,哈尔滨:黑龙江人民出版社,2000。

方东美:《原始儒家道家哲学》,北京:中华书局,2012。

方勇:《庄子学史》(增补版),北京:人民出版社,2017。

方勇、陆永品:《庄子诠评》,成都:巴蜀书社,1988。

冯达文:《中国哲学的本源——本体论》,广州:广东人民出版社,2001。

冯友兰:《论先秦早期道家哲学思想》,《中国哲学史论文二集》,上海:上海人民出版社,1962。

冯友兰:《中国哲学简史》,涂又光译,北京:北京大学出版社,2013。

傅武光:《孔孟老庄思想的平等精神》,台北:文津出版社,1990。

高柏园:《庄子内七篇思想研究》,台北:文津出版社,1992。

高峰:《大道希夷:近现代的先秦道家研究》,沈阳:辽宁教育出版社,1997。

高庆荣:《〈庄子〉中"孔子"形象研究》,贵阳:贵州大学出版社,2021。

龚乐群:《老庄异同》,台北:幼狮文化事业公司,1974。

顾文炳:《庄子思维模式新论》,上海:上海社会科学院出版社,1993。

顾易生、蒋凡:《中国文学批评通史——先秦两汉卷》,上海:上海古籍出版社,1996。

关锋:《庄子内篇译解和批判》,北京:中华书局,1961。

郭绍虞编著:《中国文学批评史》,天津:百花文艺出版社,1999。

韩林合:《虚己以游世——〈庄子〉哲学研究》,北京:商务印书馆,2014。

何善周:《庄子研究》,北京:中华书局,2016。

侯外庐主编:《中国思想史纲》,北京:中国青年出版社,1980。

胡道静主编:《十家论庄》,上海:上海人民出版社,2004。

胡适:《中国哲学史》,北京:中华书局,1991。

胡远濬:《庄子诠诂》,吴光龙点校,合肥:黄山书社,1996。

黄山文化书院编,《庄子与中国文化》,合肥:安徽人民出版社,1990。

黄钊主编：《道家思想史纲》，长沙：湖南师范大学出版社，1991。

贾顺先：《庄子思想新探》，成都：巴蜀书社，2008。

江毓奇：《集释型〈庄子〉学研究》，厦门：厦门大学出版社，2019。

蒋锡昌：《庄子哲学》，上海：上海书店，1992。

蒋振华：《〈庄子〉寓言的文化阐释》，长沙：湖南人民出版社，2007。

经纶：《庄子生命哲学研究》，北京：人民出版社，2018。

赖永兵：《庄子的生命美学思想研究》，长春：吉林大学出版社，2019。

兰辉耀：《〈庄子〉的生命哲学》，上海：同济大学出版社，2019。

劳思光：《新编中国哲学史》，桂林：广西师范大学出版社，2005。

李炳海：《道家与道家文学》，沈阳：东北师范大学出版社，1992。

李家驹：《老庄智慧》，台北：书林出版公司，2000。

李锦全、曹智频：《庄子与中国文化》，贵阳：贵州人民出版社，2001。

李凯：《庄子齐物思想研究》，北京：中国社会科学出版社，2017。

李勉：《庄子总论及分篇评注》，台北：台湾商务印书馆，1990。

李明珠编著：《庄子寓言新解》，长沙：湖南出版社，1993。

李庆珍、史晓平：《庄子教程》，北京：民族出版社，1995。

李泰棻：《老庄研究》，北京：人民出版社，1958。

李霞：《生死智慧——道家生命观研究》，北京：人民出版社，2004。

李英豪：《庄子与现代人》，台北：世茂出版社，1990。

李志慧：《庄子探微》，西安：三秦出版社，1995。

李梓亭等：《庄子"精神境界"之进路研究》，成都：四川大学出版社，2022。

梁银林：《超越江湖——庄子的哲学》，成都：四川教育出版社，1996。

林继平：《孔孟老庄与文化大国》，台北：台湾商务印书馆，1990。

林文雅：《老庄法律思想》，台北：中央文物供应社，1985。

刘光义：《司马迁与老庄思想》，台北：台湾商务印书馆，1992。

刘梦溪：《庄子与现代和后现代》，石家庄：河北教育出版社，2004。

刘绍瑾：《庄子与中国美学》，广州：广东高等教育出版社，1989。

刘生良：《鹏翔无疆——〈庄子〉文学研究》，北京：人民出版社，2004。

刘涛：《古代庄子思想批判研究》，上海：上海古籍出版社，2022。

刘文典：《庄子补正》，赵锋、诸伟奇点校，北京：中华书局，2015。

刘笑敢:《两种自由的追求:庄子与沙特》,台北:正中书局,1994。

刘笑敢:《庄子哲学及其演变》(修订版),北京:中国人民大学出版社,2010。

陆钦:《庄子通义》,长春:吉林人民出版社,1994。

陆永品:《老庄研究》,郑州:中州古籍出版社,1984。

陆永品:《庄子通释》,北京:经济管理出版社,2004。

陆玉林:《老庄哲学的意蕴》,北京:经济管理出版社,1999。

骆玉明:《道家之言——老庄哲学随谈》,昆明:云南人民出版社,1997。

吕锡琛:《道家与民族性格》,长沙:湖南大学出版社,1996。

马叙伦:《庄子义证》,北京:商务印书馆,1930。

钱穆:《庄老通辨》,北京:生活·读书·新知三联书店,2002。

秦毓鎏:《读庄穷年录》,北京:国家图书馆藏 1917 年 3 月线装铅印本。

邱棨鐊:《庄子哲学体系论》,台北:文津出版社,1999。

阮忠:《庄子创作论》,武汉:中国地质大学出版社,1993。

时晓丽:《庄子思想的西学阐释》,北京:人民出版社,2018。

束景南:《论庄子哲学体系的骨架》,桂林:广西师范大学出版社,2003。

宋效永:《庄子与中国文学》,南京:江苏教育出版社,1995。

宋稚青:《老庄思想与西方哲学》,台北:三民书局,1984。

孙雪霞:《比较视野中的〈庄子〉神话研究》,广州:暨南大学出版社,2011。

孙以楷、甄长松:《庄子通论》,北京:东方出版社,1995。

孙以楷等:《道家与中国哲学》(先秦卷),北京:人民出版社,2004。

谭宇权:《庄子哲学评论》,台北:文津出版社,1998。

陶东风:《从超迈到随俗——庄子与中国美学》,北京:首都师范大学出版社,1995。

涂光社:《庄子范畴心解》,北京:中国社会科学出版社,2003。

万勇华:《庄子的理想世界》,上海:上海人民出版社,2013。

汪宇编著:《寓言与现实:〈庄子〉导读》,成都:四川教育出版社,1997。

王邦雄:《庄子道》,台北:汉艺色研文化事业公司,1993。

王葆玹:《老庄学新探》,上海:上海文化出版社,2002。

王博:《庄子哲学》,北京:北京大学出版社,2004。

王德有:《以道观之——庄子哲学的视角》,北京:人民出版社,1998。

王德有:《庄子神游》,北京:社会科学文献出版社,1999。

王国维:《王国维文集》,北京:中国文史出版社,1997。

王凯:《逍遥游——庄子美学的现代阐释》,武汉:武汉大学出版社,2003。

王明:《道家与传统文化研究》,北京:中国社会科学出版社,1995。

王叔岷:《庄子校释》,上海:商务印书馆,1947。

王煜:《老庄思想论集》,台北:联经出版事业公司,1979。

王岳川:《二十世纪西方哲性诗学》,北京:北京大学出版社,1999。

魏义霞:《庄子哲学论》,北京:中华书局,2020。

闻一多:《周易与庄子研究》,李定凯编校,成都:巴蜀书社,2003。

邬昆如:《庄子与古希腊哲学中的道》,台北:台湾中华书局,1976。

吴汝钧:《老庄哲学的现代析论》,台北:文津出版社,1998。

吴怡:《中国哲学发展史》,台北:三民书局,2009。

谢祥皓:《庄子导读》,成都:巴蜀书社,1988。

徐复观:《中国人性论史(先秦篇)》,上海:上海三联书店,2001。

徐复观:《中国思想史论集续篇》,上海:上海书店出版社,2004。

徐复观:《中国艺术精神》,沈阳:春风文艺出版社,1987。

徐建芳:《〈庄子〉寓言中的人生哲理》,郑州:中州古籍出版社,2017。

徐克谦:《庄子哲学新探》,北京:中华书局,2005。

颜崑阳:《人生是无题的寓言:庄子的寓言世界》,台北:跃升文化事业公司,1994。

扬帆:《庄子的人生哲学:潇洒人生》,台北:扬智文化事业公司,1994。

扬帆:《庄子心通》,武汉:长江文艺出版社,2003。

杨国荣:《庄子的思想世界》,上海:华东师范大学出版社,2022。

杨立华:《庄子哲学研究》,北京:北京大学出版社,2020。

杨柳桥:《庄子译诂》,上海:上海古籍出版社,1991。

杨鹏飞:《庄子审美体验思想阐释》,沈阳:辽宁大学出版社,2010。

杨胜良:《道家与中国思想史论》,厦门:厦门大学出版社,2002。

杨艳秋:《近代美学中的〈庄子〉阐释与接受》,北京:中国社会科学出版社,2021。

杨义:《庄子还原》,北京:中华书局,2011。

杨亦军:《老庄学说与古希腊神话》,成都:巴蜀书社,2001。

叶蓓卿:《庄子逍遥义演变研究》,北京:学苑出版社,2011。

叶国庆:《庄子研究》,上海:商务印书馆,1936。

叶海烟:《老庄哲学新论》,台北:文津出版社,1997。

叶海烟:《庄子的生命哲学》,台北:东大图书公司,1990。

叶舒宪:《〈庄子〉的文化解析》,西安:陕西人民出版社,2020。

叶维廉:《道家美学与西方文化》,北京:北京大学出版社,2002。

张采民:《〈庄子〉研究》,北京:中华书局,2011。

张岱年:《中国古典哲学概念范畴要论》,北京:中华书局,2017。

张恒寿:《庄子新探》,武汉:湖北人民出版社,1983。

张京华:《庄子的生命智慧》,长沙:湖南大学出版社,2007。

张京华:《庄子哲学辨析》,沈阳:辽宁教育出版社,1999。

张京华:《庄子哲学——逻辑、概念及其思想体系比较研究》,北京:商务印书馆,2021。

张利群:《庄子美学》,桂林:广西师范大学出版社,1992。

张默生:《庄子新释》,张翰勋校补,济南:齐鲁书社,1993。

张涅:《庄子解读——流变开放的思想形式》,济南:齐鲁书社,2003。

张荣明:《庄子说道》,上海:上海人民出版社,1992。

张榕坤:《庄子"天"论阐微》,石家庄:河北教育出版社,2021。

张石:《〈庄子〉与现代主义——古今文化比较》,石家庄:河北人民出版社,1989。

张松辉:《庄子研究》,北京:人民出版社,2009。

张松如等:《老庄论集》,济南:齐鲁书社,1987。

张运华:《先秦两汉道家思想研究》,长春:吉林教育出版社,1998。

章启群:《渊默而雷声——〈庄子〉的哲学论证》,北京:商务印书馆,2019。

赵广明:《庄子哲学沉思——自由儒学奠基》,北京:社会科学文献出版社,2022。

郑峰明:《庄子思想及其艺术精神之研究》,台北:文史哲出版社,1987。

郑世根:《庄子气化论》,台北:台湾学生书局,1993。

止庵：《樗下读庄——关于庄子哲学体系的文本研究》，北京：东方出版社，1999。

钟泰：《庄子发微》，上海：上海古籍出版社，2002。

朱光潜：《西方美学史》，北京：商务印书馆，2011。

朱桂曜：《庄子内篇证补》：上海：商务印书馆，1935。

朱荣智：《庄子的美学与文学》，台北：明文书局，1992。

朱松苗：《庄子"无"的美学思想研究》，北京：人民出版社，2020。

朱维之：《中国文艺思潮史略》，上海：开明书店，1946。

祝亚军：《道家文化与科学》，合肥：中国科学技术大学出版社，1995。

庄汉宗：《逆境中的老庄思想：老庄哲学与儒家思想的辩证》，台北：汉欣文化事业公司，1990。

（奥）弗洛伊德：《论创造力与无意识》，孙恺祥译，北京：中国展望出版社，1986。

（德）M.海德格尔：《诗·语言·思》，彭富春译，北京：文化艺术出版社，1991。

（德）爱克曼辑录：《歌德谈话录》，朱光潜译，北京：人民文学出版社，1978。

（德）弗里德里希·席勒：《审美教育书简》，冯至、范大灿译，上海：上海人民出版社，2003。

（德）康德：《判断力批判》，邓晓芒译，北京：人民出版社，2002。

（德）尼采：《查拉斯图拉如是说》，尹溟译，北京：文化艺术出版社，1987。

（德）威廉·冯·洪堡特：《论人类语言结构的差异及其对人类精神发展的影响》，姚小平译，北京：商务印书馆，1999。

（法）拉康：《拉康选集》，褚孝泉译，上海：上海三联书店，2001。

（法）卢梭：《论人类不平等的起源和基础》，李常山译，北京：商务印书馆，1962。

（古希腊）柏拉图：《柏拉图文艺对话集》，朱光潜译，北京：人民文学出版社，1963。

（韩）金白铉：《庄子哲学中"天人之际"研究》，台北：文史哲出版社,1986。

（韩）徐希定:《〈庄子·齐物论〉研究——以"我"与"物"的关系为中心》,北京:商务印书馆,2021。

（荷）斯宾诺莎:《伦理学》,贺麟译,北京:商务印书馆,1983。

（美）埃里希·弗罗姆:《健全的社会》,蒋重跃等译,北京:国际文化出版公司,2003。

（美）埃里希·弗洛姆:《在幻想锁链的彼岸——我所理解的马克思和弗洛伊德》,张燕译,长沙:湖南人民出版社,1986。

（美）D.C.霍埃:《批评的循环——文史哲解释学》,兰金仁译,沈阳:辽宁人民出版社,1987。

（美）道格拉斯·凯尔纳、（美）斯蒂文·贝斯特:《后现代理论——批判性的质疑》,张志斌译,北京:中央编译出版社,1999。

（美）弗洛姆:《爱的艺术》,赵正国译,北京:国际文化出版公司,2004。

（美）赫伯特·芬格莱特:《孔子:即凡而圣》,彭国翔、张华译,南京:江苏人民出版社,2002。

（美）赫伯特·马尔库塞:《爱欲与文明》,黄勇、薛民译,上海:上海译文出版社,1987。

（美）赫伯特·马尔库塞:《单向度的人——发达工业社会意识形态研究》,刘继译,上海:上海译文出版社,1989。

（美）路易斯·亨利·摩尔根:《古代社会》（新译本）,杨东莼等译,北京:商务印书馆,1977。

（美）詹姆逊:《语言的牢笼　马克思主义与形式》,钱佼汝、李自修译,南昌:百花洲文艺出版社,2010。

（日）福永光司:《庄子:古代中国的存在主义》,陈冠学译,台北:三民书局,1985。

（瑞士）费尔迪南·德·索绪尔:《普通语言学教程》,高名凯译,北京:商务印书馆,2009。

（苏）尼·格·波波娃:《法国的后弗洛伊德主义》,李亚卿译,北京:东方出版社,1988。

（英）布赖恩·马吉:《"开放社会之父"——波普尔》,南砚译,长沙:湖南人民出版社,1988。

（英）玛尔考姆·波微:《拉康》,牛宏宝、陈喜贵译,北京:昆仑出版社,1999。

（英）特雷·伊格尔顿:《二十世纪西方文学理论》,伍晓明译,西安:陕西师范大学出版社,1987。

Bresnan, Patrick. *Awakening: An Introduction to the History of Eastern Thought*, London and New York: Routledge, 2021.

Chang, Chung-yuan. *Creativity and Taoism: A Study of Chinese Philosophy, Art and Poetry*, New York: The Julian Press, Inc., 1963.

Girardot, N. J. *Myth and Meaning in Early Taoism*, Berkeley and Los Angles: University of California Press, 1983.

Gotshalk, Richard. *The Beginnings of Philosophy in China*, Lanham, New York and Oxford: University Press of America, 1999.

Graham, A. C. *Studies in Chinese Philosophy and Philosophical Literature*, New York: State University of New York Press, 1990.

Hamill, Sam and J. P. Seaton. *The Essential Chuang Tzu*, Boston and London: Shambhala, 1998.

Jean-Michel, Rabate. *Jacques Lacan: Psychoanalysis and the Subject of Literature*, London: Palgrave, 2001.

Jiang, Tao. *Origins of Moral-Political Political Philosophy in Early China: Contestation of Humaneness, Justice, and Personal Freedom*, Oxford: Oxford University Press, 2021.

Lafargue, Michael. *Dao and Method*, New York: State University of New York Press, 1994.

Mair, Victor H. ed. *Experimental Essays on Chuang-tzu*, Hawaii: University of Hawaii Press, 1983.

Munro, Donald J. *Individualism and Holism: Studies in Confucian and Taoist Values*, Michigan: The University of Michigan, 1985.

Waley, Arthur. *Three Ways of Thought in Ancient China*, London and New York: Routledge, 2011.

后　记

　　这是一本姗姗来迟的书,从写定到出版蹉跎日久!

　　十几年前,为了完成庄子课题,曾经有相当长的一段时间我有规律地到位于北海公园西临的国家图书馆古籍馆学习。每天早早从钓鱼台坐846路公交车到北海站下车,路过秀丽怡人的北海公园,小心翼翼地穿过人车熙攘的文津街,就到了国家图书馆古籍馆。

　　跨进分馆的大门总能让我心胸豁然。站在院内铺着大理石的宽敞的广场上,身后是喧嚣的马路,可是耳膜中分明真切地感受到的却是两侧花木中小鸟细细碎碎的唧啾声。身旁的华表威严肃穆,此时,我每每能感受到对面庄重典雅的主楼的安静扑面而来,是她学问的深沉?是历史的厚重?我不得而知。但学习的热望总能刹那间如电流般灌注我的全身心,学习的冲动急不可耐。

　　在古雅的古籍阅览室我总能一待就是一整天,还时时担心时间过得太快,转眼到了闭馆的时间。除了中午把带来的干粮吃掉,我唯有学习,无它!这是一种真正的无我状态,别致的小台灯柔和的灯光笼罩着我,或者说拥抱着我,温暖着我,让我忘了世事的存在,甚至是自己的存在。手捧古人书卷,与前人思想交流碰撞,与先人脉搏一起律动,让我真正体味到了学习的乐趣,这是思想逍遥的快感。我偶尔抬头环顾,看着古香古色的桌椅,恍然不知今夕何夕,不知庄子是我,抑或我是庄子!

　　我用了近两年的时间,终于完成北海分馆庄子资料的查阅。第一次未到闭馆时间离开图书馆主楼,心中安静从容。第一次不必匆匆赶回学校。我信步在院内转了转,不禁为自己的心意独断哑然失笑,我曾想当然地以为我所在的主楼即为分馆的全部,没料想院内竟然曲径通幽,"妙处横生"。我才知道所谓的主楼原来学名文津楼,此外还有临琼楼、学思楼以及弘文楼等。我原以为白石桥馆已把现代书籍一网打尽,没想到这里竟然也是"卧虎藏龙"。我有一种发现新大陆的欣喜,同时也感到一阵惶恐,莫不会这里还有一段没有参考的资料?正如我的学问,仅窥户牖,尚未登堂,遑论入室。我知道，对于学习我还有很长的路要走……

未觉池塘春草梦，阶前梧叶已秋声。离开大学校园，匆匆十五度春秋，回想往事，恍兮惚兮，窈兮冥兮，不胜感慨，潸然欲泪。我用十五年的时间，发现和证明了那曾经迷茫的学生时代，竟然是人生的高光时刻，不忮不求，无忧无虑，进思尽忠，退思补过。环顾十五年后的当下，深陷生活，跋胡疐尾，进退不得。

十五年来，发生了很多事，有人走了，有人来了。离去的不管多远，思念皆可到达，在羹在墙，不增不减。正如有人对夫子说："唐棣之华，偏其反而。岂不尔思？室是远而。"夫子对曰："未之思也，夫何远之有？"

念远，方知道眼前人犹堪怜取！感谢我的家人长久的陪伴、鼓励与包容，你们给我前行的力量。

还要感谢中华书局出版此书，和中华书局人的交往，真的非常治愈！感激之情，无以言表。

言不胜意，予欲无言……

2024 年 6 月